国家社会科学基金项目(项目编号 16BJY136)

教育部哲学社会科学研究重大专项"构建中国农林经济管理学自主知识体系研究"(编号 2024JZDZ060)

中央高校基本科研业务费专项资金资助项目（项目批准号 2662022JGYJY05）

国家社科基金丛书
GUOJIA SHEKE JIJIN CONGSHU

改革农产品价格形成机制研究

The Study on Reforming the Price Formation Mechanism of Agricultural Products

祁春节 王刘坤 著

人民出版社

目　录

第一章　农产品价格形成机制概述

改革开放四十余年，我国的工业化高速发展，我国的基本国情也已经从农业大国转变为工业大国，但工业化新阶段农业的基础性地位仍然十分重要。夯实农业基础地位，确保国家粮食安全，保障重要农产品有效供给，保证农产品市场的稳定有序，是我国经济高质量发展的前提与基础。农产品价格问题一直是农业发展的重要议题，是关系国计民生的大事。在社会主义市场经济下，农产品价格既关系着需求端居民消费的"米袋子""菜篮子"，又关系着生产端农民创收的"钱袋子"。近年来，受国外市场环境日益复杂化和国内城市化、工业化不断推进的多重影响，在传统供求关系之外凸显的一些新的结构性变化特征使得农产品价格呈现出超常波动等连锁反应，对国家粮食安全和社会稳定有序提出了巨大的挑战。然而，农产品价格非正常波动只是表象，隐含在背后的深层次问题是价格形成机制本身的问题。

第一节　研究背景和研究意义

一、研究背景与问题的提出

（一）研究背景

农产品价格直接关系民生福祉，在农业经济改革的背景下如何实现农产品价格稳定、促进农民增收，是全社会关注的热点问题。因为农业固有的生产周期长、资金回笼慢、受灾害影响大等特点带来的自然和市场双重风险考验，很难对农业的风险和收益加以预测，无形中加剧了农产品价格的不稳定性。

近年来，随着国内外经济环境的快速变化，农产品价格面临更大的市场波动，国内市场上"豆你玩""蒜你狠""姜你军""糖高宗"等网络流行语的频繁出现反映了农产品价格剧烈波动的非正常现象。例如 2021 年 1 月，286 个农产品批发市场的近 20 种蔬菜均价同比增幅达 22.8%，其中生姜等小宗农产品均价增幅达 1 倍以上，且上升趋势持续近两个月，除去节假日因素和季节性因素以外的原因引人深思。2022 年 1 月 1 日至 2022 年 12 月 20 日，全国生猪均价最低为 11.5 元 / 千克，最高为 28.5 元 / 千克，均价波动幅度在 245% 左右。此外，"谷贱伤农，米贵伤民"的怪圈长久存在，严重挫伤了种粮农户的生产积极性，对保障国家粮食安全提出了严峻的挑战。

市场供求变化是农产品价格形成的基础，然而由于农业生产的周期性和需求弹性的稳定性，短期内农产品的供给和需求变动十分有限。随着学术界对农产品价格问题研究的不断深入，越来越多的研究证实，农产品价格异常波动不仅受到传统供需因素的影响，还明显受到相关非传统因素的影响。[1] 由于市场经济的不断发展，除传统的供需两端因素以外，市场本身衍生的结构性变化的影响正在不断凸显，与农产品交易的环环相扣共同影响价格形成。[2] 农产品价格异常波动的表象暗示出隐藏在其背后各环节的农产品价格形成和调控存在着问题。许多新的不确定性因素的注入要求

---

[1] 翟雪玲等：《农产品金融化概念、形成机理及对农产品价格的影响》，《中国农村经济》2013 年第 2 期。

[2] 王伟新：《小农经营、交易关系与农产品价格形成研究》，博士学位论文，华中农业大学，2015 年，第 98 页。

对传统的农产品价格形成机制进行改革，构建和完善我国农产品价格形成机制已成为当前全面深化改革的一项重要内容。[1]

2021 年中央"一号文件"中继续谈到"坚持并完善稻谷、小麦最低收购价政策"和"扩大稻谷、小麦、玉米三大粮食作物完全成本保险和收入保险试点范围"等内容。纵观近 13 年的中央"一号文件"，其中有 12 份强调了完善农业支持保护制度的重要性，表明国家对进一步完善农产品价格形成机制，分品种有针对性地进行农产品价格调控的决心和信心。而进一步优化不同类别农产品的价格调控政策，需要考虑多种因素对各类别农产品不同的影响程度和作用机理。

目前已有针对农产品价格形成问题的研究基本上是从供需关系出发在新古典经济学框架下进行的，且多只涉及单一品种，而全面考虑反映资源稀缺程度、生产成本、生态功能、供求关系、宏观总体与微观个体差异的农产品价格形成机制研究比较鲜见。因此，本书从客观基础、宏观总体和微观个体等维度厘清影响不同农产品价格形成的真正因素及其作用机制，并在此基础上，从政府视角给出提升农产品价格宏观治理能力的具体建议。

（二）问题的提出

跟"米袋子""菜篮子"相关的物价，一直是老百姓关注的热点问题。"蒜你狠""姜你军""猪周期""向钱葱"等热词的出现，也说明了老百姓对农产品价格的高度关注。保障农产品市场稳定，关系到农民的生产发展和群众的日常生活需求，也关系着居民消费的"菜篮子""米袋子"和农户增收的"钱袋子"。从统购统销、双轨制、"米袋子"省长负责制，到粮食最低收购价政策，再到完善粮食等重要农产品价格形成机制。各届政府运用"有形之手"调控农产品供需、完善农产品市场、确保粮食安全的思

---

① 王川、黄敏：《完善我国农产品价格形成机制的思考》，《中国食物与营养》2014 年第 11 期。

路一直未变。2014 年中央"一号文件"提出"完善粮食等重要农产品价格形成机制",在这之后,连续多年的中央"一号文件"中都强调了深化价格形成机制改革。暗含在这些现象及努力背后的深层次问题是农产品差异特性与交易特征怎样决定农产品价格形成机制的规律性问题以及如何对不同类别(属性)农产品价格调控进行分类治理的问题。

关于农产品价格形成机制的探索从未停止,但已有研究多关注农产品价格非正常波动的问题,就"波动"谈"防控"给出对策建议,并未触及背后隐藏的价格形成机制本身。不同种类农产品具有不同的市场交易特点,价格变化特征也不同,仅从价格数据变动出发对其进行调控缺乏科学性。鉴于此,有必要分类别地对农产品价格形成规律进行具体讨论。本书提出的主要问题是:在我国当前农业发展背景下,我国农产品价格形成机制所存在的主要问题有哪些,这些问题的深层次原因及其所造成的影响是什么?农产品客观基础属性在价格形成中发挥了怎样的作用?怎样从供需视角研究农产品生产者价格形成中的影响因素?农产品宏微观差异性对其价格形成又有怎样的影响?如何准确定位政府在农产品价格调控治理中应该扮演的角色与发挥的职能,应实施哪些针对性的措施?

二、研究目标

1. 梳理改革开放以来我国农产品价格形成机制的演变过程,厘清当前我国农产品价格形成机制存在的突出问题。

2. 构建能体现农产品客观基础、供求关系、宏微观差异、具有内在逻辑一致性的农产品价格形成机制理论分析框架。

3. 一方面,探讨要素禀赋、生产成本与生态价值等这些客观基础如何影响农产品的价格形成;另一方面,从宏观(总体)价格决定的视角出发,全面分析影响农产品价格形成的因素,构建农产品价格供给和需求系统模型来探讨农产品价格形成机制。

4. 依据农产品差异特性，不断放开假设，综合反映农产品类型差异、宏观（总体）差异和属性差异与价格形成的关系，系统分析不同类别农产品差异特性与交易特征如何决定农产品价格形成机理的问题，揭示不同类别农产品价格形成的一般规律。

5. 将不同类别（属性）农产品价格调控治理进行分类，提出农产品价格治理体系优化措施及不同类别农产品价格调控治理机制，为国家完善农产品价格形成机制提供政策决策参考依据。

三、研究意义

（一）对现有农产品价格理论的研究进行补充和拓展，具有一定的理论意义和学术价值

对价格形成的探索从古典经济学到马克思价值论再到主流均衡价格论，未曾停歇。然而，哪怕是占据当前主导地位的均衡价格理论也只是从供给和需求两方面来解释价格的形成。面对日趋复杂的现实市场环境，忽略背后的其他现实因素只会使得理论与实际相差甚远而缺乏解释力。鉴于此，本书关注个体微观的影响因素，分析暗藏在真实交易背后的客观条件，如农产品本身属性、交易特性等，把农产品价格形成从传统的新古典经济学框架引入一个包含客观基础、宏观总体和微观个体三方面的农产品价格形成理论框架，旨在进一步补充和完善现有针对农产品价格理论的研究。

（二）为我国科学合理制定农产品价格调控政策提供参考，具有一定的现实意义

在不断深化农村改革的背景下，努力将市场的作用和政府的作用结合得更好，并以市场的决定性作用为导向，完善市场定价原则下的农产品价

格形成机制是符合当前农业经济发展需要的重要举措。本书基于农产品价格形成的理论和实证分析，提出农产品价格调控政策体系优化的相关建议，以期为有关机构科学决策提供参考。

第二节　相关概念及必要说明

一、农产品属性与农产品类别

（一）农产品属性

"属性"在权威百科辞典《辞海》中是这样界定的：属性是指事物本身所固有的性质，是物质必然的、基本的、不可分离的特性。马克思认为，自然属性（使用价值）和社会属性（价值）是商品的两个基本属性，其中自然属性，即使用价值是满足人们某种需要的属性。农产品作为商品，也具有一般的商品属性。不过不同于马克思对商品自然属性的定义，本书中农产品的"自然属性"是指农产品生产过程中与自然条件等息息相关的属性以及农产品本身所固有的一些性质，如农产品生产的季节性、周期性、地域性以及农产品本身所具有的鲜活易腐性等。从生产角度来看，农业受地域分布和季节更迭的双重局限，不同的地形、地貌、光照等自然因素的时空分布和组合方式直接决定了不同地区的种植品种和产品质量；水分、温度等禀赋条件也决定了不同农产品的生产对应着不同的季节安排。从消费角度来看，农产品生物性特征决定了其易腐性，比如新鲜瓜果、水产品、猪肉等不耐储产品，都需要在短期内销售出去。即便是相对耐储藏的粮食作物，相对于工业产品等也属于易腐范畴。由于农产品自然属性所具有的生物性、季节性和区域性等特点，使得农产品显著不同于工业产品，其价格风险更多地受到来自自然属性的约束。

除自然属性之外，农产品还具有其他多重属性，而根据研究内容的不同，学者们对农产品属性研究的侧重点也有所不同。董旭升（1998）从农产品的基本属性出发，探讨如何提高我国农产品的国际竞争力，他在研究中定义的农产品的基本属性是指农产品的技术、价格、质量、品牌和包装设计等。[①] 田东等（2010）探究了 BTC 模式下农产品属性对消费者购买行为的感知风险的影响，确定了价格、品牌、营养价值、安全性、耐储藏等16 个网上购买农产品的属性变量。[②] 熊鹰和罗敏（2011）认为安全农产品供给具有公共物品、私人物品和准公共物品等多重属性，基于此，研究了基于不同属性的安全农产品供给博弈。[③] 毛学峰和曾寅初（2014）从产品属性出发，按照农产品对生产者和消费者的重要程度将农产品价格调控分为完全不需要调控、需要完全调控和在某种条件下才需要调控三类。[④] 聂文静等（2016）以苹果为案例，定量研究了消费者对生鲜农产品不同质量属性的偏好及影响因素。[⑤]

（二）农产品类别

农产品类别，就是指对农产品进行的划分或分类。按照不同的标准，农产品可划分成不同的类别，如按照加工程度分，农产品可分为初级农产品和加工农产品；按照其特殊程度分，可分为普通农产品和名优农产品；按农产品基因形成方式分，可以分为转基因农产品和非转基因农产品。农产品属性不同决定不同农产品易腐程度、重要性等不同，使得价格成因也

---

① 董旭升：《农产品的基本属性与提高农产品的国际竞争力》，《农业现代化研究》1998 年第 4 期。

② 田东等：《BTC 模式下农产品属性对消费者购买行为的感知风险》，《农机化研究》2010年第 3 期。

③ 熊鹰、罗敏：《基于不同属性的安全农产品供给博弈研究》，《商业研究》2011 年第 2 期。

④ 毛学峰、曾寅初：《中国农产品价格政策干预的边界确定——基于产品属性与价格变动特征的分析》，《江汉论坛》2014 年第 11 期。

⑤ 聂文静等：《消费者对生鲜农产品质量属性的偏好及影响因素分析：苹果的案例》，《农业技术经济》2016 年第 9 期。

有差异（颜小挺和祁春节，2015）。[①]考虑到不同农产品对资源禀赋的依赖程度不同，其价格弹性也不一样，而这些差异的存在又使得不同农产品的价格形成与波动存在差异，因此本书界定农产品类别的主要依据主要是要素禀赋的密集程度及价格弹性，在下文专门论述。

1. 按要素密集度分类

除了光、热、水等自然条件外，劳动力、技术等社会条件也是影响农业生产的重要资源。一般来说，给定资本（K）和劳动（L）两个要素，当产品 A 中的 K/L 的比值比 B 更大则认为 A 和 B 分别是资本和劳动密集型产品。中国幅员辽阔，不同的要素结构决定了区域间农产品产量、品种和品质的差异。因此，依据要素密集情况的农产品分类是较为贴近中国农业生产实际的，也得到研究者的广泛认同。

程国强（1999）较早地提出将农产品分为土地密集型（粮棉类）和劳动密集型（果蔬、肉类等）两类。[②]白宏（2003）指出要素相对价格变化带动密集度类型变化，简言之，同一产品的要素密集类型会随国家不同或者时期不同而变化，他将初级农产品划分为土地密集、劳动密集以及资源密集型三类。[③]类似地，马述忠等（2007）也将农产品分为三类，但认为应是土地密集、劳动密集和资本密集型三类。[④]不少学者采用HS1992分类标准，定义前四章、第七至九章和第十一章的大部分分别对应资源、资本和劳动密集型农产品。也有学者择取其中前十章共十类农产品，对应于相对技术密集型和相对劳动密集型农产品两大类（赵亮等，2012；庄丽娟

[①] 颜小挺、祁春节：《基于不同属性的农产品长期价格形成与波动研究》，《农业现代化研究》2015年第5期。
[②] 程国强：《中国农产品贸易：格局与政策》，《管理世界》1999年第3期。
[③] 白宏：《中国主要农产品的国际竞争力研究》，博士学位论文，中国农业大学，2003年，第25—30页。
[④] 马述忠等：《农产品不公平贸易政府行为的市场动力及耦合机制研究》，《国际贸易问题》2007年第10期。

等，2015）。[1]

从要素密集度视角的演化过程来看，学者对农业要素的理解逐渐由基本的自然要素扩展到资本、技术和能源等要素。产业融合的渗透和发展使得产业间联系更加紧密，严格意义的界限进一步模糊，引发工农业资源的相互需求，"资源类产品"的提法应运而生。其中包括一部分农产品（咖啡、蔗糖、棉花、花生、烟草等），例如甘蔗可以提供蔗糖和乙醇燃料，而棉花是重要的工业纺织原料，这类与工业生产紧密相关的加工原材料、燃料、辅料初级农产品被定义为工业资源型农产品。

由于要素密集度会随要素相对价格的变化而变化，相应的商品分类也会随之变化。借鉴白宏（2003）、庄丽娟（2015）等人的研究，基于HS编码将农产品划分为初级农产品、加工农产品和其他农产品三类（见表 1.1）。再依据要素密集程度将初级农产品划分为土地密集型、劳动密集型、资本密集型和工业资源型农产品（见表 1.2）。

表 1.1　基于加工程度的农产品分类

分类	具体农产品类别
初级农产品	第 1 章活动物，第 2 章肉及其食用杂碎，第 3 章鱼及其他水生无脊椎动物，第 4 章乳、蛋、蜂蜜和其他食用动物产品，第 6 章活植物，第 7 章食用蔬菜，第 8 章食用水果及坚果，第 9 章咖啡，第 10 章谷物，第 12 章油籽，第 24 章烟草（24011010、24011090、24012010、24012090、24013000），第 40 章橡胶及其制品，第 42 章生皮，第 50 章蚕丝，第 52 章棉花
加工农产品	第 11 章制粉工业产品，第 13 章虫胶，第 14 章编结用植物材料，第 15 章动植物油、脂、腊，第 16 章肉、鱼及其他动物产品制品，第 17 章糖及食糖，第 18 章可可及可可制品，第 19 章谷物粉、淀粉或乳制品，第 20 章蔬菜、水果及植物其他部分制品，第 22 章饮料、酒及醋，第 24 章烟草及烟草代用品的制品（2402100000 等其他）

① 赵亮、穆月英：《东亚"10+3"国家农产品国际竞争力分解及比较研究——基于分类农产品的 CMS 模型》，《国际贸易问题》2012 年第 4 期。庄丽娟等：《金砖五国农产品出口增长及竞争力实证分析》，《华中农业大学学报（社会科学版）》2015 年第 4 期。

续表

分类	具体农产品类别
其他农产品	第5章其他动物产品，第21章杂项产品，第23章食品工业的残渣及肥料、配置的饲料

资料来源：白宏（2003）对农业贸易产品的分类。

表1.2　基于要素密集度的初级农产品分类

分类	具体农产品类别	代表农产品
土地密集型农产品	第10章谷物，第12章油籽	小麦、稻谷、玉米、大豆
劳动密集型农产品	第6章活植物，第7章食用蔬菜及根茎，第8章食用水果及坚果，第9章咖啡和茶，第41章生皮，第50章蚕丝	蔬菜（马铃薯、番茄、黄瓜、胡萝卜等）、水果（苹果、香蕉、柑橘等）
资本密集型农产品	第1章活动物，第2章肉及其食用杂碎，第3章鱼和其他水生无脊椎动物，第4章乳品、蛋品、天然蜂蜜和其他食用动物产品	猪肉、牛肉、羊肉、家禽、水产品、蛋、奶
工业资源型农产品	第15章动植物油、脂肪、腊，第17章糖及食糖，第24章烟草（24011010、24011090、24012010、24012090、24013000），第40章橡胶及其制品，第52章棉花（52010000、52021000、52029100、52029900、52030000）	食用油、食糖、棉花

注：根据资源型农产品种类，并结合白宏（2003）对农产品的分类方法得到。考虑到加工农产品中第15章动植物油、脂肪、腊和第17章糖及食糖两类农产品在生产生活中的重要意义和不可替代性，将其列入分类，因此涉及的农产品包括"全部初级农产品+食用油脂+食糖"。

可见，基于要素密集度标准可以将农产品划分如下：一是偏向土地密集型，代表产品为粮食等大田作物；二是偏向于劳动密集型，代表为果蔬等；三是偏向于资本密集型，代表为畜禽产品和水产品；四是偏向工业资源型，主要以棉花、食糖、食用油、橡胶等为主，如图1.1所示。

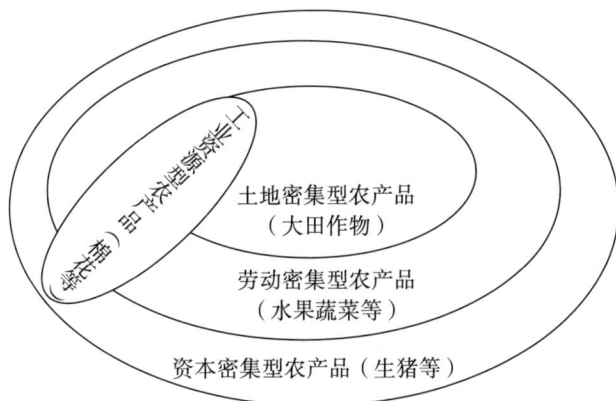

图 1.1　农产品按要素密集度分类

2.按价格弹性分类

从价格弹性来看，农产品供求两端相对弹性较小。首先，农产品生产呈现季节性特点，且农业生产的周期性决定其不能像工业品一般随时开工持续生产且精准确定产量；其次，农业投入要素相对较为固定，比如土地、化肥等一经投入很难变化，且农产品相对易腐，储藏十分困难；此外，农产品尤其是大宗农产品是生活必需品，生产生活对热量的基本需求决定了农产品尤其是食品的需求量并不会因为价格的变化而产生较大改变。因此当市场行情发生变化时，农产品需求量变化不大，供给弹性相对较小。有关研究证实农业长期供给弹性为 0.4，而中短期供给弹性仅为 0—0.3（于振伟等，2011）。①

基于测算和验证，小麦、玉米等 16 种农产品的需求价格弹性聚类情况见图 1.2。总体来看，代表性农产品的价格弹性均小于 1，验证了短期内农产品作为必需品普遍缺乏弹性的特征。根据不同农产品弹性值的大小和使用

---

① 于振伟：《基于产品特性的农产品营销问题研究》，博士学位论文，东北林业大学，2011 年，第 78 页。

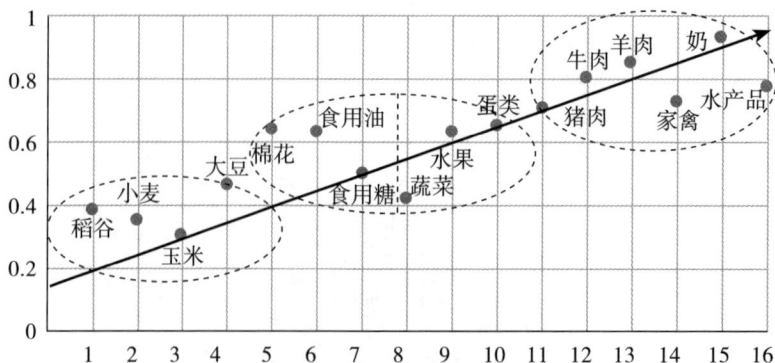

图 1.2　代表性农产品的需求价格弹性分布

注：原始数据来源于中国农业科学院农业经济与发展研究所，经项目组验证并修正结果整理而得。虚线圆圈表示相似农产品的聚类情况，下图同。

价值相近进行聚类的原则，代表性农产品中存在三个聚类：第一类是小麦、稻谷、玉米和大豆，共同的产品属性是价格弹性相对很小，价格变动对需求量的影响十分微弱。第二类是需求价格弹性处于"中间地带"的棉花、食用糖、食用油、水果、蔬菜和蛋类。这一类产品自然属性迥异，但都呈现出替代性强的特征，可以根据自然属性的不同细分为工业资源型农产品和生鲜农产品（图 1.2 中由竖行虚线划分左右两侧）。最后一类为价格弹性最大的家禽、肉类、水产品和奶，价格在代表性农产品中最高且需求量对价格十分敏感。

　　由图 1.3 可以看出，代表性农产品的需求收入弹性均小于 1，再次验证农产品作为必需品需求量变动不大。类似地，根据弹性大小和使用价值可以细分为三大类：首先是收入弹性较小的聚类，仍包括小麦、稻谷、玉米和大豆，随着可支配收入的增加，这类农产品的需求量变化相对很小；其次是收入弹性中等的棉花、食糖、食用油、水果、蔬菜和蛋类，对应的消费量随收入的增加而一定程度地增加；最后是收入弹性最高的聚类，对应农产品是家禽、肉类、水产品以及奶，这类农产品受收入变动的影响最大，其中收入增加带动奶产品需求量增加最大，增幅最小的是猪肉，也可见国人的饮食习惯决定了对猪肉的需求相对较为稳定。

其中，玉米的需求收入弹性为负数，意味着当可支配收入增加时会相应减少对玉米的消费。这并不难解释，因为玉米并非日常口粮，多作为饲料原料，因此呈现出随收入增加消费减少的"劣质品"特征。

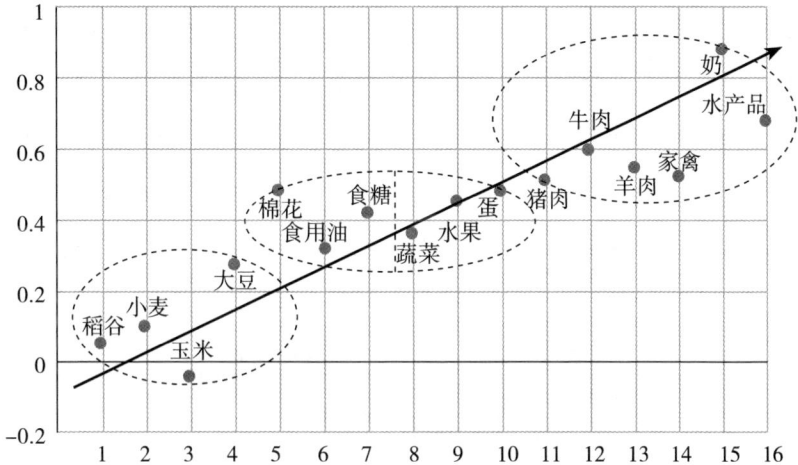

图 1.3　代表性农产品的需求收入弹性分布

综上所述，考虑到农产品的自然属性，根据前文关于农产品需求价格和收入弹性的聚类分析，可将农产品分为粮食类、资源类和生鲜类、畜禽类农产品三个聚类，价格弹性依次增大。如图 1.4 的"产品团"所示，位于最内侧的是满足基本生存需要的农产品，比如口粮类，越到外侧越是满足更高层次需求的农产品，如禽肉、蔬果等。内侧种类农产品的可替代性很小，收

图 1.4　依据价格弹性的农产品聚类情况

注：图中农产品价格弹性由外环到内环依次减小。

入需求弹性变动很小；外围农产品替代性一般较强，且价格弹性相对更大，价格变化也相对更大。所以，"产品团"的特征表现为"内稳外活"。

3. 本书定义的分类标准

面对众多的农产品分类标准，研究者结合自身研究需要进行合理选择极为重要。[①] 由于本书基于农产品的不同属性来讨论价格形成问题，而要素禀赋和价格弹性的差异直接导致农产品之间属性的巨大差异，因此，相比于其他分类标准，将两者相结合的分类标准更加适用于本书研究。基于本章前两节的研究结论，本书定义的农产品分类标准如表 1.3 所示。

表 1.3　本书定义的农产品分类标准

具体分类	平均需求价格弹性	平均需求收入弹性	价格弹性特征	代表农产品
土地密集型农产品	0.373	0.095	弹性较小	粮食类，本书以小麦为例
劳动密集型农产品	0.567	0.430	弹性中等	生鲜类，本书以苹果为例
工业资源型农产品	0.590	0.410	弹性中等	资源类，本书以棉花为例
资本密集型农产品	0.797	0.625	弹性较大	畜禽类，本书以生猪为例

在本书中，农产品类别是根据前人的经验和对农产品生产所需的主要要素比例进行划分的，本书将农产品分为四个不同类别，分别是土地密集型、劳动密集型、资本密集型和工业资源型农产品。而每大类农产品从其本身特性、供给特性、需求特性、交易特性以及政策影响五个方面来考虑农产品属性差异。

二、价格与农产品价格

价格是以货币所表示的商品价值，是某一单位商品与货币发生交换时

---

① 张玉娥等：《农产品贸易研究中农产品范围的界定和分类》，《世界农业》2016 年第 5 期。

所需要的货币数量。农产品从田间到餐桌要经历生产者市场、中间商市场和消费者市场，其中要经历生产、收购、加工、批发和零售等不同的流通环节，在每一个流通环节，农产品价格的构成要素都不同，从而形成不同的农产品价格。在整个农产品流通产业链上，农户承担生产任务，收购商负责在田间或者农舍进行收购，加工商的主要任务是对农产品进行初级包装，批发商负责将农产品分卖给各个零售商，而零售商则直接面对单个的消费者并将农产品卖给消费者完成农产品的流通过程。在每一个流通环节，都会发生一次交易，形成一个农产品价格，它们是生产者价格、批发价格和零售价格。农产品生产者价格是指农业生产者直接出售其农产品时的价格。在本书中，根据研究的目的，考虑到数据的可获得性，主要采集的数据是农产品生产者价格（或收购价格）。

三、价格形成机制

改革开放前，"价格形成"的概念已出现于我国"社会主义价格学"中，意指"价格是如何定出来的"。改革开放后，西方经济学的广泛传播使得"价格机制"一词被接受和使用，"价格形成"也随之与"机制"连接，产生了所谓的"价格形成机制"。[①] 1998 年施行的《中华人民共和国价格法》确立了"国家实行并逐步完善宏观经济调控下主要由市场形成价格的机制"，在之后我国的政府文件中，"价格形成机制"一词多次出现，通读各类与价格形成机制有关的文件，可以看到价格形成机制主要指价格的形成、决定、价格政策的调整与完善等。冷崇总（1997）概括了"价格机制"的概念，认为所谓价格机制是指在一定的经济条件下，价格的形成、运动与影响其形成和运动的各因素之间的相互联系形式及其规律性，以及

---

① 刘树杰：《价格机制、价格形成机制及供求与价格的关系》，《中国物价》2013 年第 7 期。

人们对这种规律性的运用，它是市场经济中市场机制的主体内容。[①] 刘树杰（2013）认为"价格机制"是现代经济学的基本概念，是市场经济体内在的一种平衡机能；而"价格形成机制"可定义为影响价格及其变动的各要素及各因素之间的相互关系。

四、农产品价格形成机制

农产品价格形成是指农产品的价格在生产和流通过程中是如何确定的，它涉及的内容大体包含三个方面：决策主体、价格形式和政府调控。决策主体是指由谁来定价；价格形式指的是农产品价格形成的方式；政府宏观调控包含政府调控的对象、目的和具体政策等。价格是买卖双方通过交易形成的，交易是价格形成的前提和基础，这是从交易成本经济学的角度所理解的结果。在现实世界里普遍存在交易成本的情况下，农产品价格是买卖双方在交易过程中通过"博弈"，主要是讨价还价的方式形成的。一般来说，农产品价格形成机制包含两个层面的问题：一个是价格形成机制问题，即价格形成的规律，它是客观存在的事物之间内在的本质联系，是不以人的意志转移的；另一个是价格政策选择问题，即发挥主体的能动性，根据当前实际选择合理的价格政策。

特别说明的是本书中"农产品价格形成"指农产品在生产过程中价格的确定，即农产品首次交易的价格确定，不涉及"农产品价格波动"。

第三节　文献综述

一、国内外相关研究的学术史梳理

从时间脉络来看，学界对价格形成的认识遵循着"启蒙—争议—初步

---

① 冷崇总：《谈谈价格机制的作用与作用条件问题》，《市场经济管理》1997 年第 1 期。

统一——不断完善"的认知过程。

（一）17世纪以前：价格形成的启蒙阶段

这一时期，以艾尔伯图斯·麦格努斯（1240）和他的学生托马斯·阿奎纳（1250）为代表的学者们阐述了对于价格含义的理解，其中艾尔伯图斯·麦格努斯（1240）认为商品的价格受到劳动产生的价值的影响；而托马斯·阿奎纳（1250）提出的公平价格论中谈到"公平价格"是交换中的一个等同比例，同时提到的"商品的价格应以其有用性为基础"的这一论点被后世认为首开了效用价值论的先河。

（二）17世纪到19世纪：价格形成的争议阶段

这一时期西方经济学派对价格形成理论的基础产生分歧而不断争议。其中以威廉·配第（1662）、大卫·李嘉图（1817）、卡尔·马克思（1867）等为代表的学者认为商品价格取决于劳动；而以威廉·斯坦利·杰文斯（1871）、卡尔·门格尔（1871）等为代表的学者则认为决定商品价格的不是劳动而是商品带来的边际效用。两个学派争论不断推动着价格形成的相关研究向前发展。

（三）19世纪末到20世纪中期：价格形成问题的初步统一

以阿尔弗雷德·马歇尔（1890）、爱德华·哈斯丁·张伯伦（1935）为代表的学者在吸收和借鉴前人思想的基础上逐步统一于阿尔弗雷德·马歇尔（1890）提出的均衡价格理论，认为供给和需求价格相等时市场处于均衡状态，此时对应的均衡点就是均衡状态下的商品价格。

（四）20世纪中叶以后：价格形成理论不断发展和完善

这一时期，市场理论中一种商品只对应一个价格的假设遭到乔治·约瑟夫（1961）的质疑，他认为消费者在获得商品质量、价格等的信息成本过高使得购买者难以掌握充分的信息，从而造成了同一种商品存在着不同价格。他将"信息"要素引入价格理论研究中，开辟了"信息经济学"这一全新的研究视角。杰克·赫什利弗（1976）、波特伦·谢弗德（1996）等众多专家学者也从市场结构、价值转型等不同视角对价格形成理论进行了深化。

二、农产品价格形成的研究动态：基于文献计量分析

本节的研究方法是文献计量学研究方法，数据来源为中国知网（CNKI）数据库。CNKI 在学术界具有认可度高、应用范围广等优势，创建于 1966 年。通过检索对比发现，在应用高级检索功能时选用农产品价格形成、农产品价格决定、农产品价格机制等关键词作为主题时对于研究的主题能够进行较好的概括。考虑到研究的意义，本书所用数据的时间跨度为 1992 年 1 月 1 日—2021 年 4 月 27 日。1992—2021 年的期刊文献以农产品价格作为主题进行研究的所有文献总量达到了 24994 篇。通过采用高级检索的方式，限定 SCI、EI、CSSCI、CSCD、核心期刊作为期刊来源，并经过多次的策略调整，文献筛选。最后，1992—2021 年，以农产品价格决定等作为主题进行研究，进入本书分析的有效文献总量共计达到 937 篇。从整体上看，与农产品价格决定相关文献占研究农产品价格文献发文数的 3.75%，1992—2021 年，农产品价格决定年平均发文量为 31.9 篇，自 2007 年后，发文量急速增长，并于 2016 年达到顶峰 119 篇，这种有关农产品价格决定文章出现井喷的增长态势与我国对重要农产品实行的政策之间有着密不可分的关系。

根据我国农产品价格决定发文量的整体走势，该领域的研究过程大致可分为三个阶段。第一个阶段是 1992—2000 年，为学术界对农产品价格决定问题的探索阶段，在该阶段中，相关主题研究的总发文量为 116 篇，

占总发文量的 12.2%。第二个阶段是 2001—2003 年，该阶段共发文 11 篇，年均 3.7 篇，远低于总体年平均水平，学术界有关农产品价格决定研究的文献遇到了瓶颈，宏观领域也无相关政策对农产品价格决定的机制与要求进行规范与解读。第三个阶段是 2004—2021 年，得益于最低价格、目标价格等政策性价格的提出，农产品价格决定研究进入发展的高速时期，在此期间，年均发文量达到了 46.9 篇。

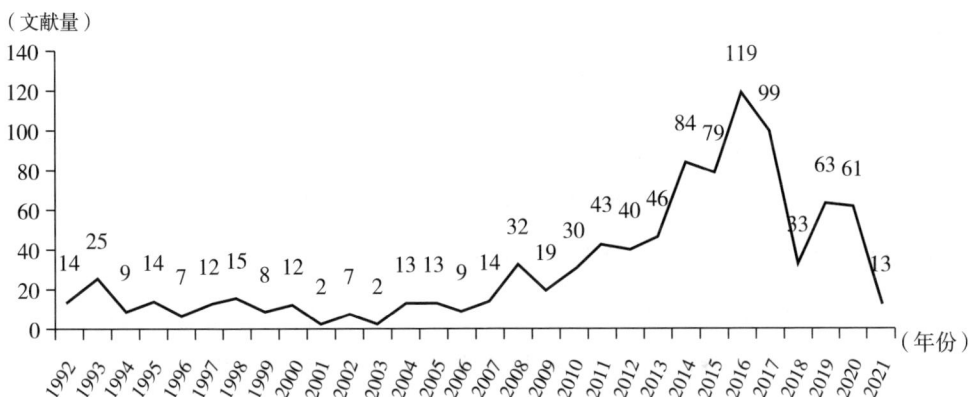

（文献量）

图 1.5　农产品价格决定研究文献年代分布图

从图 1.5 中文献检索的年度数据来看，1992—2021 年我国研究农产品价格决定的相关文章发文量大体呈现出先递增后下降的特点，具体表现为发文量在 2016 年达到顶峰，年度共发文 119 篇，近年来，有关农产品价格决定研究的相关文献有着缓慢下降的趋势，需要学界予以关注。其中 1992—2000 年为农产品价格决定研究的起始阶段，年度发文量稳定在 10 篇左右，2001—2003 年为农产品价格决定研究的低谷期，期间有两年的年度发文量仅为 2 篇，2004—2016 年为农产品价格决定问题的稳定发展阶段，年度发文量逐年递增，学界对农产品价格决定的研究情绪高涨，这一趋势也与国家于 2004 年出台的最低收购价格、临时收储政策等对农产品价格决定有着直接作用的政策密切相关。

　　从文献的学术影响力来看，农产品价格决定研究最主要的刊源平台是《价格理论与实践》《农业经济》《价格月刊》《农业经济问题》《农业技术经济》等20种期刊，其研究深度与广度代表着我国农产品价格决定研究的最高学术水平。从文献作者（或机构）的地区分布情况来看，发文量6篇及以上的研究机构，共20个，总发文量为368篇，占全部文献总量的39.27%，发文量最多的研究人员与机构主要集中在华北与中南地区，这与政策制定机构和粮食主产区省级分布上的结果一致。

　　总体而言，自2004年以来，尽管我国农产品价格决定领域研究呈现出了快速发展的趋势，但是该主题的发文总量仍显不足，我国价格领域的研究主要还是集中在价格波动层面，农产品价格决定研究往往作为价格研究的补充内容，学界并未给予足够的关注，并且该领域中作者之间并未呈现较为紧密的联系，领域内对价格形成机制并未达成广泛的共识。因此，在当前三量齐增、国内外价格倒挂、价补分离成为我国价格政策研究主流的情况下，应当尽快完善我国农产品价格形成机制，服务我国的相关政策制定。

三、农产品客观基础与农产品价格形成

（一）关于要素禀赋结构与农产品价格关系的研究

　　要素禀赋条件是农业发展的根本制约。要素禀赋理论认为同种农产品价格的绝对差异主要是由于成本的绝对差异，而成本的绝对差异来自生产要素禀赋的供给不同和生产所使用的要素比例不同。可见，要素禀赋是农产品价格形成的基石，要素禀赋的不同决定了价格水平的不同进而对应着不同的贸易结构（苏庆义，2013）。[①]换言之，要素禀赋是价格形成背后的根源性因素，是普遍存在且不可忽视的。如张淑萍（2011）研究粮食市场价格形成机制认为，市场自发调节是粮价的基础，政府干预起主导作用，

---

　　① 苏庆义：《贸易结构决定因素的分解：理论与经验研究》，《世界经济》2013年第6期。

而成本与资源禀赋则决定了粮价的长期走势。[①] 关于农业要素禀赋的研究很多，集中于资源禀赋与技术进步、经济增长、生产决策的相关性等问题（应瑞瑶和郑旭媛，2013；魏金义和祁春节，2014；付明辉和祁春节，2016；胡晨沛和李辉尚等，2019）。[②]

（二）关于农产品生产成本与价格的研究

农业投入的增长是我国农业取得巨大成就的原因之一。但不可否认的是农产品在较长的生产周期中，每个生产环节都需要消耗大量的劳动力、化肥、农药等要素，这造成农业生产成本越来越高，与国际相比，国内部分农产品价格远超国际水平。近年来，针对生产成本与农产品价格的研究比较丰富。李国祥（2011）对 2003—2009 年稻谷、小麦、玉米价格变动进行研究，认为农业投入要素价格上升导致生产成本上升对于粮价的推动作用十分明显。[③] 龚梦和祁春节（2013）关注柑橘价格与成本之间的关联性，通过通径分析方法研究发现柑橘总生产成本直接影响柑橘鲜果价格，并对生产者价格波动有很强的推动作用。[④] 孙柳青（2014）基于成本构成的视角发现在小麦价格的形成机制中，包含物质成本、人工成本和土地成本在内的粮食生产成本变动直接影响粮价的稳定。[⑤] 中国人民银行西安分行课题组（2015）基于订单农业的研究发现生产成本是农产品定价最基础的因

①　张淑萍：《我国粮食价格变动的经济效应分析》，《财经科学》2011 年第 8 期。
②　应瑞瑶、郑旭媛：《资源禀赋、要素替代与农业生产经营方式转型》，《农业经济问题》2013 年第 12 期。魏金义、祁春节：《农业技术进步与要素禀赋的耦合协调度测算》，《中国人口·资源与环境》2015 年第 1 期。付明辉、祁春节：《要素禀赋、技术进步偏向与农业全要素生产率增长——基于 28 个国家的比较分析》，《中国农村经济》2016 年第 12 期。胡晨沛、李辉尚：《1978—2015 年中国农业经济重心和禀赋结构重心时空轨迹及其耦合趋势研究》，《华中农业大学学报（社会科学版）》2019 年第 2 期。
③　李国祥：《2003 年以来中国农产品价格上涨分析》，《中国农村经济》2011 年第 2 期。
④　龚梦、祁春节：《中国柑橘鲜果价格形成及影响因素研究》，博士学位论文，华中农业大学，2013 年，第 26 页。
⑤　孙柳青：《我国粮食价格形成机制研究——以小麦为例》，硕士学位论文，辽宁大学，2014 年，第 30 页。

素，一般来说，农业生产所耗费的生产资料越多，其价值量就会增加，农产品价格也会因此上升，反之亦然。① 颜小挺（2016）基于 ARIMA 模型对生产成本对柑橘出口价格影响机理进行探究，发现短期和长期情况下，生产成本对柑橘出口价格均有显著的正向推动作用。② 另有学者从供应链、销售渠道、金融化等不同视角探讨生产成本与农产品价格的关系（张有望，2018；苑甜甜和张兵，2020；闻卉和许明辉等，2020）。③

（三）关于农产品生态价值与农产品价格关系的研究

翟玉强（2016）介绍了地理标志农产品的生态价值的研究概况，探讨了人们对地理标志农产品生态价值的认识历程，并以若干产品为例，着重研究了地理标志农产品生态价值的内涵，并提出了发挥地理标志农产品生态价值的应对措施。④ 张林波等（2019）将生态产品划分为公共性生态产品和经营性生态产品两类，在此基础上，探索了生态产品价值来源、价值构成及价值实现的可能途径。⑤ 李晓燕等（2020）认为构建符合农业生态产品特征的绿色创新价值链，通过链式系统整体升级来提高农业生态产品市场竞争力，是农业生态产品价值实现的有效路径。⑥ 刘耕源等（2021）梳理了农业生产系统和农业生态产品的概念与边界，基于能值分析构建了农业生产系统所提供的服务核算方法体系，核算了我国单位面积典型农产

---

① 中国人民银行西安分行课题组：《订单农产品价格形成机制研究——基于 VAR 模型的实证分析》，《当代经济科学》2015 年第 6 期。
② 颜小挺：《中国水果出口价格决定的理论分析与实证研究》，博士学位论文，华中农业大学，2016 年，第 65 页。
③ 张有望：《金融化背景下农产品现货市场价格风险研究》，博士学位论文，华中农业大学，2018 年，第 125—127 页。苑甜甜等：《大蒜价格形成机制研究——基于价格泡沫视角》，《中国蔬菜》2020 年第 3 期。闻卉等：《考虑产品绿色度的生鲜供应链的销售模式与定价策略》，《武汉大学学报（理学版）》2020 年第 5 期。
④ 翟玉强：《地理标志农产品的生态价值研究》，《新疆农垦经济》2016 年第 11 期。
⑤ 张林波等：《生态产品内涵与其价值实现途径》，《农业机械学报》2019 年第 6 期。
⑥ 李晓燕等：《基于绿色创新价值链视角的农业生态产品价值实现路径研究》，《农村经济》2020 年第 10 期。

品生态系统服务，并进一步提出分类化的农业生态产品价值实现路径。[①]

综上所述，农产品生产成本方面，有关生产成本和价格政策对农产品价格影响的研究较为丰富，且研究结论具有一定的一致性——生产成本是农产品价格形成的重要影响因素，但是目前不同学者基本上研究的都是个别农产品，未对不同类型的农产品进行统一比较研究；要素禀赋方面，要素禀赋会影响农产品的生产成本，进而影响农产品价格，即资源禀赋反映的是某地区潜在的比较优势，而比较优势在价格层面的具体体现就是生产成本的相对下降（蔡昉和王德文，2004）。但是纵观已有研究，鲜有文章研究有关农产品要素禀赋对农产品价格的影响，且都是边缘性研究，缺乏研究深度。生态价值方面，随着社会对生态保护的关注度越来越高，农产品的生态系统服务功能影响着农产品的价格决定，但是目前对农产品生态价值的研究多集中对农业生态服务功能价值评估测算以及农业生态价值和生态农产品价值的实现路径方面，鲜有研究关注农产品的生态价值与农产品价格之间的关系。

四、宏观上农产品（总量）价格形成

通过对我国市场上流通的不同农产品进行梳理和比较分析，可以发现其中各类农产品在宏观上存在一定的差异，因此其价格形成的机制也存在较大的差异。

蔡荣、虢佳花和祁春节（2007）从新制度经济学视角研究农产品批发市场的价格形成机制，分析表明农产品价格形成是一个买卖双方为实现利益最大化而相互博弈的过程。[②]程瑞芳（2007）探讨了三种不同性质的市场价格形成情况，分别是集市价格、批发价格和期货价格，并且认为农产品供求弹性的特点决定着供给或需求的变动是导致价格变动较大的重要因

---

① 刘耕源等：《农业生态产品及其价值实现路径》，《应用生态学报》2021 年第 2 期。
② 蔡荣等：《农产品批发市场价格形成机制及其交易效率》，《经济问题探索》2007 年第 9 期。

素。[1] 胡延松（2010）提出了影响农产品价格形成的分析框架，分析认为供给和需求因素在农产品价格形成过程中起决定性作用，但国际市场的变动以及政策调控因素也具有不可忽视的影响。[2] 何玉婷等（2013）以湖北蕲春为例，在分析农产品价格特点和影响因素基础上，研究了农产品价格机制的形成，进而从市场和流通体制改革、货币政策等方面提出了完善农产品价格形成机制的措施。[3] 戴俊玉等（2014）分别从不同的定价特点对比研究了农贸市场和超市两种农产品零售渠道价格的形成，结果表明农贸市场的农产品价格同样受到市场法则的调节，遵循价格规律。[4]

总结来看，目前国内外学者关于农产品价格的研究较为丰富，利用多种理论和方法探究了农产品的价格形成机制，但对影响农产品价格的宏观因素系统分析不足。在此，通过总结农产品价格方面的文献，提炼出影响我国农产品价格的因素。

五、农产品类别差异与农产品价格形成

农业生产的特点决定了农产品与其他产品之间、农产品类别之间存在差别。农业生产离不开自然条件，影响农业自然再生产的自然因素源自两方面：一是动物、植物自身生长、发育所必须经历的生物历程；二是动物、植物生长、发育所必需的土壤、阳光、雨水等自然条件。农业生产自身与自然环境密切相关的特点决定了农产品的生物性、区域性、季节性等特殊性，也决定了农产品差别的客观存在性。哈罗德·霍特林（1929）、爱德华·哈斯丁·张伯伦（1951、1962）等认为一组商品可以用质量、区

---

[1]　程瑞芳：《我国农产品价格形成机制及波动效应分析》，《中国流通经济》2007 年第 3 期。

[2]　胡延松：《农产品价格形成机制和波动性》，《经济导刊》2010 年第 9 期。

[3]　何玉婷等：《我国农产品价格形成机制研究——以湖北蕲春为例》，《现代商贸工业》2013 年第 19 期。

[4]　戴俊玉等：《不同零售环节的农产品价格形成机制比较——以农贸市场和超市为例》，《商业时代》2014 年第 12 期。

位、时间、适用性等一组特性来描述，其中以横向差异、纵向差异、信息性差异这三种特性之间的差异最为重要。产品横向差异性的研究主要集中在产品横向差异的内涵界定（哈罗德·霍特林，1929；凯尔·约翰·兰卡斯特，1966；汤卫君，2019；上官莉莉等，2021）和产品横向差异的模型设定（马迁利和刘海龙，2018）。[1] 产品纵向差异（垂直差异）一般被认定为产品质量不同而形成的差别，郭富红和陈艳莹（2016）认为服务差异也是纵向差异内容的重要组成部分。[2] 信息性差异方面，当前，学界对产品信息性差异的相关研究较少，但根据哈罗德·霍特林、爱德华·哈斯丁·张伯伦等人的研究，产品信息性差异也是产品差异的重要组成部分。彭树宏等（2005）加入信息性广告后发现，相对于低质量的产品，高质量的产品更能得到较高的市场价格、利润和更多的广告投入。[3] 颜小挺和祁春节（2017）运用双边随机边界模型，对信息不对称条件下中国水果出口议价能力及其对最终出口定价的影响效应进行了实证分析。[4] 从已有文献来看，国内外学者对产品差异性进行了深入的研究，但是当前国内外学者主要研究的是其他产品的差异性，而对农产品的差异性研究较少，且很少有研究关注农产品的差异性与农产品价格形成之间的关系。

六、农产品微观（个体）差异与农产品价格形成

20 世纪 30 年代关于垄断竞争问题的讨论引发了学者们对产品差异化

---

① Hotelling H., "Stability in Competition", *The Economic Journal*, No.153, 1929. Lancaster K., "Revising Demand Theory", *Economica*, No.96, 1957. 汤卫君：《消费者异质情形下企业产品差异化与定价决策》，《中国科学技术大学学报》2019 年第 8 期。马迁利、刘海龙：《基于消费升级视角的两维属性空间产品横向差异化分析》，《商业经济研究》2018 年第 11 期。

② 郭富红、陈艳莹：《产品差异化理论研究综述——基于产品差异化程度越高市场势力越大视角》，《现代管理科学》2016 年第 9 期。

③ 彭树宏、汪贤裕：《纵向差异化下的双寡头信息性广告竞争模型》，《产业经济研究》2005 年第 4 期。

④ 颜小挺、祁春节：《信息不对称、议价能力测度与中国水果出口定价——基于双边随机边界模型》，《统计与信息论坛》2017 年第 2 期。

的研究，在这之后，随着经济学中博弈论的广泛应用，产品差异化的讨论成为产业经济学中热门的研究问题之一。在农业经济领域，传统的对农产品的分类方式是将农产品定义为土地密集型农产品和劳动密集型农产品两大类（郑云，2006；朱晶等，2012），很少有学者深入关注农产品的差异特性。[①] 李勇等（2005）将农产品分类为无公害农产品和常规农产品，并从资产专用性、交易的不确定性以及交易发生频率对无公害农产品交易特性进行研究。[②] 朱信凯等（2012）的研究表明：不同属性信息对农产品价格波动影响显著，呈明显的非对称性。[③] 汤路昀和祁春节（2017）结合农产品的不同资源禀赋构成，将农产品细分为土地密集型农产品、劳动密集型农产品和战略资源型农产品，并对其价格波动特征进行分析。[④] 黄慧莲等（2018）采用 SADF 方法对我国玉米、小麦、豆粕等 13 个主要农产品期货品种进行价格泡沫特征及品种差异性分析，认为主要农产品期货市场存在一定的品种差异。[⑤]

综上所述，学者们对农产品差异的讨论仍相对较少，且鲜有全面考虑反映不同类型农产品价格决定及其归因的研究。目前与农产品价格有关的研究主要是对农产品价格波动及其影响因素进行深入研究，较少有研究关注不同类型农产品的微观差异，而不同类型农产品其价格决定必定有所区别，研究不同类型农产品价格形成有利于更具针对性的制定相关类型农产品的宏观价格政策。

---

① 郑云：《中国农产品出口贸易与农业经济增长——基于协整分析和 Granger 因果检验》，《国际贸易问题》2006 年第 7 期。朱晶、吴国松：《中国农产品非关税贸易措施的保护效果研究》，《农业技术经济》2012 年第 2 期。

② 李勇等：《无公害农产品交易特性及其规制》，《中国农村经济》2005 年第 2 期。

③ 朱信凯等：《信息与农产品价格波动——基于 EGARCH 模型的分析》，《管理世界》2012 年第 11 期。

④ 汤路昀、祁春节：《对不同属性农产品价格非对称性研究——农业供给侧改革背景下农产品价格波动特征分析》，《价格理论与实践》2017 年第 8 期。

⑤ 黄慧莲等：《我国农产品期货市场价格泡沫特征及品种差异性研究》，《农业技术经济》2018 年第 1 期。

七、供求均衡决定价格的固有局限

长期以来，不同学派从不同视角对价格形成问题进行了探索，其中当属供求均衡论的影响最为深远，直至今日仍是学界公认的最为主流的价格形成理论。但价格的合理化只能是一个不断试错的过程，现实的自由价格只能趋向均衡而不可能达到均衡。供求均衡论从市场交易的供给与需求关系出发，认为是供给和需求的相互作用决定了均衡价格的形成。伴随市场经济环境的日趋复杂化，传统均衡价格论在解释日常经济现象时常常无能为力。基于此，新制度经济学派的代表学者科斯（Coase，1937）、威廉姆森（Williamson，1975）等人通过最先揭示供求均衡价格理论的缺陷所在，引入产权思想，引发学界对于供求关系现象背后真正原因的思考。[①] 奥地利学派学者认为供求均衡价格理论在市场价格上缺少对微观经济学中"个人（个体）的行为"的理解。本书认为供求均衡价格论在农产品价格形成研究中存在以下局限：

第一，前提假设存在固有的局限性。新古典经济学价格理论建立一系列严格的假设之上，如完全竞争市场、信息完备且对称、没有第三方外部性、非公共品、产品同质且产品间完全替代性等，这些前提假设与现实相差巨大。新古典经济学的价格理论认为，价格取决于市场供给和市场需求的均衡状态，这个理论似乎直观而有效的说明了价格形成的过程，一直被看作是价格形成的"常识"。由于前提假设的局限性只能关注到农产品价格随供求关系变动而变动，无法触及引发供求关系变动背后的真正"推手"。仅仅从传统均衡价格理论供求关系上看待农产品价格形成与波动显然是不够的。因此，需要在放宽假设条件下，才能使价格理论在对现实市场解释力上不断取得突破。

第二，忽视了交易成本的存在。均衡价格理论对于供需背后交易成

---

① Coase R. H., "The Nature of the Firm", *Economica*, No. 16, 1937. Oliver E. Williamson, *Markets and Hierarchies*, New York: Free Press, 1975, p.52.

本的忽视，使其在面对日常经济现象时常常失去解释力。以科斯（1937、1960）、张五常（1999）等为代表的产权经济学者率先指出马歇尔均衡价格理论的缺陷，将交易成本引入经济学。新古典经济学价格理论中的均衡概念带有一种对物理学的模仿，这可以让经济学相比于其他社会科学更接近自然科学（科克肖特，2004），但新古典经济学在无交易成本假设前提下提出的价格供求均衡决定机制是一种理想状态，这种理想状态下的均衡价格决定仅仅在统计学意义上具有一定的参考价值，无法真实反映农产品价格形成机理。

第三，缺乏对价格形成中"个人（个体）行为"的理解。新古典经济学价格理论忽视了个人（个体）的决策及行为。经济学家哈耶克认为，市场属于复杂有机领域，取决于众多个体行为，不可能全部充分了解和计算每个过程出现的结果。他指出："在一个良序的经济里，价格具有传递知识的功能，为了经济能够正常的运作价格信号，在通常情况下是相互协调的，并且随着经济活动自发调整"。同时，哈耶克认为价格取决于许多具体条件，传统经济学中的总量忽视了重要的经济信息，而这些信息必然是个人化和分散的。科克肖特认为新古典的价格理论实际上是一种使用大量自由度来拟合现实数据的理论。他进一步指出，这一问题根本原因在于新古典经济学无法正确认识价格的随机性。因此，价格的形成离不开个人（个体）的决策及行为，需考虑不同类别农产品微观（个体）差异，这也是供求均衡价格论所没有涉及的。

认识到新古典价格理论在农产品价格形成研究上的局限性，使本书明确了改进的目标，将视角由供求关系本身转向农产品的客观基础、宏观总体和微观个体等不同维度的具体影响因素及机理。

八、文献评述

从目前已有的文献来看，国内外学者对与农产品价格相关的问题进行了广泛且深入的研究，为本书提供了丰富和有益的参考。但已有研究大多数围绕着农产品的价格形成与波动以及农产品价格形成与波动的影响因素展开，仍存在可以进一步补充和完善的空间：

第一，目前对于农产品价格形成机制的研究还未形成统一的理论共识，已有研究选择理论依据大多依个人主观价值判断和选择而定，多采用新古典经济学思想和供求均衡分析方法，而忽视了决定农产品价格的多重因素以及农产品价格形成背后的局限条件。

第二，现有针对农产品价格形成的研究主要集中在单一品种，针对不同种类农产品价格形成的对比研究成果并不多，缺乏分类别价格形成机制差异的研究。对农产品进行分类别讨论可以更好地刻画影响因素对农产品价格形成作用的异质性和不同农产品价格形成的具体特征。

第三，农产品价格形成的计量研究多停留于对供求关系的影响因素探讨，较少将不同类别农产品的属性差异与农产品价格形成相联系并用数量方法进行实证研究。已有关于农产品价格形成的研究往往局限于单一的供给或需求视角，容易导致研究结论的片面性。不同农产品价格的形成受到多方面差异性的影响，因此亟待考虑价格形成背后的局限条件并从不同视角切入进行研究。

围绕已有研究成果和研究中存在的不足，本书基于属性对农产品进行分类，设置不同情景的典型影响因素构建农产品价格形成的理论分析框架。按递进式逻辑关系逐步地放开假设，还原"真实世界"，假定类别差异、宏观（总体）差异性、微观（个体）差异性对农产品价格形成产生影响，并开展相关研究。

第四节　技术路线

本书试图对市场经济条件下我国农产品价格形成机制进行研究，以便

改革农产品价格形成机制研究

把握农产品价格变化的原因和趋势，提出改革农产品价格形成机制的政策
建议。技术路线见图 1.6。

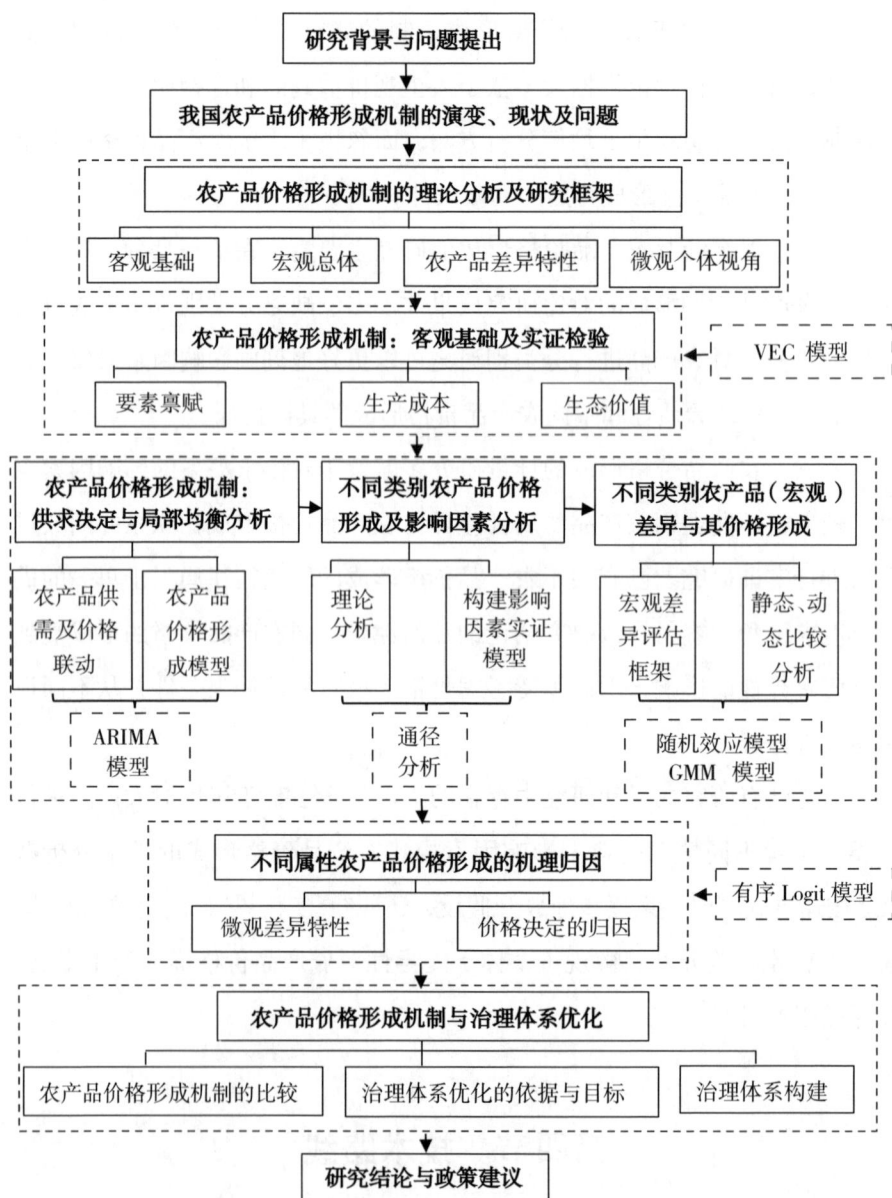

图 1.6　技术路线图

第五节 数据来源与研究方法

一、数据来源

本书使用的数据主要有三个来源，其一是有关统计机构或市场管理部门在网上公布的数据库，主要包括：国家统计局网站（http://www.stats.gov.cn/）；世界银行（https://databank.worldbank.org/home.aspx）；联合国商品贸易统计数据库（http://comtrade.un.org/db/）；万德数据库（https://www.wind.com.cn/NewSite/edb.html）；联合国粮农组织统计数据库（http://www.fao.org/statistics/zh/）；布瑞克数据库（http://www.chinabric.com/）。其二是文献统计资料，主要包括：历年《中国统计年鉴》；历年《中国农村统计年鉴》；历年《中国物价年鉴》；历年《中国农产品成本收益年鉴》；历年《中国农产品成本收益资料汇编》；历年《中国农产品价格调查年鉴》。其三是调查问卷数据，通过网络问卷调查和实地问卷调查获取不同类型农产品的真实差异以及其对价格影响的相关数据。

二、研究方法

本书综合运用经济学、农业经济学、新制度经济学、价格学、公共物品（事业）等理论与方法，对农产品价格形成机制展开了理论与实证分析。研究方法如下：

（一）文献计量分析与文献分析法

文献计量分析是采用数学、统计学等计量方法，研究文献的分布结构、数量关系、变化规律的一种方法，本书中主要用于梳理与农产品价格相关的已有研究，并对其进行分析评价。另外，本书是建立在大量的文献检索和阅读之上的，通过对已有研究中相关理论的参考、研究思路的借鉴、研究方法的归纳，形成本书的理论分析框架和相关理论逻辑。

（二）问卷调查法

为了保证调研结果的可代表性、准确地反映不同类型农产品的真实差异以及其对价格的影响。本书课题组经过试调研和三轮问卷的修订工作才正式通过网络问卷调查和实地问卷调查获取相关数据。网络调查问卷共回收 695 份有效问卷，实地调查问卷共回收 101 份有效问卷，总计回收 796 份有效问卷。

（三）向量误差模型（VEC 模型）

为了反映生产成本对价格形成机制的影响，进行了单位根检验和 Johansen 协整检验，构建了 VEC 模型，对农产品生产成本与价格之间的因果关系进行检验和分析。

（四）ARIMA 模型

从宏观（总体）价格决定的视角出发，从供需视角全面分析影响农产品价格形成的因素，利用 ARIMA 模型，按照贝叶斯信息最小化准则构造 Ljung-Box Q 统计量，对 2020 年至 2030 年影响四种农产品价格形成的因素（如进出口量、单产水平、人口规模等）进行合理的预测。

（五）通径分析法

通径模型可以反映自变量、中间变量、潜变量和因变量之间的相互关系，是由一组线性方程组成的模型。假定不同类型农产品价格形成存在差异，利用通径分析法对农产品价格及其影响因素进行实证分析，从而计算出各影响因素对农产品价格的影响程度，分析各个影响因素间相关性在不同类别农产品中的具体表现。

（六）静态、动态面板数据模型

假定不同类型农产品宏观差异性对其价格形成有一定的影响，结合产品差异化理论从横向差异、纵向差异、信息性差异三方面考虑农产品宏观差异，采用静动态面板数据模型对农产品差异特征与其价格形成的关系进行实证分析，定量分析宏观差异性对农产品价格形成的影响，揭示其深层次的原因。其中，静态面板数据模型选择随机效应模型分析，动态面板数据模型选择 GMM 模型进行分析。

（七）有序 Logit 模型

假定不同类型农产品属性存在差异且对价格形成产生一定的影响，从农产品属性、供给特性、需求特性、交易属性以及政策影响五个方面深入分析不同属性农产品价格形成的机理归因。在获得调查问卷数据之后，先对调查问卷所得的数据进行平行线假设检验，再利用有序 Logit 模型对不同差异特性分析农产品价格形成的影响。

第六节　学术贡献与应用价值

一、学术贡献

在理论研究上，一般认为，在宏观层面上农产品市场价格是由农产品市场的供求关系决定的，这只具有统计学意义。本书在新古典经济学局部均衡分析的基础上，突出农产品差异特性，不断放开假设，力求还原"真实世界"，综合反映客观基础、宏观（总体）和微观（个体）差异与价格形成的关系，采用情景分析法，构建具有内在逻辑一致性的农产品价格形成机制的分立结构分析框架，回答了在微观层面上农产品差异特性与交易特征如何决定了农产品价格形成机理的问题，这在一定程度上突破了主流经济学在研究价格问题时忽视农产品差异特性与微观基础的传统，在分析框架和学术思想方面有新的发展，修正了前人的理论观点，填补了农业经济学科在这一领域研究的不足。

在研究方法上，宏观总体上通过建立评价指标测算各类农产品的宏观差异指数，继而结合静态和动态面板数据模型实证分析了不同类型农产品价格形成的影响因素并单独对各类农产品价格与宏观差异指数进行实证分析。在此基础上，为更细致地观察农产品的宏观差异指数对其价格的影响，对各类农产品进行门限 ARCH 的实证回归，这属于研究方法具体应用上的有益补充。并且，创新性从微观个体的视角采用有序 logit 模型实证分析微观因素（不同类别农产品属性差异）对农产品价格的影响，探索不同类别农产品价格形成的机理归因，丰富和发展了农产品价格问题的研究。

二、应用价值

在实践应用上，结合公共物品（事业）理论和外部性理论，根据价格调控治理属性的市场性（私人性）和公共性程度，对农产品价格形成机制中的公共性和私人性进行甄别，将不同类别（属性）农产品价格调控治理进行分类，从客观基础、总体宏观、个体微观三个维度明确了农产品价格治理体系优化的目标取向，形成了农产品价格治理体系优化的思路，提出了农产品价格治理体系优化措施及不同类别农产品价格调控治理机制，力求为国家完善农产品价格形成机制提供具有现实性、针对性、可操作性的决策参考，可为相关政府部门进行相关决策、制定政策提供科学依据。

第二章　我国农产品价格形成机制的演变、现状及问题

改革开放前，农产品价格主要依靠国家统一制定，国家拥有 94.4% 的定价权。[①] 不合理的农产品定价方式，严重制约了我国农产品市场的活力，阻碍了经济发展。因此，改革农产品价格形成机制刻不容缓，1978 年 12 月党的十一届三中全会的召开，着重强调了经济建设要依靠经济规律办事的原则，随后我国农产品价格形成机制迈入全新阶段。本章在分析不同时期我国农产品价格改革政策的发展演变及其特征基础上，从背景、目标及原理三个方面对我国现行不同类别农产品价格政策进行系统性梳理，并分析当前我国农产品价格形成实践及其所存在的主要问题，初步揭示产生这些问题的原因及其所造成的影响。

第一节　我国农产品价格形成的发展演变

一、农产品价格改革开端（1979—1984 年）

我国不合理的价格形成机制曾给农产品市场造成众多不良影响，其中

[①]　蒋和胜：《论我国农产品市场形成价格机制》，《四川大学学报（哲学社会科学版）》1994 年第 3 期。

工农产品价格巨大的"剪刀差"尤为突出。因此，要将农产品价格体系的结构性调整作为我国农产品价格改革的首要战略举措，首当其冲的是提高农产品收购价格。1979 年，政府大幅提升了粮油、棉花、生猪等主要农副产品的收购价格，并同时提高了部分农产品的超购加价幅度。但"以调为主"的价格改革策略造成我国政府财政赤字加剧，"剪刀差"问题也并没有明显的好转，表明"以调为主"的策略并不能在有限的时间内调整出一个适合我国国情的农产品价格体系。① 因此，1984 年"莫干山会议"针对农产品价格改革的战略性问题进行了充分且激烈的讨论，创造性地提出了"放调结合"的农产品价格改革新路径。同年，《农副产品购销合同条例》提出对于国家允许协商定价或者议价的产品，当事人双方可以协商定价。这一条例的颁布标志着市场调节机制逐步引入我国农产品价格改革体系中。

这一阶段，虽然我国仍处于计划经济体制主导时期，但允许部分商品为市场而生产，产品价格由市场所调节。虽然没有触及计划经济体制的核心部分，但总体而言，农产品价格形成机制的政府决定部分正在逐渐减少，市场调节的部分正在有序扩大。

二、价格双轨制改革阶段（1985—1991 年）

我国农产品价格形成机制改革在 1985—1991 年处于双轨制阶段，被认为是价格改革过程中的重要实践成果之一，该阶段的主要特征是"以放为主，调放结合"，并稳中求进，不断巩固和深化改革成果。从 1985 年起，国家开始放松对农产品价格的管控力度，在农产品流通方面执行"双轨制"，即合同定购和市场收购，价格呈现的特点是"定购价格＋收购价格"

---

① 马文革：《"以调为主"，还是"以放为主"？——对价格改革策略的反思》，《价格月刊》1987 年第 7 期。

的模式。其中，粮食和棉花的流通方式为合同定购加上市场收购，合同定购部分的计价方式是"倒三七"。生猪、水产品和蔬菜等价格管理按指导性计划进行，并陆续放开对其他农产品的管控。

1986 年以来，农产品价格管理的具体形式分为以下三种：国家定价、国家指导价和市场调节价。国家对关乎口粮安全和战略资源的 17 种农产品进行定价，例如粮、棉、油、糖等，另外还有 11 种农产品价格由国家指导管理，其他放开管控的农产品执行市场调节价，但存在部分未完全放开的农产品仍执行双轨制。随改革程度的不断加深，国家指导价和市场调节价格的农产品所占比重稳步增加。为了解决粮食卖难问题以及提升农民的积极性，1990 年国家对分品种农产品实行保护价收购并提出建立起专项粮食储备的制度。[①]

三、深化农产品价格改革阶段（1992—2003 年）

1992—2003 年是我国农产品价格形成机制转换的攻坚阶段，在上文两个改革阶段的基础上，进一步深化农产品价格形成机制，逐步向市场经济体制靠拢，最终实现我国农产品价格形成机制由双轨制向市场定价导向的转变。主要的代表性举措有以下几个方面：

（一）放开农产品价格

政府退出粮食定价过程，取消粮食的合同定购任务。我国农产品价格是一个逐步放开的过程，1985 年，我国首先放开了供求关系较为宽松的大部分农产品的收购价格，但对粮、油、棉等供求关系较为紧张的农产品仍采取合同收购的方式。直到 1992 年南方谈话，为农产品价格的放

---

　　① 姚今观:《农产品价格改革促进农村经济繁荣——回顾农产品价格改革二十年》,《中国物价》1998 年第 11 期。

开创造了良好的环境，价格放开步伐明显加快。到 1993 年春天，我国价格放开比重已经超过部分西方市场经济国家，价格放开政策进入收尾阶段。

（二）粮食价格放开既要积极又要稳妥

粮食价格问题事关我国粮食安全，是攸关我国国计民生的重大战略性问题。因此，要将稳定粮食价格作为促进粮食流通体制改革的重中之重。国务院明确指出，各地区在必要时要制定粮食的最低收购保护价与最高销售限价，以此防止粮价暴涨或"谷贱伤农"等价格乱象。同时，政府要积极承担相应的财政责任，保障生产者和消费者的利益。1993 年，为提高粮食价格保护水平，国务院正式建立了粮食收购保护价格制度。另外，为应对农产品价格的频繁波动问题，政府构建了粮食风险基金、粮食储备体系、副食品价格调节基金等。

（三）"三项政策、一项改革"

第一，严格按照保护价收购。为保证粮食部门粮源充足，同时为粮改工作打好基础，按照保护价收购农民粮食余量是改革的必然举措。这一举措降低了生产者的入市风险，提高了农民的生产积极性，稳定了粮食生产。第二，顺价销售。国有粮食收储企业统一按照政府规定价格挂牌销售，禁止降价销售，同时整顿粮食市场上的非法销售等不良现象。第三，资金封闭运行。加强收购资金的管理，避免出现资金挪用或"打白条"等现象，保障农民权益。第四，企业内部改革。国有粮食收储企业更加靠近生产者，与农民的联系更加紧密，形成利益共同体。[①]综上，以"三项政策、一项

---

① 吴硕等：《关于贯彻执行粮食"三项政策、一项改革"若干措施的建议》，《中国粮食经济》2001 年第 1 期。

改革"改变了国有企业一枝独秀的局面，形成了多种所有制企业共同繁荣的竞争机制。

四、农产品最低收购价阶段（2004—2013年）

自2004年以来，我国进一步推进农产品市场价格机制改革，以"放开购销市场，直接补贴粮农，转换企业机制，维护市场秩序，加强宏观调控"的思想积极改革。该阶段国家采取一系列政策来促进农业发展、农民增收以及保障国家的农业安全。首先，2004—2006年通过试点到全面撤销农业税制度；其次，加强对农业生产活动的补贴力度，在补贴种类和金额方面都有增加，并逐渐确立农业补贴政策体系是以四种补贴为主，分别为良种补贴、种粮直补、农资综合直补和农机具购置补贴；最后，进一步建立起农业支持政策，分别是最低收购价和临时收储政策。

最低收购价政策是针对粮食类农产品提出的，该政策最早作用的对象是稻谷，然后是小麦，其开始提出的时间分别为2004年和2006年。政策执行的过程是：先于粮食播种期发布最低收购价信息，并制定相关标准，在特定时段进行实行，当稻米和小麦的市场价格小于该价格时，启动该政策，否则不实施该政策。该政策对于保障国家口粮和粮食安全、增加粮农收益以及生产布局都具备极为重要的意义。从其对市场价格的影响方面来看，该政策属于黄箱政策范畴。在最低收购价政策实施的区域方面，稻谷品种内部存在差别，早籼稻在2004—2007年实行政策的地区有湖北省、湖南省、安徽省和江西省，2008年起政策覆盖范围增加，增加了广西壮族自治区；中晚稻政策覆盖范围的变化情况同早籼稻类似，2004—2007年，中晚稻的政策实施区域包括黑龙江省、安徽省、湖南省、吉林省、江西省、湖北省和四川省，2008年以来实施地区增加了四个，分别为辽宁省、河南省、江苏省和广西壮族自治区。小麦自2006年实施最低收购价政策以来，其实施范围始终保持不变，分别有河北省、河南省、山东省、湖北省、江苏省和安徽省。①

临时收储政策也在此阶段执行，类似于最低收购价政策但实施时间相对较晚，从 2008 年起，政策执行的对象有棉花、玉米、油菜籽、大豆和食糖，该政策源于金融危机造成的农产品价格暴跌。临储政策实施对象的确定是具有重要的现实意义的，这些农产品具有以下两个特征之一：第一个特点是在市场供给和平稳运行方面发挥较为重要影响，第二个特点是具有进口敏感性。其中，玉米、棉花、大豆和油菜籽临储政策实施情况如表 2.1 所示。玉米、大豆和油菜籽开始实行年份相同，但棉花最早结束，其次是油菜籽，最后是玉米，而棉花临储政策的实行始于 2011 年终于 2013 年；在政策覆盖区域方面，玉米和大豆执行区域相同，棉花执行地区包括 13 个棉花主产区，油菜籽在 2008 年执行区域的基础上增加了四个地区。

表 2.1　玉米、棉花、大豆和油菜籽临储政策执行情况

品种	实行时间	覆盖地区
玉米	2008—2015 年	黑龙江、吉林、辽宁和内蒙古
棉花	2011—2013 年	河北、河南、湖北、湖南、山东、山西、陕西、江西、天津、江苏、甘肃、安徽和新疆
大豆	2008—2013 年	黑龙江、吉林、辽宁和内蒙古
油菜籽	2008 年	湖北、湖南、四川、安徽、贵州、江西、陕西、重庆、云南、青海、甘肃、新疆和西藏
	2009—2014 年	湖北、湖南、四川、安徽、贵州、江西、陕西、重庆、云南、青海、甘肃、新疆、西藏、江苏、河南、浙江和内蒙古

资料来源：国家粮食局。

五、农产品分品种施策阶段（2014 年至今）

2014 年，为完善我国农产品价格市场调控制度，国务院提出了分品种

---

① 钱加荣、赵芝俊：《价格支持政策对粮食价格的影响机制及效应分析》，《农业技术经济》2019 年第 8 期。

施策的方法。分品种施策强调具体问题具体分析，不同的农产品要采取不同的改革办法，同时要保持谨慎，循序渐进。这项改革的重点主要有三个方向：

第一，最低收购价政策的完善和发展。根据生产者的生产成本和利润为基础，严格制定部分农产品的最低收购价格。具体是指，当市场价格低于政策制定的最低收购价时，为弥补生产者因市场失灵所造成的损失，政府部门指定具有收储资质的相关企业按照最低收购价格收购农民的粮食，避免农民生产积极性的降低，充分发挥价格对生产的调节与引导作用。

第二，推进目标价格改革试点。目标价格改革的重点在于实现农产品价格形成机制与政府补贴的逐步脱钩。规定农产品价格由市场来决定，同时价格不再承担生产者补贴责任，即"市场定价、价补分离"。2014 年，选定东北地区的大豆和新疆地区的棉花作为试点，开始实行进行目标价格政策改革。这一政策的具体内容是：将市场价格与目标价格进行对比，若前者高于后者，政府将对低收入消费者进行一定的补贴；若前者低于后者，那么为保障生产者的收益，稳定其生产积极性，政府会根据两者价差对生产者进行补贴。

第三，推进玉米收储制度改革。为解决玉米销售困难与高库存的问题，将收储政策调整为"市场化收购"加"补贴"的新机制，使收储价格尽量贴近市场价格。同时，加快推进玉米生产者补贴政策的完善与发展，进一步保障农民利益。

第二节　现行农产品价格政策的背景、目标及原理

一、最低收购价政策

（一）政策实施背景和目标

最低收购价政策又被称为支持价格政策，是在粮食类农产品领域实施

的价格调控政策，其目的是保护农民收益、保障口粮的市场供应。20 世纪
90 年代伊始，随着保护价收购政策的施行，国家财政压力巨大、农产品业
长期过剩等严重影响市场的正常运转。[1]2004 年颁布的《粮食流通管理条
例》提出：收购价格主要由市场决定，国务院仅在必要时进行干预。[2] 由
具备资质的企业按最低收购价和市场价两者间的较高值逐级收购，这一举
措促进了粮食市场主体的多元化以及购销的市场化。从早期的早籼稻、晚
籼稻到后来的粳稻和小麦，最低收购价政策有计划、分阶段地实现了口粮
品种的全覆盖。[3] 该政策的目的是通过给出收购价格的下限，从而确保种
粮农民的收入，保证市场供给。随着生产成本的不断上涨和国内外市场价
格倒挂，国家从 2007 年起连续多年提高最低收购价格。

（二）政策实施原理和适用对象

图 2.1 中，当未施加任何政策措施时，E 点为市场供求曲线（S 和 D
自发形成的交点。考虑到只有市场均衡价格 P_0 低于既定收购价时才会启动
最低收购价政策，假设 P_1 为最低收购价，对应形成的需求曲线为弯折的
D'。M 和 N 点分别为 P_1 价格水平线与需求函数和供给函数的交点，对应
的实施最低收购价格后的价格为 P_1，需求量为 Q_1，供给量为 Q_2。从图形
来看，实施最低收购价格的好处在于保证了农民的收益，种粮农户的净收
益增加值为 P_1P_0EN 所围阴影部分的面积，单个农户的生产量越大，则得
到的净收益也越大。

---

① 周杨、邵喜武：《改革开放 40 年中国粮食价格支持政策的演变及优化分析》，《华中农业
大学学报（社会科学版）》2019 年第 4 期。
② 国务院仅限于在必要时决定对短缺的重点粮食品种在主产区实行最低收购价格。
③ 目前，国家规定执行粮食最低收购价政策的稻谷主产区有 16 个，其中早籼稻执行省份
有湖南、湖北、江西、安徽和广西，中晚籼稻和粳稻执行省份为黑龙江、吉林、湖南、湖北、江
西、安徽、四川、辽宁、广西、江苏和河南。执行粮食最低收购价政策的小麦主产区为河北、江
苏、安徽、山东、河南和湖北。未规定省份是否执行最低收购价政策由各自省政府研究决定。

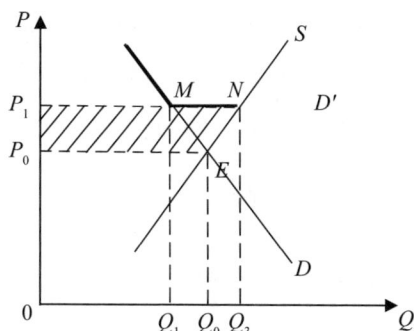

图 2.1　最低收购价政策的作用原理

粮价是百价之基，粮价稳定直接关系农民种粮的积极性，是国家安全和社会稳定的基础，也正是基于这一前提才能谈经济建设和自主自立等发展目标。针对粮价的治理应主要依靠国家力量，主要依托的手段是最低收购价政策。为保障农民收入和居民基本生活，目前最低收购价政策主要针对口粮，包括小麦和稻谷，涉及籼稻、粳稻、白麦、红麦等粮食品种。

二、临时收储政策

（一）政策实施背景和目标

2004 年后，由于国内玉米市场产量增加较快而需求增速则相对迟缓，玉米价格持续下降。此外，受种植成本持续上涨的影响，农户盈利空间不断遭受挤压，多重作用下的玉米市场萎靡不振。"种植贵、售卖难、盈利低"严重打压了农户的种植热情。而加入世界贸易组织以来，国内大豆市场连续受到国际市场冲击，价格经历"过山车"式的大起大落，一度影响大豆生产者的信心。为了保护农民收益、增强农户信心，中央政府紧跟口粮类价格支持政策改革的步伐，最初针对大豆和玉米两种农产品，先后于 2007 年和 2008 年出台了临储政策。临储政策是在粮食上市期间执行的，国家于作物将要收获时公布临储价格信息，当市场价高于临储价时以市场价交易；反之，受政府委托的国家级和省级地方收储公司以临储价格收购定量的特定品种的粮食并储存起来，从而通过减少某一品种在市场上的流通数量来达到稳定销售价格的目的，待他日市场供不应求时通过公开竞拍顺价售出库存粮。

（二）政策实施原理和适用对象

临储政策与最低收购价政策类似，都具有明显的托市效果，定价依据均为成本加成，因此在原理上基本类似，不再赘述。此处关注该政策的福利效应。

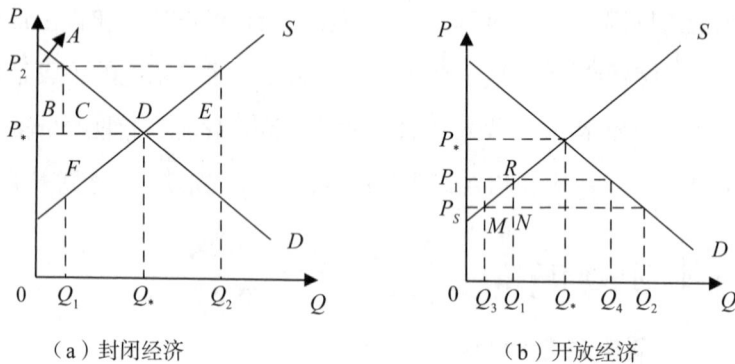

图2.2　封闭经济和开放经济中临储政策效应分析

如图2.2（a）所示，在封闭经济中，P_* 和 Q_* 是市场出清时的价格和数量。通常情况下，政府临储价格（P_2）会高于市场价格（P_*)，由 P_* 增加至 P_2 时，对应的供给量增加到 Q_2，而消费量则减小到 Q_2。对于生产者来说，（$B+C+D$）是其增加的剩余，对应缩减的购买者剩余是（$B+C$）。政府通过实施临储政策用来收购多余的供给量而产生的财政支出对应为（Q_2-Q_1）×P_2，此时的社会净福利损失为（Q_2-Q_1）×P_2-D。

在图2.2（b）中，开放经济中存在进出口贸易，P_s 为国际市场价格，此时对应的国内市场供给量是 Q_3，市场需求量是 Q_2，市场缺口部分（Q_2-

Q_3）为进口数量。假设此时国家制定的临储价格为 P_1，对应的国内市场供给由 Q_3 增至 Q_1，若此时消费量不变，临储收购后可能会有两种情况：一是因无法顺价销售而使得临储量全部转化为库存，此时对应的财政支出为 $(Q_1-Q_3) \times P_1$；二是收购产品全部顺价以市场价销售，即市场增加的国内供应量由市场自身消化，对应的财政支出为 $(P_1-P_s) \times Q_1$，此时的社会净福利损失为 RMN 三点围成的三角形的面积。

考虑到不同时期农产品市场呈现的不同特点，国家在制定最低收购价政策之初并未将玉米和大豆列为考虑对象。实际上，这类大宗农产品进出口量较大，其价格与国际市场关系十分密切，很容易随之价格暴涨暴跌。考虑到这两种粮食作物在农产品体系中的特殊性，为了保护种植户的切身利益，国家在 2007—2014 年和 2008—2016 年分别对大豆和玉米实施临储政策，此外将油菜籽和食糖的临储措施改为相关企业独立决策储藏数量、自负盈亏，企业享受政府对储存的部分补贴。

三、目标价格政策

（一）政策实施背景和目标

由于临储政策下农产品价格倒挂严重，收储压力不断上升；受成本上升带来的利润空间不断被挤压的影响，农户种植主动性持续下降；加工企业用料成本上升，处于市场竞争的劣势。鉴于此，自 2014 年开始，政府首先将大豆和棉花列为目标价格试点对象，2023 年中央"一号文件"进一步强调完善目标价格政策。在东北、内蒙古和新疆设置基准线，而市场价格则由农产品买卖双方通过交易而产生，若当年市场价低于既定的基准线，则启动目标价格预案由政府补贴差额；相反则按市场价交易。这一基准线就是目标价格，是综合成本收益和市场环境背景形成的价格预期。每亩补贴金额的确定需要结合预设的目标价格与市场采价点平均价之间的差价以及对应省份的平均单产。可见，该政策是在规避临储政策弊端的需求下应运而生的，目的在于扶持产业发展、保护农民基本收益。该政策基于农户种植面积，补贴方法不扭曲价格形成机制，是较为科学的价格干预手段。以棉花为例，政策具体实施过程如图2.3所示。

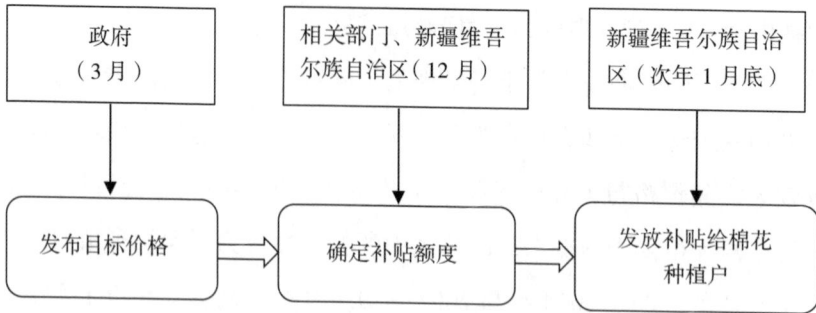

图2.3　棉花目标价格政策实际操作流程图

（二）政策实施原理和适用对象

目标价格政策的原理可以抽象成如图2.4所示。在开放的市场中，S_M 和 S_t 分别为国内供给曲线和国外供给曲线，S_N 和 D 分别为整个市场的总供给和总需求曲线，P_* 和 Q_* 是均衡状态时的价格和数量。当既定目标价格（P_1）在市场价之上时，此时国外供给曲线（S_t）不变，国内供给曲线由 S_M 变为 S'_M（S'_M 由两段构成，当目标价格 P_1 在市场价之下时，供给曲线 S'_M 与 S_M 重合；相反时，S'_M 与 X 轴垂直）。同理，得到新的总供给曲线 S'_N（S'_N 由两段构成，若市场价在目标价格 P_1 之上，供给曲线 S'_N 与 S_N 重合；若相反，则供给曲线 S'_N 为与 S_t 平行的一条斜线），对应得到此时的均衡价格和数量，即 P_2 和 Q_2。可以看出，目标价格政策下，市场均衡价格由 P_* 下降为 P_2，此时国内供给量增加额为（Q_1-Q_M），国外供给增加额为（$Q_t-Q'_t$），均衡数量的增加额为（Q_2-Q_*），国内市场供给量增幅明显大于市场均衡数量增幅，显然补贴的增加显著提升了农户收入。

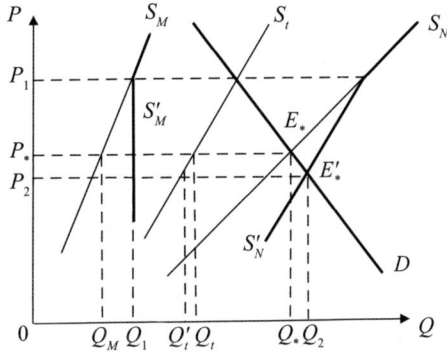

图 2.4 目标价格政策的作用原理

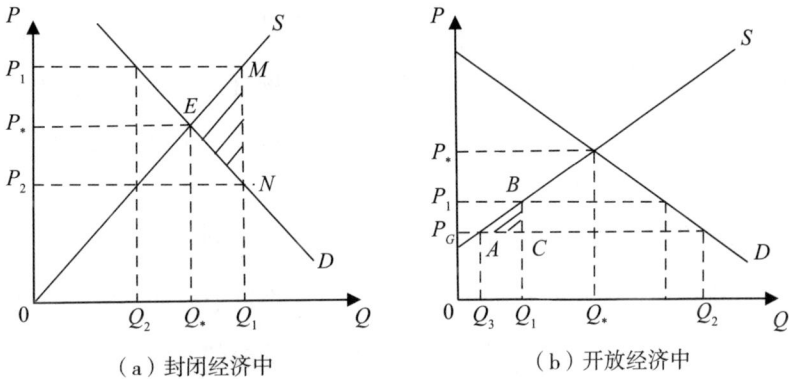

（a）封闭经济中　　　　　（b）开放经济中

图 2.5 封闭经济和开放经济中目标价格补贴政策效应分析

对目标价格政策效应分析如图 2.5 所示。假设农产品市场是一个封闭市场，不存在农产品对外贸易，如图 2.5（a）所示，E 为市场出清点，对应价格和数量为 P_* 和 Q_*。此处我们假设目标价格为 $P_1 P_2 > P_*$，价格增加到 P_1 的同时产量增至 Q_1，考虑到需求不变，随之价格跌至 P_2，对应增加的生产者和消费者剩余为 $P_* P_1 ME$ 和 $P_2 P_* EN$，对应的政府财政支出为 $P_2 P_1 MN$，总的社会福利净损失是 MNE。

如图 2.5（b）所示，在开放经济中，市场出清对应的价格为 P_*，国际价格为 P_G，假设此时政府设定的目标价格为 P_1，理论上来说 P_1 应大于

P_G。因为目标价格并不影响市场价格，此时供给和生产者剩余增额为（Q_3-Q_1）和 P_GP_1BA，对应的政府财政支出为（P_1-P_G）× Q_1，总的社会福利净损失为 ABC。

可以看到，目标价格政策的优点显而易见：一方面，目标价格政策尊重市场对价格的自发调节功能，不影响市场价格的内在形成机理。因为政策实施过程中，无论目标价格的高低，农民最终都是按市场价格来成交，不受来自目标价格的影响，政策对市场的干预有限。另一方面，在目标价格政策的实施中，政府无须进行收储操作，因此国家的库存压力和财政压力得以减轻。但是，也应该看到，在最低收购价格政策下，无论市场行情如何，农民始终可以选择以最低收购价将农产品出售给收购企业，相对风险较小。而在目标价格政策下，小农户与大市场直接对接，在农产品交易过程中自主决定是否销售以及销售多少，相应地承担市场风险。由于国内外大豆价格差的持续扩大导致大量进口大豆冲击了国内市场，国家仅在2014—2016 年针对大豆实行了目标价格补贴，当前目标价格政策实施的对象主要是新疆棉花。棉花作为工业原料，是整个产业链的基础，处于产业链开端的重要地位，对其价格的调控不能完全的放任自由，而是采用间接触及价格的目标价格补贴的方式，在基于市场价格水平的基础上借助外部手段干预。

四、生产者补贴政策

（一）政策实施背景和目标

为应对粮食品种普遍存在的"三量齐增"问题，在农业供给侧结构性改革中，2016 年提出对东北三省和内蒙古的玉米进行补贴试点。试点的目标是通过"市场化收购 + 补贴"来降低产量和库存。生产者补贴属于直接补贴，是政府对市场进行调控和促进农业发展的重要手段之一，一般来说是根据预先制定的标准对农户生产的符合条件的农产品进行直接性补贴。2017 年，国家发改委发布系列文件将大豆列为生产者补贴政策的实施对象。2018 年首次降低稻谷最低收购价并释放出欲对其实行生产者补贴的市场信号。2021—2023 年中央"一号文件"进一步强调完善玉米、大豆生产者补贴。生产者补贴制度通过适度缩减种植面积，使玉米市场价格和进口量不断下降、国内外价格倒挂情况得以扭转。从本质上，目标价格补贴和生产者补贴都是价补分离政策，都是与农民种植面积相关的直接补贴政策。不同的是，前者针对市场价与基准水平间的差额进行补贴，而后者的补贴标准是预先设定的不变额度。可以说，生产者补贴标准的确定可以综合考虑财政压力和新的农业发展导向，相对更加科学合理。

（二）政策实施原理和适用对象

生产者补贴政策作用原理可以抽象为如图 2.6 所示，P_* 和 Q_* 是市场出清时的价格和产量。在实施生产者补贴政策后，农民收益由市场价格出售量与政府补贴额两部分共同构成，其中政府补贴与市场价格的参考标准线就是原先的临储价格，实施依据就是目标价格。假设此时 P_1 为国家规定的临储价格，也即为目标价格。此时生产所对应的边际收益和边界成本为 P_1 和曲线 S，在利润最大化时对应的产量为 Q_1。要实现市场出清，此时产

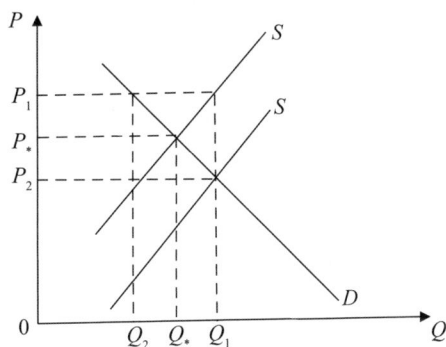

图 2.6　生产者补贴政策的作用原理

量与需求量相等且均为 Q_1，对应的农产品价格降至 P_2，考虑实行生产者补贴政策，此时的供给曲线由 S 变为 S'，此时每一单位农产品的补贴额为 (P_1-P_2)。

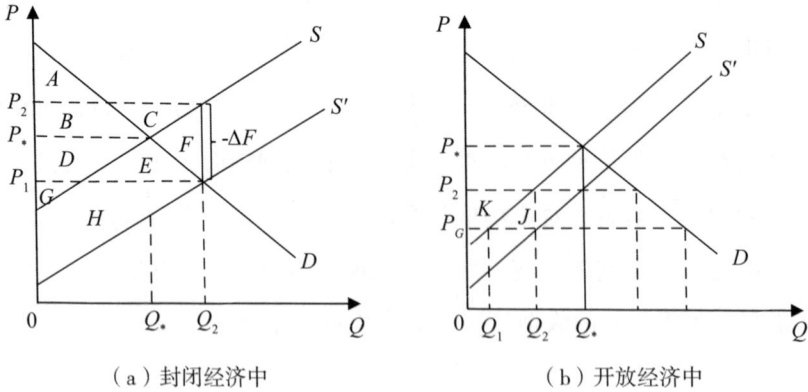

（a）封闭经济中　　（b）开放经济中

图 2.7　封闭经济和开放经济中生产者补贴政策效应分析

在不考虑农产品进出口的封闭经济中，给予生产者每单位农产品 ΔF 的补贴，此时消费者需求保持不变，供给曲线由 S 变为 S'。对应的市场价格由 P_* 降为 P_1，对应的供给数量由 Q_* 增加至 Q_2，新的均衡条件下生产者剩余为 $(B+C+D+G)$，增加额为 $(B+C)$；新的均衡条件下消费者剩余为 $(A+B+D+E)$，增加额为 $(D+E)$；对应的政府补贴额为 $\Delta F \times Q_2$，社会净福利增加额为 F。

在考虑农产品国际市场的开放经济中，考虑国内外市场价格倒挂的情况，此时国内农产品价格往往受到较低的国际价格（P_G）的影响。由于补贴政策存在，市场价格较为稳定，此时消费者需求并不会有大幅变动，因此需求曲线仍为 D。此时，政府给予生产者直接补贴，供给量从 Q_1 增至 Q_2，补贴前的生产者福利为 $(K+J)$，补贴后的生产者福利为 K，消费者福利在补贴前后未发生改变，因此社会净福利损失为 J。

可以看出，市场价格对生产者补贴政策的干预十分有限，生产者补贴标准针对试点地区农户生产特征因地制宜的制定，因此农户得到补贴的稳定性更高。此外，生产者补贴由财政部门直接发放，流程相对简单，无须目标价格政策中核准市场均价、种植面积等环节，农民得到补贴金后可以立即用于农业生产投入，因此效率相对更高。当前生产者补贴政策实施的对象主要是大豆、玉米等重要农产品。

第三节　我国现行农产品价格政策实践及其问题

一、重增产轻提质增效，农业资源与生态环境严重超载

在国家采取一系列农产品价格支持政策促进农民生产积极性和保障国家农业安全的同时，我国的农业资源（主要是水土资源）利用强度不断加强且农业污染严重，导致农业可持续发展受到一定挑战。中央财政农业"四补贴"从 2004 年的 146 亿元增长到 2019 年的 2374 亿元，机械化率虽然随之提高，但属于低水平的机械化，农业人工成本没有明显大幅度下降。在水土资源禀赋方面，我国水资源匮乏的矛盾逐渐突显，水资源的人均水平只达到世界人均水资源的 25%，因此就人均水平来说属于世界范围内最为缺水的国家之一，人均耕地资源仅为世界人均拥有量的 40%。在水土资源利用强度方面，近十年间，我国农业用水量整体来说呈增加趋势且存在着一些粮食主产区的用水量已经多过于水资源的可持续利用量，农业用水在全国总用水量中占据着重要的位置，比重已达 60% 以上；我国耕地面积整体来说呈减少的趋势，并且每年的下降速度为 1%。[1] 就水土资源污染来说，我国水资源污染程度较重，其中存在水域污染比重占 80%，地下水污染比重为 45%；[2] 土壤污染不容乐观，据 2014 年《全国土壤污染状况调查

---

[1]　朱晶：《完善农业支持保护政策推进新时期农业改革发展》，《农业经济与管理》2017 年第 6 期。

[2]　高荣伟：《我国水资源污染现状及对策分析》，《资源与人居环境》2018 年第 11 期。

公报》资料，我国 16.1% 的土壤污染超标，且耕地的污染程度更高，比例
达到了 19.4%。2015 年耕地质量评定结果显示，考虑的因素中包含耕地污
染情况的耕地质量情况如图 2.8 所示，优等地仅占 2.90%，低等地比例为
17.79%，超 50% 的耕地为中等地。农业生产中使用的农药、化肥和塑料
薄膜是主要的污染源。2000—2020 年，我国农药、化肥和塑料薄膜使用
量的具体情况见表 2.2。

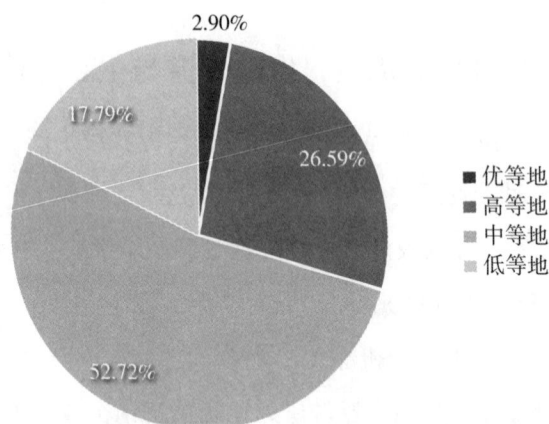

图 2.8　全国耕地质量等级及比例

资料来源：自然资源部官网。

表 2.2　我国 2000—2020 年农药、化肥和塑料薄膜使用量

（单位：万吨）

年份	农药	化肥	塑料薄膜
2000	128.0	4146.4	133.5
2001	127.5	4253.8	144.9
2002	131.1	4339.4	153.9
2003	132.5	4411.6	159.2
2004	138.6	4636.6	168.0
2005	146.0	4766.2	176.2
2006	153.7	4927.7	184.5
2007	162.3	5107.8	193.7

年份	农药	化肥	塑料薄膜
2008	167.2	5239.0	200.7
2009	170.9	5404.4	208.0
2010	175.8	5561.7	217.3
2011	178.7	5704.2	229.5
2012	180.6	5838.9	238.3
2013	180.2	5911.9	249.3
2014	180.7	5995.9	258.0
2015	178.3	6022.6	260.4
2016	174.1	5984.4	260.3
2017	165.5	5859.4	252.8
2018	150.4	5653.4	246.7
2019	139.2	5403.6	240.8
2020	—	5250.7	238.9

资料来源：布瑞克数据库、国研网。

二、临储价格均涨幅明显，生产量、进口量、库存量"三量齐增"

由表 2.3 可以发现，随着生产成本的不断上涨和国内外市场价格倒挂，国家从 2007 年起连续多年提高最低收购价格直至近三年内才略有下降。以 2015 年为例，早中晚籼稻、粳稻的收购价分别是政策实施伊始的 0.7 元 / 千克、0.72 元 / 千克和 0.75 元 / 千克的 1.93 倍、1.92 倍和 2.07 倍；以 2017 年为例，白麦、红麦和混合麦的收购价格均是 1.18 元 / 千克，是政策伊始的 1.64 倍、1.71 倍和 1.71 倍。由表 2.4 和表 2.5 可得，在实施临储政策的期间，玉米产量不断增加，而大豆虽然产量略有缩减但总体较为平稳，因此临储政策在一定程度上提升了农民的生产积极性。在政策实施期间，临储成为粮食最重要的分销渠道，有效保证了农民基本收益。但也

改革农产品价格形成机制研究

明显看到，无论是大豆还是玉米，在临储政策实施以来临储价格均涨幅明显，以玉米为例，8年间涨幅就高达近50%，产销地和国内外的价格倒挂引发了产量、进口量、库存量"三量齐增"和财政负担大等一系列问题。

表2.3 历年粮食最低收购价格统计

（单位：元/斤）

年份	早籼稻	中晚籼稻	粳稻	白麦	红麦	混合麦
2004	0.7	0.72	0.75	—	—	—
2005	0.7	0.72	0.75	—	—	—
2006	0.7	0.72	0.75	0.72	0.69	0.69
2007	0.7	0.72	0.75	0.72	0.69	0.69
2008	0.77	0.79	0.82	0.77	0.72	0.72
2009	0.9	0.92	0.95	0.87	0.83	0.83
2010	0.93	0.97	1.05	0.9	0.86	0.86
2011	1.02	1.07	1.28	0.95	0.93	0.93
2012	1.2	1.25	1.4	1.02	1.02	1.02
2013	1.32	1.35	1.5	1.12	1.12	1.12
2014	1.35	1.38	1.55	1.18	1.18	1.18
2015	1.35	1.38	1.55	1.18	1.18	1.18
2016	1.33	1.38	1.55	1.18	1.18	1.18
2017	1.3	1.36	1.5	1.18	1.18	1.18
2018	1.2	1.26	1.3	1.15	1.15	1.15
2019	1.2	1.26	1.3	1.12	1.12	1.12
2020	1.21	1.27	1.3	1.12	1.12	1.12

资料来源：根据官方的资料整理计算得到。

表2.4 历年大豆和玉米价格和产量统计

（单位：元/斤）

年份	大豆		玉米			
	收购价格	全国产量（万吨）	黑龙江收购价	吉林收购价	内蒙古和辽宁收购价	全国产量（万吨）
2008	1.85	1571	0.74	0.75	0.76	17212

续表

年份	大豆		玉米			
	收购价格	全国产量（万吨）	黑龙江收购价	吉林收购价	内蒙古和辽宁收购价	全国产量（万吨）
2009	1.87	1522	0.74	0.75	0.76	17326
2010	1.9	1541	0.89	0.9	0.91	19075
2011	2	1488	0.98	0.99	1	21132
2012	2.3	1344	1.05	1.06	1.07	22956
2013	2.3	1241	1.11	1.12	1.13	24845
2014	2.4	1269	1.11	1.12	1.13	24976
2015	2.4	1237	1	1	1	26499
2016	2.4	1360	0.85			26361
2017	1.87	1528	0.75			25907
2018	1.72	1597	0.84			25717
2019	1.70	1809	0.86			26077
2020	2.18	1960	0.97			26067

注：2016 年东北三省和内蒙古玉米临时收储政策取消，之后价格为市场收购价格；2014 年以前大豆价格为临储价格，2014—2017 年大豆价格为目标价格政策，2017 年后为市场收购价格；根据国家粮食局每年发布的大豆和玉米收购价格整理得到。市场收购价格均为全年平均价格。

表 2.5　历年大豆和玉米收储量和占比情况统计

年份	大豆		玉米	
	收储量（万吨）	收储量占全国总产量比重（%）	收储量（万吨）	收储量占全国总产量比重（%）
2008	725	46.15	1320	7.67
2009	326	21.42	2748	15.86
2010	308	19.99	992	5.20
2011	350	23.52	65	0.31
2012	81	6.03	3083	13.43
2013	308	24.82	6919	27.85
2014	—	—	8000	32.03
2015	—	—	12500	47.17

注：根据官方资料整理计算得到。

三、农产品的价格补贴力度不同，生产结构的失衡加剧

"分品种施策"要求对不同种类农产品实施不同的价格政策，这就意味着各种农产品的价格补贴力度不同。因此，当具备一定的生产条件时，生产者往往会种植补贴力度较大的农产品。长此以往，农产品生产资源配置错位，而生产结构逐渐失衡。举例来说，2016 年，东北地区大豆及玉米价格由市场决定，市场价格的波动导致农户收入不稳，生产者收益风险增加。然而由于最低收购价政策的支持，农户生产水稻而获得的收益更加稳定，且高于其他农产品。因此众多农户开始改种水稻，缺水地区甚至通过打井的方式推行"旱改水"，这使水稻的去库存压力变得更大。从我国农产品长期供求关系考虑，目前存在的玉米阶段性过剩问题不会影响我国未来对其的需求。相反，我国未来对玉米、大豆、豆粕等饲料粮的需求呈现逐渐上升趋势，对水稻、小麦等口粮的需求呈现逐渐下降趋势。综上所述，部分"分品种施策"引起的种植结构的转变，加剧了农产品生产结构的失衡，不利于农产品生产资源的优化配置。

四、政策目标过多，单一的价格调控政策效果不佳

我国农业价格支持政策具有多重政策目标，主要包括促进农业生产、增加农民收益和促进农产品市场稳定运行等多个目标。但在农产品价格机制改革的实践中，发现多重政策目标的预期难以达到。以棉花为例进行说明，棉花的目标价格政策是指农产品价格由市场决定，在出现市场价格低于目标价格的情况下，政府会根据价格差进行相关补贴，分离出"保收益"的政策目标，且在农产品价格形成过程中实现消除政策的消极作用的目标。但在棉花试点过程中，2014 年新疆棉花的目标价格补贴是按照与播种面积和交售量挂钩的方法来衡量的，故此时的试点并没有实现预期的政策目标，即分离"保收益"和"保产量"。与此同时，该试点改

革耗费了许多的财政收入，并且降低了农户的相关收入，进而改革并未达到预期目标。

五、组织化程度较低，生产者风险与收益不匹配

我国目前农民组织化程度较低，经营较为分散，且生产规模远不如欧美国家大。因此，在庞大的农产品市场中农民在农产品价格制定上的话语权较小，为价格的被动接受者。在农产品产销总利润中，生产者获利最低，而流通环节获利最高，表明农产品价格的形成受制于流通企业，阻碍了市场的引导作用，不利于农产品价格的形成，也不利于农业产业的健康发展。同时，调查报告显示，即使农产品价格发生波动，加工经销环节的利润也能保持相对稳定状态，市场的风险最终还是转嫁到生产环节中，由生产者承担。所以，农产品价格的不断波动增加了生产者的入市风险。另外，农产品生产周期普遍较长，这一过程生产者要投入大量的时间、人力、物力及财力等资源，且要承担自然灾害损失。除此之外，生产者还要承受较大的政策风险，由于政策的实施缺乏时效性与稳定性，生产者的生产计划需要不断调整，如有时会出现农民播种完成或者收割完毕才接到相应的政策通知的情况。

六、市场信息不对称，农产品价格波动频繁

政府部门由于不能及时且充分地获取农产品市场信息，因此无法及时调整农产品价格政策，常常会出现事后补救的问题。信息的不对称性也会使政府的调控政策缺少针对性与目的性。信息不对称一方面体现为农产品价格市场各个主体掌握的信息有限；另一方面体现为各个主体之间掌握信息的不均衡性。生产者掌握信息不够充分，就无法及时应对农产品价格的波动，不能及时调整销售计划，供不应求或供过于求现象时有发生。流通环节中的加工商和经销商往往掌握更多的市场信息，巨大的经济利益会诱

使他们利用自身的信息优势行使机会主义行为，如低价收购、高价卖出等，扰乱农产品价格市场。并且大量资本涌入农产品市场，游资炒作导致市场囤积产品，哄抬物价，加剧了农产品市场价格的波动。

第三章　农产品价格形成机制的理论分析及研究框架

农产品与工业产品不同，除了具有一般产品特性外，不同种类农产品间也存在着差异，农产品独特的属性影响着农产品价格形成机制。本章在研究价格形成理论、交易成本理论、公共产品理论和公共政策理论的基础上，从农产品客观基础、宏观总体（总量）、农产品差异特性、微观个体（个量）等不同视角出发，研究其与农产品价格形成的关系，为改革农产品价格形成机制研究提供理论基础。

第一节　相关理论

一、价格形成理论

关于价格形成的理论较多，按价格形成的理论基础划分，价格形成理论主要包括劳动价值论、边际效用价值论、供求均衡价格论和生产费用理论等。劳动价值论认为生产商品付出的代价（劳动、成本等）决定了商品价值（价格），代表人物有威廉·配第（1662）、大卫·李嘉图（1817）、卡尔·马克思（1867）等；边际效用价值论认为边际效用决定了商品价格，以威廉·斯坦利·杰尔斯（1871）、门格尔（1871）、瓦尔拉斯（1874）等为代表；供求均衡价格论的主要代表人物是阿尔弗雷德·马歇尔（1890），他认为供求双方的均衡点决定了商品的价格；生产费用理论主要由托马斯·罗伯特·马尔萨斯（1800）和让·巴蒂（1803）提出，认为商品价值与劳动、资本、土地形成的生产费用直接相关。

国内学界关于价格形成的争论呈现明显的阶段性特征。改革开放前，学界围绕价格形成的基础是生产价格论还是价值论争论不断。随着改革开放以来西方经济思想与传统经济思想相融合，争论的焦点转移到是坚持劳动价值论还是供求均衡论。目前学界针对价格形成进行研究的主要视角有：基于生产领域的劳动价值论视角和基于流通领域的均衡价格视角。

（一）劳动价值论

劳动价值论的发展分为两个阶段，一个是早期的古典政治经济学阶段，另一个是马克思劳动价值论阶段。英国古典政治经济学之父威廉·配第（1662）和其思想的继承者亚当·斯密（1776）都认为商品价值的本质由劳动决定，亚当·斯密（1776）在著作《国富论》一书中阐述了相对系统的价格理论，认为虽然商品价格可以表现为"真实价格""自然价格"等多种形态，但从本质来说是由劳动决定的。大卫·李嘉图（1817）在亚当·斯密思想的基础上将价值与使用价值分离开，认为使用价值是交换价值的载体。大卫·李嘉图（1817）在他的价格思想中引入"必要劳动"，提出价值的本源是生产商品的必要劳动。可见，这一时期的价格思想存在着较大的局限性，比如威廉·配第（1662）虽然赞同商品价值来源于劳动时间，但并不认为是唯一决定因素，指出劳动和土地同时创造了商品价值，这与早期的劳动价值论是相互矛盾的；亚当·斯密（1776）虽然形成了一套相对完整的价格理论，但无法厘清工资、地租、利润、价值与价格间的真正关系；大卫·李嘉图（1817）虽然明确区分了价值与使用价值，但对于价值是如何转换为费用价格的问题无法回答。

卡尔·马克思（1867）从辩证法的视角批判性地吸收了古典政治经济学中的科学部分，他肯定了亚当·斯密（1776）和大卫·李嘉图（1817）的论述，并进一步指出使用价值和价值分别取决于生产中的具体劳动和抽象劳动。此外，卡尔·马克思（1867）认为价值量可以根据社会必要劳动时间计算。与古典政治经济学不区分价值的相关形式不同，卡尔·马克思（1867）认为价格是价值的货币表现，是交换价值的终极形态。因此，价值、交换价值、价格是完全不能等同的。在此基础上，他创造性地揭示了商品经济内在的价值规律，即当商品的供给小于需求时，大量买方竞价使得价格上涨到价值以上，反之亦然。同时，价格的变化会反过来调整和改变市场的供求关系，价值成为价格波动的轴心，这也意味着价值与价格的偏离总体上是相互抵消的。但与西方主流供求决定理论认为供求关系决定价格不同，卡尔·马克思认为供求决定的只是价格与价值的偏离程度（王伟新，2015）。

（二）均衡价格理论

均衡价格理论也经历了从不断争论到初步统一的阶段。早期学者认为生产费用通过影响供给决定了商品价格；相反，边际学派则认为边际效用通过影响需求决定了商品价格。阿尔弗雷德·马歇尔（1890）吸收和继承了两学派的科学思想，在其著作《经济学原理》中指出"成本和效用分别在长期和短期内凸显作用"。又引用边际效用规律认为需求受价格的直接影响，价格低时对应需求多，而价格高时对应需求变少。基于此，阿尔弗雷德·马歇尔（1890）从单个市场出发，将均衡价格的决定分解为供给和需求两方面的来源，认为供给和需求价格相等的均衡点决定了商品价格。

与阿尔弗雷德·马歇尔（1890）的局部均衡分析不同，瓦尔拉斯

（1874）从不同市场之间的关联性出发，研究所有市场、不同商品的供求量变化与商品价格决定间的相关性。他认为只有当所有市场都呈现均衡状态时，其中某个市场才能均衡，即局部均衡建立在一般均衡之上。均衡价格论作为最主流的价格理论对价值的理解存在一定歧义，没有合理区分价值和价格影响因素的不同。

二、交易成本理论

最早关注到交易成本现象的是法学家卡尔·卢埃林（1930）等人，他们发现大量的合同趋向于使用非正式的私人方式来履行，从而引发对于制度成本问题的猜想。20世纪早期，康芒斯（1934）在《制度经济学》中基于交易这一分析单元重构了经济组织结构。随后，科斯（1937）在其论文中直接进行比较制度的研究，被认为是交易成本理论的鼻祖。[①]

传统古典经济学思想中认为市场是最有效的资源配置手段，科斯（1937）对此提出疑问：既然市场有最优效率，那为什么还会有企业存在。他认为市场的价格机制并不是免费的，价格机制和其他制度组织生产都是有成本的，成本的差异对应不同的制度选择。随后指出"在完成一项交易前，往往要经历搜寻和筛选对象、比价、谈判、签约、履行合同等环节"。可见，科斯（1937）虽没有明晰"交易成本"的具体分类和影响因素，甚至都没有直接使用"交易成本"这一名词，但他为日后交易成本理论的具体细化贡献了重要力量。

肯尼斯·约瑟夫·阿罗（1960）研究了保险市场中的逆向选择及市场机制运行效率，指出交易成本是经济运行（市场机制）的成本，正式提出交易成本的概念；巴泽尔（1965）认为交易成本就是明晰产权的成本，是产权转手引起的成本；哈罗德·德姆塞茨（1967）认为交易成本由交换和

---

① Coase R. H., "The nature of the firm", *Economica*, No.16, 1937.

保卫成本组成。在众多学者中，奥利弗·威廉姆森（1971）的影响最为深远，他对交易成本的内涵进行了明确的界定，指出交易成本是维持经济系统基本运转的投入，无论是签约前的交易成本还是之后的交易成本都受到五大因素的决定作用。[①] 张五常（1987）的交易费用思想是从科斯（1937）的理论中派生出来的，认为交易成本是维持制度执行的代价，经济制度的好坏与交易成本的多寡直接相关。[②]

除此之外，在阿门·阿尔奇安（1972）、达尔曼（1979）、马修斯（1986）、哈罗德·德姆塞茨（1988）、道格拉斯·诺斯（1990）、杨小凯（1998）等经济学家的推动下，交易成本理论无论是在理论基础、理论架构还是计量实证上都有了较大突破，这些进步使经济学从黑板经济学过渡为真实的经济学，能够更加真实地还原丰富多彩的现实世界，从而更具说服力。

三、公共产品（事业）理论

公共产品的概念起初来源于政府工作的相关文献中，马尔科在《公共财政学基本原理》中运用边际效益价值理论对其进行了阐述，1954年萨缪尔森认为公共产品是指集团内的某一成员对该产品的消费不会对他人消费该产品产生影响，即不论个人消费与否，全体成员都可以享用该公共产品带来的收益。

公共产品有两项特征：一是非竞争性，是指消费者使用该公共产品不会减少其他消费主体使用该产品时的数量，即增加消费者并不会引起该产品成本的增加；二是非排他性，是指公共产品被提供后并不能排除特定的个体享受其收益，或者排他成本高昂。依据这两项特点将公共产品划分为

---

① 分别为有限理性、机会主义、不确定性、资产专用性和交易频率。

② 张五常（1987）认为交易成本包括信息成本、谈判成本、界定和控制产权的成本、监督成本和制度结构变化的成本。

纯公共产品（同时满足非竞争性和非排他性）和准公共产品（满足非竞争性或非排他性）。农业耕地资源所产生的生态价值，具有非竞争性和非排他性，属于纯公共产品，其也具备公共产品的缺点，在使用过程中，消费者会过度地消耗公共产品，耕地资源这样的公共产品为人类社会提供有益的服务，却得不到有效的利用和保护，"公地悲剧"和"搭便车"的问题时有产生。粗放的、不顾环境的农业经济发展方式是导致农业生态环境恶化的主要原因，而生态环境的恶化又会使农业经济发展受到一定影响，从而陷入恶性循环。[①] 为避免这一情况的发生，世界各国都采取转变发展方式来平衡经济发展与环境保护，并由政府来推动。因此，为了解决好农业生产中被置于公共领域中生态价值和社会价值所引发的问题，急需建立农产品生态价值在价格决定中体现的政策措施。

四、公共政策理论

根据西方经济学的观点，完全竞争市场中的每个生产者和消费者都能够及时、有效、全面的获取市场信息，并理性作出最优选择，整个市场都处于无法进行任何帕累托改进的最优状态。但在现实经济中，无论是哪一方市场主体都很难获取完备的市场信息，此时市场主体作为利己的理性经济人，依据自身预期自主进行的市场行为极易导致垄断性、恶意竞争、两极分化等外部性问题，由此引发"市场失灵"。此时，单纯通过价格机制的市场自发调节很难及时、有效的扭转局面。

图 3.1 是引入外部性时农产品主产区与主销区的供求关系，S 和 D 分别是产销区对应的供求曲线，此时的相交点为 E，对应的价格和产量分别为 P_1 和 Q_1。由于主销区的收购行为，所以 ΔD 是存在的，此时新的需求

---

① 郭冬梅：《生态公共产品供给保障的政府责任机制研究》，法律出版社 2017 年版，第96—101 页。

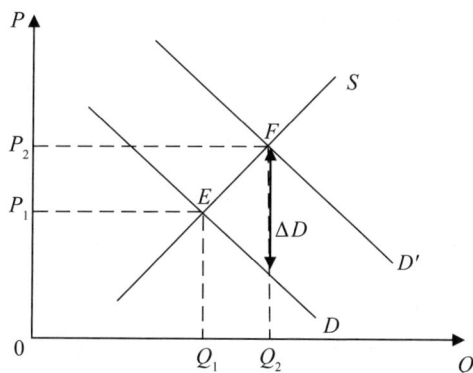

图 3.1　农产品主产区与主销区供求关系的外部效应分析

曲线为 D'，新的均衡定价为 P_2，新的均衡产量为 Q_2，此时主销区的产量需求同时为 Q_2。此时若仍保持 P_1 的价格，主产区会发生亏损；若主产区抬高价格，主销区又无力承受，此时市场就发生了失灵现象，需要借助宏观调控稳定市场的同时保证双方基本利益。

就现实情况而言，农产品的生产依赖于土地等自然资源，农产品供给与国家粮食安全和居民生活关系紧密，因此垄断竞争的农产品市场具有很大的外部性；农产品市场中参与主体众多，不同主体力量悬殊，获取信息能力差距较大，很容易产生信息不对称的问题。综上，农产品市场失灵是普遍存在的，此时单纯依靠市场调节不能够达到有效配置，需要借助政府"看得见的手"通过公共政策的力量来辅助调节。

第二节　农产品价格形成机制：客观基础

一、要素禀赋理论

要素禀赋理论，即赫克歇尔—俄林理论，其基本观点最初由赫克歇尔提出，后经其学生俄林的整理和发展形成了较为完整的理论体系，简称为

"H—O"理论。与比较优势理论的不同之处在于,该理论在假设技术水平相同的情况下,认为要素禀赋结构的差异是国际贸易产生的根本原因。其基本观点是:不同的要素禀赋状况使得要素供给量不同,从而导致要素的价格差异,进而引起产品的成本差异,由此造成两国商品的价格不同,最终为两国间的贸易提供了可能性。根据 H—O 理论,一国应按照实际的要素禀赋状况,集中力量生产和出口密集使用本国丰裕要素的产品,进口那些需要消耗本国稀缺要素的产品,以此来提高贸易双方的福利水平。

H—O 理论是在一系列基本假设之下进行论述的,随着后续研究的不断深入,学者们逐渐放宽了一些基本假设,在 H—O 理论的基础上发展形成了新的理论成果,主要代表人物、理论及观点如表 3.1 所示。

表 3.1　要素禀赋理论的发展与演变

理论	代表人物	主要观点
要素价格均等化理论	萨缪尔森（1948）	经济主体间进行贸易会使贸易国产品的相对价格和绝对价格差异缩小直至趋于一致,还将导致经济主体间商品的生产要素获得同样的相对价格或绝对价格
雷布钦斯基定理	雷布钦斯基（1955）	在产品相对价格不变的前提下,一种生产要素存量的增加,会导致密集使用该要素的产品产出不断增加,其他产品的生产则会减少
HOV 理论	瓦内克（1968）	运用投入产出法分析交易背后包含的要素含量,认为一个经济体的贸易结构及国际分工由该国的要素禀赋结构所决定

在以上经典理论研究的基础上,新兴古典经济学、新结构经济学等研究成果的出现进一步丰富和完善了要素禀赋理论。20 世纪末,新兴古典经济学在拓展 H—O 模型的基础上提出:在交易条件不断改进的情况下,由于各国更充分地利用了各自包括资源禀赋、技术效率、交易效率等多种因素在内的综合比较优势,一国的均衡生产力水平也随之提高。此外,林毅夫和龚强（2010）指出,在具体时间节点上经济体的要素禀赋及其结构是给定的,并随着发展水平的变化而变化,一国在某个时间节点的要素禀赋

结构决定了影响生产决策最重要的两个变量，即总预算和相对要素价格，继而确定了该国各种产业和技术的比较优势。[①] 不同学者对于要素禀赋理论的深入研究不断拓展了这一理论的内涵和外延，使其成为分析各种现实经济问题的起点，为本书从不同角度分析要素禀赋结构变化对农产品价格波动的影响途径提供了重要的理论依据。

二、生产成本

（一）成本补偿理论

成本补偿理论是指想要维持某种产品的正常生产和流通，价格必须足以补偿成本，这样才能保证生产者的收益。生产成本、物流成本和交易成本是构成产品成本的三个主要方面。成本费用形成了商品流通到消费终端时的总价值，是价格形成的充分必要条件。盈利是生产者持续生产产品的唯一目的，因此，只有产品的价格大于生产者生产时所投入的成本，生产者多生产一单位产品仍有利可图，生产者才会积极生产。也就是说，商品的价格必须等于生产商品的成本加上合理的利润，这样才能够保证生产者的持续生产和交易行为。

（二）产品差异理论

经济社会的不断发展，使得市场上的产品越来越多样化，产品的多样化也拓展了企业业务的多元化。一方面，商品的使用价值决定了该商品的生产方式和生产资料，因此，不同的商品必然具有不同的生产方式和生产资料投入；另一方面，产品差异化也是企业提高市场占有率的战略之一，只有生产具有差异性的产品，才能够与其他生产同类商品的企业相区别，赢得认为这些商品与其他商品具有差异而产生偏好的消费者，在实现产品

---

① 林毅夫、龚强：《发展战略与经济制度选择》，《管理世界》2010 年第 3 期。

差异化的过程中，即使是相同使用价值的商品，由于企业要突出的竞争优势不同，其投入也不一定一样。农产品作为商品，生产方式和生产投入也具有差异性，例如，土地密集型农产品（小麦）、劳动密集型农产品（苹果）、资本密集型农产品（生猪）和工业资源型农产品（棉花）依赖于生产过程中不同要素的投入。因此，对于不同的农产品，其生产成本对其价格的影响程度以及价格对生产成本的反应程度必然不同。

三、生态价值

（一）外部性理论

"外部性"概念一经提出，就得到了众多经济学家的广泛关注，马歇尔是公认的首个正式提出外部性概念的经济学家。[①] 外部性是指某个经济主体的经济行为在实际的经济活动中对社会上其他人产生了有利或不利的影响而没有得到相应的收益或惩罚，依据其影响效果可分为正外部性和负外部性，正外部性指一个人的行为对外部造成了积极的影响，负外部性则相反。外部性的解决有两种主要的方法：通过市场作用实现外部内部化的"科斯方法"，和发挥政府职能运用补贴和征税的"庇古方法"。科斯理论和庇古理论的核心都体现了激励的内涵，即依靠市场价格机制或政府税收补贴职能，要求生产经营者对其带来的环境负外部性进行赔偿，或者对环境服务提供者提供的环境正外部性进行补偿。[②] 随着相关研究的日益深入与实际工作部门农业生态系统建设意识的不断增强，在农产品价格决定中对由农业资源创造的生态价值进行分析具有重要的理论与现实意义。

---

① 马歇尔：《经济学原理》，商务印书馆2019年版，第16—22页。
② 牛志伟、邹昭晞：《农业生态补偿的理论与方法——基于生态系统与生态价值一致性补偿标准模型》，《管理世界》2019年第11期。

（二）生态资本理论

生态资本作为一种特殊的新型资本，除资源和环境属性外，也具有资本的普通属性，是指生态系统通过自身调节或者人类干预的情况下使其自身价值增值，带来经济社会效益的生态资源。生态环境是一个包含自然—经济—社会要素的复合系统。作为一种生产要素而言，生态资本是自然资源环境经济价值的见证者。生态系统在能量流动和物质循环当中，为人类生产和生活提供多种多样的服务与价值。农产品生产的生态价值主要体现在以下三个方面：第一，要素禀赋的稀缺性决定了其所固有的资源价值；第二，生产生态功能价值，在人为干预下，农产品能源源不断地为人类提供生活产品（粮食、瓜果、蔬菜等），在生产产品的同时，农作物还具有调节气候、保持水土等生态功能；第三，在农业的开发与保护过程中，人类投入的脑力劳动和体力劳动也具有隐形价值。因此，生态资本论是农产品生态补偿量化的重要理论指导，为补偿额度的确定提供了依据。

（三）生态系统服务理论

1935 年由英国生态学家坦斯利最早提出了生态系统的概念，生态系统是指在自然界一定的空间内生物群落和外界环境通过物质循环和能量流动相互联系、相互制约而组成的具有动态、复杂的有机整体。耕地是一个"自然—经济—社会"相互耦合的生态系统，耕地生态系统在物质和能量的交换过程中，推动着系统稳定和可持续发展，同时对人类社会产生生态服务价值与生态效益。

第三节　农产品价格形成机制：宏观总体（总量）视角

从宏观总体视角来分析均衡价格的形成，即在供给和需求两个方面构建均衡理论模型分析均衡价格的形成过程。

从供给方面看，供给指的是在一定的时期内，在任一价格水平上，厂商愿意且有能力可以提供的商品数量。影响商品供给的因素主要有以下几种：①商品本身的价格；②相关商品（如互补品和替代品）的价格；③厂商追求的目标；④生产要素的价格；⑤生产技术水平的变动；⑥政府的政策；⑦厂商对未来的预期等。因此，供给函数可以定义为某种商品的供给量与各种影响该供给量的因素之间的相互关系的函数，具体见式（3-1）：

$$Q_s = f(P,\ C\cdots)　　　　　　　（3-1）$$

其中，Q_s 为商品的供给量，P 为商品自身价格，C 为生产成本。式（3-1）可以简写为式（3-2）：

$$Q_s = f(P)　　　　　　　　　（3-2）$$

从需求方面看，需求指的是在一定的时期内，在任一价格水平上，人们愿意且有能力可以购买的商品数量。影响需求的因素一般包括以下几种：①商品本身的价格；②相关商品（如互补品和替代品）的价格；③消费者的偏好及其收入水平；④消费者的预期；⑤人口数量及结构的变动；⑥政府的收入分配和消费政策等。因此，需求函数可以定义为一种商品的需求量与影响该需求数量的各种因素之间的相互关系的函数，具体见式（3-3）：

$$Q_d = f(P,M\cdots)　　　　　　　（3-3）$$

其中，Q_d 指某一商品的需求量，P 指商品自身的价格，M 指消费者的收入水平。式（3-3）可简化为式（3-4）：

$$Q_d = f(P)　　　　　　　　　（3-4）$$

现实生活中，供给函数和需求函数均有线性和非线性之分。为简化分析，在不影响结论的情况之下宜采用线性函数。

均衡价格指的是某种商品的供给量与需求量达到一致时的价格。达到均衡时供给价格与需求价格处于相等的状态，即供给曲线与需求曲线相交于一点，该点所对应的价格就是均衡价格。如图 3.2，供给曲线 S 与需求

曲线 D 交于 E 点，即 E 点表示为均衡点。在 E 价格水平上、P_e 价格水平上，供给与需求量均为 Q_E，意味着能够生产多少就能够售出多少，此时为均衡状态。图 3.3 中，均衡价格为 P_e，对应的供给和需求量均为 E。然而，均衡价格会发生变化，当均衡价格上升到 P_1 时，对应需求量为 B，对应供给量为 D，企业愿意多生产而消费者不愿意多消费，其中 BD 为超额供给量，此时呈现供过于求的状态，P_1 逐渐下降直至 P_e 点。相反，当价格水平下降到 P_2 时，对应供给量为 A，对应需求量为 F，消费者愿意多消费，生产者不愿意多生产，此时 AF 为超额需求，供不应求的状态导致 P_2 不断上升直至回到 P_e 点。价格或高或低但最后都会趋近于均衡价格 P_e。

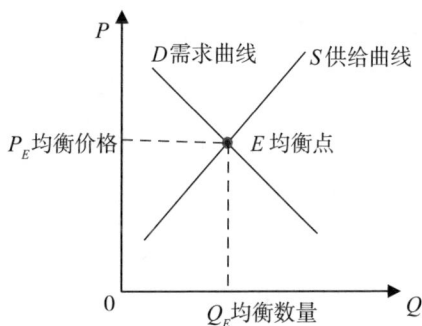

图 3.2　均衡价格的形成　　　　　图 3.3　均衡价格的变动

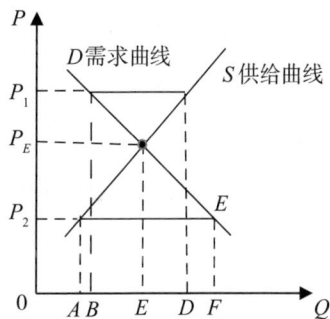

均衡状态不是一成不变的，即均衡价格和数量会发生变动，它随供给函数和需求函数的变化而变化。从供给方面看，如图 3.4 所示，若需求保持不变，供给增加的情况下，会出现供过于求的状态，价格由 P_0 降至 P_2，发现达到新的均衡点时，均衡价格和供给呈现出反方向变动的特点，均衡数量和供给呈现出同方向变动的特点；若需求保持不变，供给减少的情况下，会出现供不应求的状态，价格由 P_0 升到 P_1，此时均衡价格与供给呈现出反方向变动的特点，而均衡数量与供给呈现出同方向变动的特点。

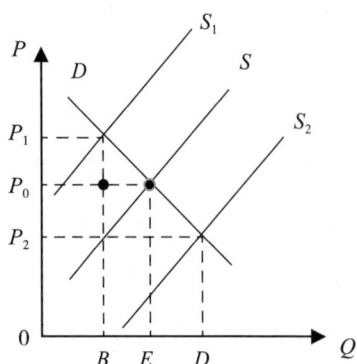

图 3.4　供给变动对均衡价格的影响

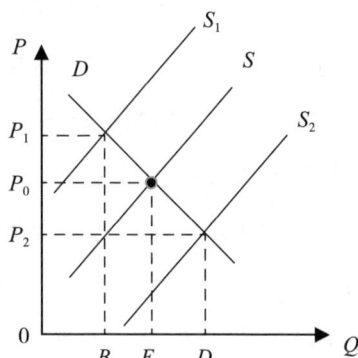

图 3.5　需求变动对均衡价格的影响

从需求方面看，如图 3.5 所示，若供给函数保持不变，需求增加的情况下，会出现供不应求的状态，价格由 P_0 上涨至 P_1，此时达到新的均衡时的均衡价格和数量与需求呈现出同方向变动的特点；若供给保持不变，需求减少的情况下，会出现供过于求的状态，此时价格由 P_0 降至 P_2，达到新的均衡时的均衡价格和数量与需求呈现出同方向变动的特点。

综上可以看出，供给曲线或需求曲线任意一方的移动均会达到新的均衡点，进一步引发相应的均衡价格和均衡数量的变化，这就是供求定理的核心思想。均衡价格的形成是一个自发的过程，具体来说，该过程通过市场上无数的供求主体在竞争中达成。

第四节　不同类别农产品差异特性及其价格形成所存在的问题

一、农产品差异特性分析

通过对我国市场上流通的不同种类的农产品进行梳理和比较分析，可以发现其中各类农产品特性差异明显，本书根据其差异特性将其分为四类。第一类为土地密集型农产品，主要是水稻和小麦等粮食作物。中国人口众多，生产、消费粮食也较多。为了保证我国粮食产量、稳定粮食国内价格、保护粮农的种粮收入，从 2005 年开始，我国对部分粮食主产区实行粮食最低价格收购政策。第二类劳动密集型农产品，主要包括各类水果和蔬菜，该类农产品具有储存时效和种类多样性，且具有较强的市场竞争特性。第三类为资本密集型农产品，主要包括生猪、牛羊等肉类农产品，这种农产品可以满足人类生存所需要的脂肪和蛋白质。第四类为工业资源型农产品，是指那些关系到国计民生的农产品，如棉、油等农产品及其后续加工制品。一旦此类农产品出现短缺或价格的大幅波动，将会对人民生产生活和社会稳定产生严重影响，必须保证供应，具有重要的战略保障功能。

　　这四种类型的农产品在其产品本身属性、供给特性、需求特性、交易特性以及价格政策等方面都具有较大的差异，其价格形成及影响其价格形成的因素存在较大的差异，故运用传统的供需平衡理论来研究其价格形成有一定的片面性。

（一）土地密集型农产品特性分析

　　土地密集型农产品是人类主要的食物来源，是解决人类饥饿问题的主要农产品。以水稻为例，在产品物理属性方面，其果实小、呈现颗粒状，果实较硬；在产品生物属性方面，其季节性强、生长周期长，产品质量稳定，比较需要被加工；在供给特性上，土地密集型农产品生产的区域差异性较小，供给时间短，但便于存储运输，扩大生产规模较为容易。在需求特性方面，其被需要程度强，消费的区域差异性小，居民单次购买量多，对该类农产品的质量要求和识别能力较弱。在交易特性上，价格可商量程度小，人们讨价还价意愿弱，资产专用性较强，交易频率较低，交易过程中不确定性少；土地密集型农产品价格受政策影响强。

（二）劳动密集型农产品特性分析

劳动密集型农产品是人类维生素摄入的主要来源，在维持居民营养均衡方面发挥重要作用。以苹果为例，在产品物理属性方面，其果实属中等大小、无颗粒状，果实软硬差别较大；在产品生物属性方面，其季节性强、生长周期较长，产品质量不稳定，基本不需要被加工；在供给特性上，劳动密集型农产品生产的区域差异性大，供给时间长，较容易进行存储运输，但难以保鲜，较难以扩大生产规模。在需求特性方面，居民在生活中较为需要，其消费的区域差异性大，且消费量与家庭收入的相关程度较大，居民单次购买量较少，对该类农产品的质量要求和识别能力较强。在交易特性上，价格可商量程度大，人们讨价还价意愿强，资产专用性较强，交易频率高，交易过程中不确定性多；劳动密集型农产品价格受政策影响弱。

（三）资本密集型农产品特性分析

资本密集型农产品是人类脂肪和蛋白质摄入的主要来源，在完善居民膳食结构均衡方面起到重要作用。以生猪为例，在产品物理属性方面，其产品大、无颗粒状；在产品生物属性方面，其不受季节影响、生长周期较长，产品质量稳定，不需要被加工；在供给特性上，资本密集型农产品生产的区域差异性小，供给时间长，储藏运输较难，短时间难以扩大生产规模。在需求特性方面，居民在生活中较为需要，消费的区域差异性较小，居民单次购买量多，对该类农产品的质量要求和识别能力较弱。在交易特性上，价格可商量程度较大，人们讨价还价意愿较少，资产专用性强，交易频率高，交易过程中不确定性较多；资本密集型农产品价格受政策影响较强。

（四）工业资源型农产品特性分析

工业资源型农产品是国家战略供应的重要物资，为人类工业提供必不可少的原料。以棉花为例，在产品物理属性方面，其果实较小、无颗粒状，果实软；在产品生物属性方面，其季节性强、生长周期长，产品质量较为稳定，需要被加工；在供给特性上，工业资源型农产品生产的区域差异性大，供给时间长，存储运输较为困难，但不存在保鲜问题，扩大生产规模较为容易。在需求特性方面，其被需要程度强，消费的区域差异性小，居民单次购买量多，对该类农产品的质量要求和识别能力较强。在交易特性上，价格可商量程度小，人们讨价还价意愿弱，资产专用性较强，交易频率较低，交易过程中不确定性少；工业资源型农产品受政策影响较强。

二、现有农产品价格形成的差异

（一）土地密集型农产品价格形成

中国人口众多，生产、消费粮食也较多。伴随我国市场化、工业化、城镇化的进一步发展，我国粮食在生产、流通、消费领域的问题逐渐开始显现，集中体现在价格问题上。[1] 为了保证我国粮食产量、稳定粮食国内价格、保护粮农的种粮收入，从 2005 年开始，我国对部分粮食主产区实行粮食最低价格收购政策。粮食等大宗农产品价格实现过程主要是粮食收储部门以往年粮食收储、放储的情况为依据，对当年的农产品供求状况进行预测，制定相应的建议最低收储价格，报请国家发改委批准、执行，国家发改委负责重要商品总量平衡和宏观调控，和相关部门一起管理国家粮食等储备。所以，我国粮食等大宗农产品价格的形成在很大程度上取决于国家政策调控，应从国家政策中寻找价格形成机制存在的问题。

---

[1] 姜明：《粮食安全与粮食价格——农产品价格形成机制研究》，《农业经济问题》1991 年第 11 期。

第一，粮食最低收购价偏离市场供求。一方面，我国政府制定的粮食收购价格，多年来很少有变化。另一方面，政府在制定政策时，往往采用"一刀切"的方法，难以顾及市场的实际供求情况。第二，价格政策对粮食生产的刺激效应逐步减弱。为保证农产品的生产供应，稳定农产品市场，政府出台了一系列调控措施对农产品价格进行干预，包括最低收购价政策、储备调节政策、生产补贴政策等。这一系列措施确实起到了鼓励农民种粮积极性、稳定粮食生产的正向促进作用。但是，这些措施对粮食生产的促进作用已逐渐减弱，政策开始逐渐失效，农民生产的随意性较强。第三，粮食价格形成"政策化"倾向明显。最低收购价和临时收储政策虽然对当时粮食生产发展起到了积极作用，但扭曲了市场价格信号和粮食价格形成机制，抑制了市场的作用，一定程度上使粮食市场呈"政策化"趋向，粮食市场价格"托底"信号显著，由于有国家政策的支持，粮农对粮价"只涨不跌"的预期增强，市场在粮价形成中的作用受限。

（二）劳动密集型农产品价格形成

劳动密集型农产品的市场价格形成机制是相对计划价格形成机制而言的，指农产品在市场价值规律、供求规律和竞争规律等支配下，与其相关因素相互联系、相互推动形成价格的内在机理及其带动经济运动的功能。不同于棉、油等工业资源性农产品以及粮食等土地密集型农产品，目前我国劳动密集型农产品价格形成主要以市场调节为主，政策调控力度较小。[①]具体来看，我国劳动密集型农产品价格形成模式主要有传统模式和农超对接模式两种。收购商先从农户手中收购农产品，将其卖到批发市场，批发

---

① 刘芳、何忠伟：《中国鲜活果蔬产品价格波动与形成机制研究》，中国农业出版社 2012 年版，第 101 页。

市场再转卖给消费市场，最后到达消费者手中是最为常见的一种模式。农超对接模式则是大型超市直接从农户手中收购农产品，然后卖给消费者。目前传统模式仍占据主要地位，大部分零售商选择通过批发市场进货。但是传统模式流通环节多，带来成本高、损耗大、存在信息障碍等问题，导致劳动密集型农产品价格形成机制失灵。

首先，近年来农产品价格波动异常频繁，尤其是水果、蔬菜等劳动密集型农产品，价格的异常波动显现了其价格形成机制中深层次问题。从流通环节看，集贸市场上的农产品价格波动非常频繁；从鲜活农产品的零售渠道看，采用不同零售渠道的零售价格也明显不同。其次，劳动密集型农产品特性使得其价格不尽合理。当前，我国大部分城市居民消费的生鲜农产品需要靠农村供应。由于鲜活类农产品易腐、不易存储的特性，跨区域调节过程中冷藏保鲜等中间环节会带来流通成本和费用的增加，导致农产品价格上涨，结果损害了农民和消费者利益。此外，劳动密集型农产品季节性强，上市相对集中，易腐的特点使得农产品在成熟期供给大大过于需求，为使损失降到最低，只能低价贱卖。最后，劳动密集型农产品流通环节多、损耗大。相对于收购价格，销地农产品零售价格倍增的主要原因是流通环节过多，特别是水果、蔬菜等生鲜类农产品。当前，我国冷链物流技术不发达，设施不完善，造成了农产品运输过程中大量的损耗，又加上消费者对劳动密集型农产品新鲜度的要求很高，若不能保证农产品的新鲜程度，其价值就会大打折扣。

（三）资本密集型农产品价格形成

资本密集型农产品的价格形成与劳动密集型农产品价格形成相似，在此以猪肉作为资本密集型农产品的代表进行分析。生猪是我国居民消费的主要肉类食品，在肉类消费结构中，猪肉占肉类消费总量的一半以上。生猪价格大起大落的"猪周期"现象的长期存在，一直是影响生猪养殖业持续健康发展的重要因素。开展生猪目标价格政策性保险，可以对生猪价格忽上忽下的问题进行调控和监管，帮助养殖户抵御市场价格变动带来的风险，促进生猪养殖业健康发展，增加养殖户收入，保障猪肉市场稳定。生猪目标价格政策性保险是指根据近年来生猪市场的实际情况来确定生猪"目标价格"，养殖户与保险公司就"目标价格"达成保险协议，同时政府也给予养殖户一定的保费补贴。在保险期内，当生猪市场价格低于目标价格时，保险公司按照合同约定把市场价格与目标价格的差价赔付给养殖户。[①]

目前国家主要采取的以临时收储和价格补贴为主的支持政策虽然在实践中取得了明显的成效，但是，其带来的弊端也日益凸显。2014 年的中央"一号文件"提出，推进农产品价格形成机制与政府补贴脱钩的改革，逐步建立农产品目标价格制度。而开展生猪价格政策性保险通过政府给予适当的保费补贴，鼓励养殖户参与生猪价格保险。由于有价格保险，养殖户的预期价格稳定，进而有利于促进生猪供应和价格稳定。这既没有直接干预生猪的生产和价格，注重发挥市场形成价格作用，同时又强化了政府对生猪养殖的支持和保护，较好地体现了政府的引导作用。

（四）工业资源型农产品价格形成

工业资源型农产品是指那些关系到国计民生的农产品，如棉、油及其后续加工制品。人们生产生活和社会的稳定运行离不开这类产品，此类农产品一旦出现供应不足或价格巨幅波动，将对社会生活产生严重的影响，国家调控政策在工业资源型农产品的价格形成中占据了重要地位。结合历年中央"一号文件"提出的目标价格制度，在此主要分析工业资源型农产

---

① 林晓飞：《生猪目标价格采用政策性保险监管的调研》，《中国价格监管与反垄断》2014年第 8 期。

品目标价格实施中出现的主要问题。

首先，目标价格未达到生产者预期水平。从生产者的角度来看，目标价格政策实质上是在市场形成农产品价格基础上，释放价格信号引导市场预期，通过差价补贴保护生产者利益，提高农民生产棉、大豆等重要农产品的积极性，保证国内供给的一项农业支持政策。因此，目标价格的高低直接影响农民种植积极性。然而，目标价格如果离农民的预期价位相差较远，就无法有效地调动生产者的积极性。其次，对于目标价格的实施细则存在争议。根据目标价格补贴制度，当市场价格比目标价格低时，政府按照市场价格和目标价格之间的价格差以及种植面积、销售量或产量等因素，对生产者进行补贴。[①] 但是，主管部门并没有具体对按照种植面积，还是产量，或是销售量进行补贴给出明确规定。对于补贴标准，专家们普遍不赞成用销售量这一因素。到底是采用产量还是种植面积作为补贴标准，各方仍存在争议，任何一种都存在问题。若按照产量补贴，产量不好精准计算，操作困难。相对而言，根据面积进行补贴更易操作，也更符合实际，但也存在因农村土地流转带来的问题。

第五节　农产品价格形成机制：微观个体（个量）视角

一、交易关系与科斯参照系

（一）交易与交易关系

当今世界，由于分工和专业化，交易无处不在。那么，何谓"交易"？交易何以可能？这是我们必须首先回答的问题。

当一个物品（包括物品的所附有的权利或者其某项权利）或者一项服

---

① 程国强：《为什么要探索建立农产品目标价格制度》，《农经》2014年第4期。

务在技术上可分辨的界线上被转移了，这个过程就是交易。交易即是在一定的秩序或集体行动的运行规则当中发生的、在利益彼此冲突的个人之间的所有权转移。交易的本质是权利的买卖，交易价格不是简单的数字，而是一种结构性的合约。农产品价格的形成离不开市场交易的发生，农产品的买卖（交易）通常发生在"交易节点"上。"节点"的概念在威廉姆森交易成本经济学的研究中广泛使用，他认为交易发生在某种商品或服务在技术上可分的界面发生转移时，而交易发生的这个点即为"节点"。不同于威廉姆森的"节点"概念，农产品的价格决定是一个纵向连续的过程，由多个"交易节点"所组成，这个过程包括生产劳动、运输存储、市场交易等，实际上即为农产品价格的形成过程。

分工和专业化包含两方面的关系：一方面是人与自然单纯的技术关系；另一方面是人与人复杂的社会关系。交易发生的动机和交易的可能性及其交易背后实质上是发生交互行为的人类之间隐含的人类社会关系。其对象是人，是具有不同利益偏好的人与人的博弈和人与人的社会关系。因此，交易关系（Relational Transaction）可定义为：作为经济活动主体的个人或者组织与其他经济主体之间展开交易过程的相互关联和相互作用的方式。

（二）科斯参照系

科斯认为现实世界普遍存在着交易成本（科斯参照系），资源（生产要素）配置不再仅仅被看作是一种选择，也可以看作是某种契约。在农产品价格形成过程中，从农产品收购、批发到销售环节中，交易成本普遍存在并贯穿整个交易始终，这在很大程度上影响着农产品的价格形成。而当前价格形成机制的研究大多建立在新古典经济学理论假设基础之上，没有考虑交易成本的真实存在。不同属性的大类农产品由于其交易对象特征不同，农产品价格形成机制也各异。同时，在不同交易关系下，买卖双方的信息获取、谈判能力、竞争程度及交易的不确定性等影响农产品价格的因素存在差异，由此可能产生不同的价格形成机制。

因此，在微观层面上，由于交易成本的存在，买方、卖方的交易特征决定了农产品价格的实现程度。在实际的农产品市场中，受交易成本、交易规模、产品差异化程度、信息掌握程度等因素的影响，不同种类的农产品其市场上的买方和卖方拥有不同的定价能力。

二、不同类型农产品微观交易属性

（一）资产专用性强弱

四种类型农产品，其资产专用性也有一定的差异。而且资产专用性的强弱在一定程度上也会对其微观价格的形成产生一定的影响。其中工业资源型农产品用途较为单一，例如棉花，其主要用于纺织行业。土地密集型农产品因其是居民营养摄入的主要来源，除作为食物及酿酒外，很少用作他用。劳动密集型农产品作为居民维生素摄入的主要来源，可作为食物和饮品以及药品。资本密集型农产品大部分只能供居民食用，不能用作其他用途。对于各类型农产品资产专用性强弱的判断，本书设计了调查问卷进行研究。

（二）消费者购买时讨价还价的意愿差异

消费者在购买农产品发生交易行为时，购买不同类型的农产品，其讨价还价的意愿有所不同，而消费者讨价还价的意愿在一定程度上对农产品价格的微观决定起到一定的作用。在一般情况下，居民购买土地密集型农产品讨价还价的意愿较低。在购买其他类型农产品时讨价还价的意愿，本研究设计了相关问卷进行调查。

（三）农产品交易频率

交易过程中，购买者购买产品的频率也可能对其价格微观形成产生一定的影响，购买不同类型农产品，其购买的频率可能有很大的不同。例如人们在购买土地密集型农产品和工业资源型农产品时可能购买的频率相对较低，而因为劳动密集型农产品种类繁多，居民购买劳动密集型农产品的频率可能相对较高。对于各类型农产品交易频率的判断，本书设计了调查问卷进行研究。

（四）农产品交易中的不确定性

交易过程中，购买不同种类的农产品其交易过程中的不确定性也可能对其微观价格的形成产生影响。因为在购买不同类型农产品过程中，交易的不确定性不尽相同。交易过程中不确定性高的农产品，其交易所受的外界影响较多。因此，对于各类型农产品交易过程中不确定性的判断，本书设计了调查问卷进行研究。

三、微观视角下农产品价格形成

价格的实现与市场交易密不可分，从微观层面来看，交易主体对某种交易的成本收益判断又决定了这种交易是否发生（贾生华和刘清华，2001）。[①]在农产品市场中，卖方和买方均为以追求各自利润最大化为目的的理性经济人。卖方必然是在农产品交易之前整个过程中发生的总成本的基础上加上适当利润后给出要价，尽可能获取更多的利润是其交易的最终目的。随着市场经济的建立和不断完善，我国绝大部分农产品和一般商品一样，其价格主要由供给和需求双方的交易行为共同决定。同样，因为交易所处的

---

① 贾生华、刘清华：《拍卖交易与我国农产品批发市场交易方式创新》，《中国农村经济》2001 年第 2 期。

时空条件在不断变化，交易行为所决定的农产品价格也是不断变化的，且不同类型农产品，买卖双方交易过程也有一定的差别。

在现实的农产品交易环境里，不同的买家和卖家拥有不同的议价能力，农产品的价格决定于买卖双方的议价能力。议价能力强的交易主体因为有较强的实力从而在讨价还价的博弈中处于优势地位，拥有一定的主动权。在农产品市场供求关系既定的情况下，当卖方议价能力强于买方时，此时农产品价格决定的主动权掌握在卖方手中，卖方为最大化自己的利润会尽量提高价格；当卖方议价能力小于买方时，情况则相反，买方掌握农产品价格决定权，此时农产品市场上的成交价格较低，卖方获得的实际利润也较低；当卖方议价能力与买方议价能力差不多相抗衡时，农产品价格完全由供求关系决定，买卖双方均为价格接受者。

借鉴新古典经济学的理论框架，影响农产品价格形成的因素，从需求方面看，主要包括农产品的市场价格、消费者的收入水平、相关商品（替代品和互补品）的价格、消费者本身的偏好、消费者对该产品未来价格的预期、市场内卖方和买方的数量等因素；从供给方面看，影响农产品价格形成的因素包括农产品的市场价格、生产成本、技术水平、卖方对该商品未来价格的预期、市场内买者和卖者的数量等因素。农产品市场的买卖双方依据上述影响因素，进行供需者之间、需求者之间、供给者之间三个层面的博弈，最终共同决定了特定市场环境下的农产品价格。[①] 从需求层面看，农产品需求者之间的相互竞争会提高农产品价格；从供给层面看，农产品供给者之间的相互竞争会降低农产品价格；从供需层面看，需求者与供给者之间的竞争也会抬高或降低农产品价格。

---

① 陈秀兰等：《我国农产品价格形成机制的微观探析——兼析农产品流通模式对价格的影响》，《价格理论与实践》2020 年第 9 期。

第六节　农产品价格形成机制总结：一个理论分析框架

如前文所述，农产品价格形成是一个复杂的系统，突出农产品差异特性及交易特征，一个理论模型不可能回答农产品价格形成中所有的问题，因此本研究按照递进式逻辑关系一步一步地放开假设，力求还原"真实世界"，综合反映客观基础、宏观（总体）和微观（个体）差异与价格形成的关系，设置不同情景并采用相对应的计量模型来对农产品价格形成机制进行如下分析：

第一，情景1，从农产品客观基础上的要素禀赋结构、生产成本和生态价值等方面入手，分析相关因素对农产品价格形成的影响。

第二，情景2，在新古典经济假设下，考虑供求宏观上（总体）相关影响因素，构建供给—价格—需求系统模型来探讨价格形成机理。

第三，情景3，假定不同类型农产品价格形成存在类别差异，试图证实四大类农产品价格形成的差异，利用通径分析考察其对农产品价格形成的影响效应。

第四，情景4，假定不同类型农产品宏观差异性存在并对其价格形成有一定的影响，结合产品差异化理论从横向差异、纵向差异、信息性差异等三方面考虑农产品宏观差异，利用静、动态比较分析四大类农产品宏观差异性与其价格形成的关系。

第五，情景5，假定不同类型农产品属性同样存在差异且对其价格形成产生一定的影响，并从农产品的微观（个体）差异性方面深入分析不同类别农产品的属性差异，以及这些属性对不同类别农产品价格决定的微观归因。

据此根据分立结构分析范式梳理出分立结构理论分析框架如图3.6所示。

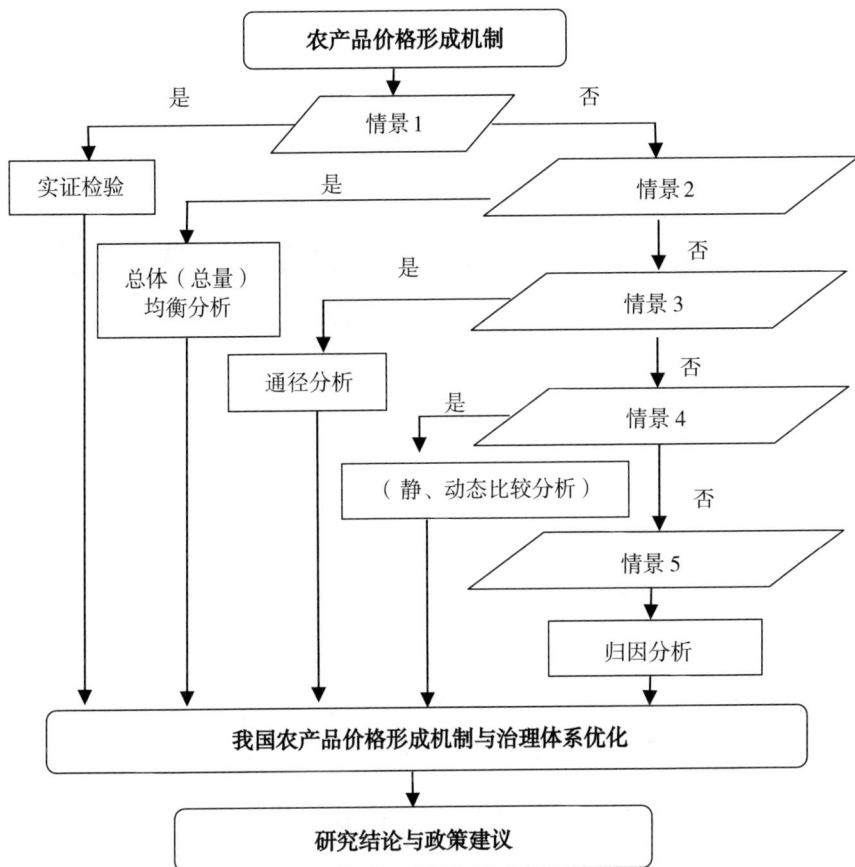

图 3.6　一个分立结构的理论分析框架图

第四章 农产品价格形成机制：客观基础及实证检验

农业组织将生产性投入如土地、劳动、资本等要素投入之后，经过一定技术条件和制度安排的转化，产出农产品提供给市场。农业生产供给是由生产要素投入的数量和这些投入组合的效率共同决定，要素禀赋和生产成本与农产品价格形成息息相关。[①] 同时，随着社会对生态保护的关注度越来越高，农产品的价格亟待体现农产品生态价值。这些客观基础如何影响农产品的价格形成？探究农产品客观基础对其价格形成的影响，是研究农产品价格形成的前提，也是从基础上摸清农产品价格形成机制的重要依据。

赫克歇尔—俄林资源禀赋理论认为生产要素禀赋的不同决定了生产要素价格在国家之间的差异，进而产生了生产成本及产品价格的差异（张二震，2003）。[②] 农产品要素禀赋的变化直接表现为要素之间相对价格的变化，而要素价格的变化会影响农产品的价格，因此农业要素禀赋的先天性差异与变动通过影响农产品生产成本间接地作用于农产品价格具有逻辑上

---

① 祁春节：《现代山地农业高质量发展路径》，《民主与科学》2019 年第 1 期。
② 张二震：《国际贸易分工理论演变与发展述评》，《南京大学学报（哲学·人文科学·社会科学版）》2003 年第 1 期。

的可能性（王伟新等，2020）。[1]农产品生产成本指生产一定量农产品所必需的成本投入。作为影响农产品价格决定的主要因素，生产成本既是界定农产品最低收购价格和调整农产品收购价格的重要依据，也是衡量农业经济效益和经营管理水平的重要指标。近年来，由于劳动力成本不断上升，农产品的生产成本也在不断增加，我国农业发展面临着生产成本和进口价格"两板"挤压的问题。目前农业产值通常只统计农业生产的经济价值，而生态服务功能作为农业重要的功能之一，由于其具有较强的公共物品属性，很少计算其经济价值。农业提供的生态服务功能关乎整个经济社会的健康发展，正确评价此类系统服务价值具有重要意义（杨正勇等，2009）。[2]

由此可见，农产品的价格与要素禀赋结构、生产成本、生态价值都具有一定的关系。纵观已有文献，除生产成本与价格的关系受到了广泛的研究之外，有关农业要素禀赋的研究多集中于要素禀赋变化与技术选择，而有关农业生态价值的研究多关注于农业生态价值及生态产品价值的实现路径。较少有文献在研究农产品的价格形成时综合考虑了要素禀赋和生态价值。如果我国农业发展还聚焦于数量增长，特别是依靠价格补贴政策来实现数量增长，这种"以量取胜"的模式透支了水土等资源，是难以为继的。要实现由"量"到"质"的转变，需要通过农产品价格形成机制的改革，依靠调整要素禀赋结构、降低生产成本和重视生态价值，来实现可持续的发展模式。因此，准确定量分析我国不同类别农产品的要素禀赋结构、生产成本和生态价值对价格形成的影响具有重要的现实意义。

---

①　王伟新等：《区域要素禀赋结构变动对农产品价格的影响研究——基于苹果产区要素禀赋与价格相关性分析》，《价格理论与实践》2020年第3期。

②　杨正勇等：《农业生态系统服务价值评估研究进展》，《中国生态农业学报》2009年第5期。

第一节　要素禀赋与农产品价格形成

一、研究方法、指标选取与数据来源

（一）要素禀赋结构测度方法

1. 资源禀赋系数

资源禀赋系数是国际上常用来衡量一个国家或地区某种资源丰裕度的指标，它是用样本地区某种生产要素占全国该生产要素总量的比重，除以该地区生产总值占全国 GDP 总量的比重，得到一个无量纲的数值（罗浩轩，2017）。[①] 其计算公式为：

$$EF_{ij} = \left(\frac{e_{ij}}{E_j} \right) / \left(\frac{y_i}{Y} \right) \tag{4-1}$$

式（4-1）中，EF_{ij} 为不同类别农产品 j 类生产要素在 i 区域的资源禀赋系数，e_{ij} 表示 j 类生产要素在 i 区域的数量，E_j 表示 j 类生产要素在全国范围内的总量，y_i 表示 i 区域的经济生产总值，Y 表示全国范围内的 GDP 总量。为使测度结果更符合实际情况，将式（4-1）中 Y 和 y_i 分别替换为全国的农业增长量以及 i 区域的农业增长量。在初始时期，三种生产要素的资源禀赋系数可以分别表示为：

$$EF_{L(0)_i} = \theta_i / \frac{y_i}{Y} \tag{4-2}$$

$$EF_{K(0)_i} = \delta_i / \frac{y_i}{Y} \tag{4-3}$$

$$EF_{T(0)_i} = \eta_i / \frac{y_i}{Y} \tag{4-4}$$

其中，θ_i 和 δ_i 分别表示区域 i 在基期用于某种农产品的劳动和资本投

[①]　罗浩轩：《中国区域农业要素禀赋结构变迁的逻辑和趋势分析》，《中国农村经济》2017年第 3 期。

入在全国所占比例，η_i 表示区域 i 在基期用于某种农产品的土地面积在全国所占比例。假定 Y 的增长率为 g，y_i 的增长率为 g_i，整理可得各要素随时间变化的资源禀赋系数：

$$EF_{L(t)_i} = e^{(g-g_i+\lambda_i)} \times \theta_i / \frac{y_i}{Y} \qquad (4-5)$$

$$EF_{K(t)_i} = e^{(g-g_i+\mu_i)} \times \delta_i / \frac{y_i}{Y} \qquad (4-6)$$

$$EF_{T(t)_i} = e^{(g-g_i+\sigma_i)} \times \eta_i / \frac{y_i}{Y} \qquad (4-7)$$

其中，λ_i、μ_i 和 σ_i 分别为某一区域内的劳动力要素增长率、资本投入增长率和土地面积增长率。一般认为，如果 $EF_{ij}>1$，则表明相对于全国来说，区域 i 的 j 类生产要素较为丰富；反之，则表明相对稀缺。资源禀赋系数这一指标对数据进行了去量纲的处理，有利于比较不同区域间的测度结果，但这一方法只将某种单一的生产要素纳入了测算和研究中，会导致不同要素禀赋之间的关系无法展现。

2. 要素结构指数

要素结构指数用公式表示为：

$$ESI_{ij} = EF_{ij} / \sum_{j}^{L,T,K} EF_{ij} \qquad (4-8)$$

式（4-8）中，ESI_{ij} 表示不同属性农产品 j 类生产要素在 i 区域的要素结构指数，结合式（4-2）至式（4-4）可计算劳动力、资本以及土地的要素结构指数在初始时期的数值，公式如下：

$$ESI_{L(0)_i} = \frac{EF_{L_i}}{\sum_{j}^{L,T,K} EF_{ij}} = \frac{\theta_i}{\theta_i + \eta_i + \delta_i} \qquad (4-9)$$

$$ESI_{T(0)_i} = \frac{EF_{T_i}}{\sum_{j}^{L,T,K} EF_{ij}} = \frac{\eta_i}{\theta_i + \eta_i + \delta_i} \qquad (4-10)$$

$$ESI_{K(0)_i} = \frac{EF_{K_i}}{\sum_{j}^{L,T,K} EF_{ij}} = \frac{\delta_i}{\theta_i + \eta_i + \delta_i} \qquad (4-11)$$

为体现要素结构随时间变化而变化的突出特点，整理式（4-9）至式（4-11）后最终得到：

$$ESI_{L(t)_i} = \frac{1}{1 + e^{(\mu_i - \lambda_i)t}\frac{\delta_i}{\theta_i} + e^{(\sigma_i - \lambda_i)t}\frac{\eta_i}{\theta_i}} \qquad (4-12)$$

$$ESI_{T(t)_i} = \frac{1}{1 + e^{(\lambda_i - \sigma_i)t}\frac{\theta_i}{\eta_i} + e^{(\mu_i - \sigma_i)t}\frac{\delta_i}{\eta_i}} \qquad (4-13)$$

$$ESI_{K(t)_i} = \frac{1}{1 + e^{(\lambda_i - \mu_i)t}\frac{\theta_i}{\delta_i} + e^{(\sigma_i - \mu_i)t}\frac{\eta_i}{\delta_i}} \qquad (4-14)$$

从式（4-12）至式（4-14）可以发现，要素结构指数相比于资源禀赋系数计算更为复杂，但它体现了该区域的农业生产要素在全国范围内的相对丰富程度，更加全面地反映了要素禀赋结构的变化。

（二）指标选取与数据来源

1. 指标选取

本节选取要素结构指数来分析小麦、苹果、生猪和棉花各主产区要素禀赋结构的变化情况。劳动力、土地以及资本是农业生产活动中的基本要素，本书关于要素禀赋结构的研究也重点围绕这三种要素展开。在要素禀赋结构的指标选择上，小麦、苹果、生猪和棉花采用的劳动力投入、土地成本和物质与服务费用来作为劳动力、土地和资本要素投入的衡量指标。

2. 数据来源

本节涉及的研究数据来自国家统计局网站（http://www.stats.gov.cn/）

以及《全国农产品成本收益资料汇编》（2003—2019 年）。其中，土地成本和物质与服务费用调整为以 2001 年为基期，分别采用小麦、水果、生猪和棉花生产资料价格指数进行了平减。

二、要素结构指数测算及对比分析

为从整体上形成对不同属性农产品主产区要素禀赋结构变化更为全面的认识，本章根据收集到的数据以及前文介绍的测度方法，分别计算了我国小麦、苹果、生猪和棉花 2002—2018 年的劳动力、土地和资本要素结构指数。根据测算结果，进一步从劳动力、土地和资本三种要素的投入比例及要素结构波动进行对比分析，见表 4.1。

表 4.1　2002—2018 年不同属性农产品各要素结构指数

品种	结构指数	2002	2004	2006	2008	2010	2012	2014	2016	2018
小麦	劳动力	0.3333	0.3480	0.3043	0.3108	0.2928	0.2951	0.2882	0.2910	0.2873
	土地	0.4939	0.5017	0.5207	0.5649	0.5708	0.5717	0.5744	0.5803	0.5654
	资本	0.1728	0.1503	0.1750	0.1243	0.1364	0.1332	0.1375	0.1286	0.1473
苹果	劳动力	0.4705	0.5458	0.5160	0.5270	0.5280	0.5448	0.5748	0.6249	0.6341
	土地	0.3837	0.3120	0.3246	0.3499	0.2842	0.3043	0.2753	0.2459	0.2332
	资本	0.1458	0.1422	0.1594	0.1231	0.1878	0.1509	0.1499	0.1292	0.1326
生猪	劳动力	0.2053	0.1759	0.2059	0.1934	0.2022	0.2019	0.2082	0.2084	0.2221
	土地	0.0429	0.0932	0.0243	0.0174	0.0189	0.0188	0.0144	0.0115	0.0135
	资本	0.7518	0.7309	0.7699	0.7891	0.7789	0.7793	0.7774	0.7802	0.7643
棉花	劳动力	0.4924	0.4564	0.4664	0.5048	0.5297	0.5160	0.5029	0.5070	0.4578
	土地	0.4124	0.4472	0.4284	0.4180	0.3861	0.4037	0.4060	0.4063	0.4218
	资本	0.0952	0.0964	0.1052	0.0772	0.0841	0.0804	0.0911	0.0867	0.1203

从 2002—2018 年小麦、苹果、生猪和棉花的三种要素结构指数变化来看，四种农产品要素结构指数特征各不相同。四种农产品的要素结构指数与本书农产品分类特征较为相符。

2002—2018 年，小麦的三种要素投入的比例中，土地要素占比最高，其次是劳动力要素占比，资本要素占比最小，随着时间的发展，不同要素结构指数发生了变化，土地要素占比波动上升，劳动力要素占比逐年下降，资本要素占比变化不大，但总体上土地在三种要素投入中的比重一直相对较高，土地结构指数最高达到 0.5803，土地密集型农产品特征明显。

2002—2018 年，苹果的三种要素投入的比例中，劳动力要素占比最高，其次是土地要素占比，资本要素占比最小，随着时间的发展，不同要素结构指数发生了变化，劳动要素占比波动上升，土地要素占比逐年下降，资本要素占比变化不大，但总体上劳动力在三种要素投入中的比重一直相对较高，劳动力结构指数最高达到 0.6341，劳动密集型农产品特征明显。

2002—2018 年，生猪的三种要素投入的比例中，资本要素占比最高，其次是劳动力要素占比，土地要素占比最小，随着时间的发展，不同要素结构指数发生了变化，资本要素和劳动力要素占比波动上升，土地要素占比下降，但总体上资本在三种要素投入中的比重一直相对较高，资本结构指数最高达到 0.7891，资本密集型农产品特征明显。

2002—2018 年，棉花的三种要素投入的比例中，劳动力要素和土地要素占比相当，劳动力要素占比略大于土地要素占比，资本要素占比最小，随着时间的发展，不同要素结构指数发生了变化，劳动力要素占比波动下降，土地要素和资本要素占比略有上升，但总体上劳动力和土地在三种要素投入中的比重一直相对较高，2018 年劳动力和土地结构指数分别为 0.4578 和 0.4218，工业资源型农产品特征明显。

三、要素禀赋结构变化对农产品价格形成影响的实证分析

（一）变量选取

第一，被解释变量。本书选取四种不同属性农产品的生产者价格（*PRICE*）作为被解释变量。

第二，核心解释变量。根据前文的分析，本书以三种基本的农业生产要素投入比例作为核心解释变量，分别是劳动力要素结构指数（L）、土地要素结构指数（T）以及资本要素结构指数（K）。考虑到数据的合理性和可获取性，本书选取我国四种农产品 2002—2018 年的每亩用工数量、土地成本和每亩物质与服务费用作为结构指数测算的基础数据，并通过前文介绍的方法进行了计算。

第三，控制变量。农产品价格除了受到要素投入的影响外，还会受到其他因素的影响，为了对农产品价格波动进行更加全面的解释，本书还考虑了外在随机冲击和需求方面的影响，将自然灾害、人口、居民收入三个因素设定为控制变量。其中，自然灾害因素属于随机冲击，选取农产品历年的受灾面积（D）来衡量，受灾面积能够反映区域内受到各种自然灾害影响的种植范围，单位为千公顷；人口和居民收入属于需求方面，人口因素选取各主产省的总人口数（POP）来衡量，单位为万人；居民收入因素用历年城镇居民人均可支配收入（INC）来衡量，单位为元。

（二）模型设定

在前文分析的基础上，为从整体上更加全面地考察要素禀赋结构变化对农产品价格波动的影响，构建的计量模型如下：

$$PRICE_t = \beta_0 + \beta_1 L_t + \beta_2 T_t + \beta_3 K_t + \beta_4 D_t + \beta_5 POP_t + \beta_6 INC_t + \varepsilon_t \qquad （4-15）$$

式（4-15）中，$PRICE_t$ 表示我国第 t 年的农产品生产者价格，L_t 表示我国第 t 年的劳动力要素禀赋，T_t 表示我国第 t 年的土地要素禀赋，K_t 表示我国第 t 年的资本要素禀赋，D_t 表示我国第 t 年的农产品受灾面积，POP_t 表示我国第 t 年的人口数量，INC_t 表示我国第 t 年的城镇居民收入。β_0 是常数项，β_1、β_2、β_3、β_4、β_5、β_6 是各变量对应的系数，ε_t 是随机误差项。

对变量进行了对数处理以消除变量间的数量级差异，确定的分析模型

改革农产品价格形成机制研究

如式（4-16）：

$$LnPRICE_t = \beta_0 + \beta_1 LnL_t + \beta_2 LnT_t + \beta_3 LnK_t + \beta_4 LnD_t + \beta_5 LnPOP_t$$
$$+ \beta_6 LnINC_t + \varepsilon_t \qquad （4-16）$$

（三）平稳性检验

在对时间序列数据进行单位根检验时，本章选择综合使用 ADF 检验和 PP 检验这两种方法，来检验模型中涉及的各变量的平稳性。由表 4.2 和表 4.3 的检验结果可知，小麦价格、苹果的资本要素禀赋和城镇居民收入这三个变量平稳。对其余变量进行一阶差分，结果都显著拒绝了原假设，说明变量差分后是平稳的。因此，满足模型估计的要求。

表 4.2　小麦和苹果单位根检验结果

变量	ADF	PP	平稳性	ADF	PP	平稳性
	小麦			苹果		
$LnPRICE_t$	−3.3399	−3.3443	平稳	−2.0053	−2.0053	非平稳
	(0.0302)	(0.0299)		(0.2817)	(0.2817)	
一阶差分	—	—	—	−4.6886	−4.6725	平稳
	—	—		(0.0026)	(0.0027)	
LnL_t	−1.9101	−1.4006	非平稳	−1.5696	−1.3625	非平稳
	(0.3186)	(0.5555)		(0.4742)	(0.5735)	
一阶差分	−6.4816	−10.2288	平稳	−6.0303	−10.0040	平稳
	(0.0002)	(0.0000)		(0.0002)	(0.0000)	
LnT_t	−2.1165	−2.1165	非平稳	−1.3225	−1.1912	非平稳
	(0.2411)	(0.2411)		(0.5922)	(0.6509)	
一阶差分	−4.7577	−4.6264	平稳	−5.0357	−7.9306	平稳
	(0.0023)	(0.0029)		(0.0014)	(0.0000)	
LnK_t	−1.6924	−3.1275	非平稳	−3.0757	−3.0848	平稳
	(0.4134)	(0.0447)		(0.0491)	(0.0483)	
一阶差分	−5.5160	−4.2194	平稳	—	—	—
	(0.0007)	(0.0062)		—	—	

续表

变量	ADF	PP	平稳性	ADF	PP	平稳性
	小麦			苹果		
LnD_t	−0.8962	−0.6526	非平稳	−0.8962	−0.6526	非平稳
	(0.7620)	(0.8319)		(0.7620)	(0.8319)	
一阶差分	−6.1619	−6.1619	平稳	−6.1619	−6.1619	平稳
	(0.0002)	(0.0002)		(0.0002)	(0.0002)	
$LnPOP_t$	−0.6451	−0.6556	非平稳	−0.6451	−0.6556	非平稳
	(0.8276)	(0.8311)		(0.8276)	(0.8311)	
一阶差分	−4.0545	−17.4407	平稳	−4.0545	−17.4407	平稳
	(0.0112)	(0.0001)		(0.0112)	(0.0001)	
$LnINC_t$	−3.1922	−3.1922	平稳	−3.1922	−3.1922	平稳
	(0.0397)	(0.0397)		(0.0397)	(0.0397)	

注：括号中为单位根检验的 P 值。

表 4.3　生猪和棉花单位根检验结果

	生猪			棉花		
变量	ADF	PP	平稳性	ADF	PP	平稳性
$LnPRICE_t$	−2.2176	−1.9575	非平稳	−2.8299	−2.8299	非平稳
	(0.2079)	(0.3004)		(0.0762)	(0.0762)	
一阶差分	−4.1031	−5.4562	平稳	−4.8853	−7.1274	平稳
	(0.0084)	(0.0007)		(0.0018)	(0.0000)	
LnL_t	0.5797	−3.3242	非平稳	−1.2751	−1.3461	非平稳
	(0.9830)	(0.0311)		(0.6139)	(0.5812)	
一阶差分	−13.8693	−8.2088	平稳	−3.3461	−3.3164	平稳
	(0.0000)	(0.0000)		(0.0310)	(0.0328)	
LnT_t	−1.5396	−1.2771	非平稳	−1.8321	−1.8321	非平稳
	(0.4887)	(0.6130)		(0.3529)	(0.3529)	
一阶差分	−4.5022	−5.7573	平稳	−4.0027	−4.2187	平稳
	(0.0054)	(0.0004)		(0.0092)	(0.0062)	
LnK_t	−1.6842	−1.7290	非平稳	−1.2870	−1.2098	非平稳
	(0.4198)	(0.3991)		(0.6086)	(0.6428)	

变量	生猪			棉花		
	ADF	PP	平稳性	ADF	PP	平稳性
一阶差分	−3.2308	−3.2308	平稳	−3.4270	−3.3920	平稳
	(0.0382)	(0.0382)		(0.0268)	(0.0285)	
LnD_t	−0.8962	−0.6526	非平稳	−0.8962	−0.6526	非平稳
	(0.7620)	(0.8319)		(0.7620)	(0.8319)	
一阶差分	−6.1619	−6.1619	平稳	−6.1619	−6.1619	平稳
	(0.0002)	(0.0002)		(0.0002)	(0.0002)	
LnPOP_t	−0.6451	−0.6556	非平稳	−0.6451	−0.6556	非平稳
	(0.8276)	(0.8311)		(0.8276)	(0.8311)	
一阶差分	−4.0545	−17.4407	平稳	−4.0545	−17.4407	平稳
	(0.0112)	(0.0001)		(0.0112)	(0.0001)	
LnINC_t	−3.1922	−3.1922	平稳	−3.1922	−3.1922	平稳
	(0.0397)	(0.0397)		(0.0397)	(0.0397)	

注：括号中为单位根检验的 P 值。

（四）模型估计与结果分析

ARIMA 模型作为一种经典的时间序列模型，可用于随机平稳时间序列拟合建模，并分析连贯的历史数据。[①] 本章节选择使用 ARIMA 模型进行分析。

表 4.4　四种农产品模型回归

变量	小麦	苹果	生猪	棉花
常数 C	25.7727***	0.9486***	−0.3740**	−0.0184
	(0.0000)	(0.0000)	(0.0230)	(0.5350)
LnL_t	3.4901*	−11.7260***	1.3435*	−32.0010***
	(0.0610)	(0.0080)	(0.0980)	(0.0050)

---

① 滕文杰：《时间序列分析法在突发公共卫生事件网络舆情分析中的应用研究》,《中国卫生统计》2014 年第 6 期。

续表

变量	小麦	苹果	生猪	棉花
$\mathrm{Ln}T_t$	6.4793*	−6.9889**	0.7138***	−27.9170***
	(0.0550)	(0.0280)	(0.0010)	(0.0060)
$\mathrm{Ln}K_t$	1.5882*	−2.9542*	1.8808*	−5.9279***
	(0.0930)	(0.0680)	(0.0730)	(0.0030)
$\mathrm{Ln}D_t$	−0.0523***	−0.1661**	−0.1950***	−0.2320***
	(0.0000)	(0.0220)	(0.0000)	(0.0000)
$\mathrm{Ln}POP_t$	−2.1745	−6.4232**	−25.3459***	−17.8748***
	(0.2010)	(0.0180)	(0.0000)	(0.0000)
$\mathrm{Ln}INC_t$	0.0603	−11.0343***	8.1016***	1.0162***
	(0.6570)	(0.0000)	(0.0000)	(0.0060)

注：括号中为 p 统计值，***、**、* 分别代表在 1%、5%、10% 统计水平上显著。

由表 4.4 可知，在小麦的回归模型中，劳动要素、土地要素和资本要素均通过了 10% 的显著性检验，且三个要素投入的系数均为正数，其中土地要素投入的影响系数更高，达到 6.4793。这说明在供给视角下，我国小麦要素投入结构存在不合理之处，因此要素投入的增加会导致生产效率增加不显著，反而导致生产成本上升，价格上涨，其中土地要素投入对小麦价格影响最大。

在苹果的回归模型中，劳动要素通过了 1% 的显著性检验，土地要素通过了 5% 的显著性检验，资本要素通过了 10% 的显著性检验，且三个要素投入的系数均为负数，其中劳动要素投入的影响系数更高，达到 −11.7260。说明在供给视角下，我国苹果三种要素投入比例的相对增加都会通过增加产出，使得供应量上升，造成其生产价格下降，其中劳动力要素投入对苹果价格影响最大。

在生猪的回归模型中，土地要素通过了 1% 的显著性检验，劳动要素和资本要素均通过了 5% 的显著性检验，且三个要素投入的系数均为正数，其中资本要素投入的影响系数更高，达到 1.8808。这说明在供给视角下，与小麦相同，我国生猪要素投入结构存在不合理因素，因此要素投入的增加会导致生产效率增加不显著，反而导致生产成本上升，价格上涨，其中资本要素投入对生猪价格影响最大。

在棉花的回归模型中，劳动要素、土地要素和资本要素均通过了 1% 的显著性检验，且三个要素投入的系数均为负数，其中劳动要素投入的影响系数更高，达到 -32.0010。这说明在供给视角下，与苹果相同，我国棉花三种要素投入比例的相对增加都会通过增加产出，使得供应量上升，造成其生产价格下降，其中劳动力要素和土地要素投入对棉花价格影响较大。

第二节　生产成本与农产品价格形成

一、变量选取、模型选用与数据来源

（一）变量选取

1. 被解释变量

本书将价格设定为被解释变量。价格是指 1992—2018 年四类农产品的每 50 千克出售的年度名义生产者价格，其中生猪价格是散养生猪、小规模生猪、中规模生猪与大规模生猪生产者价格的平均。

2. 解释变量

本书将生产成本选定为解释变量。具体数据指 1992—2018 年各品种农产品每 50 千克的生产成本，其中生猪生产成本是不同规模（大规模、中规模、小规模和散养）生猪生产成本的平均。

3.控制变量

通过梳理以往有关农产品价格的研究发现，人口数量、耕地面积及国际农产品价格都会影响国内农产品价格。首先，人口数量的变化直接关系对农产品的需求量。其次，耕地面积通过影响市场供给量与需求量来影响农产品价格。最后，汇率可以直接调节进出口贸易，汇率的变化影响着农产品的进出口贸易。

表 4.5 变量统计表

变量	名称	符号	内容	单位	说明
被解释变量	价格	$Price$	小麦/棉花/苹果/生猪每50千克出售名义生产者价格	元/50千克	$Price$=小麦/棉花/苹果/生猪每50千克平均出售价格
解释变量	生产成本	$Cost$	小麦/棉花/苹果/生猪每50千克生产成本	元/50千克	$Cost$=小麦/棉花/苹果/生猪每50千克生产成本
控制变量	国际农产品价格	Inp	小麦/棉花/苹果/生猪国际名义生产者价格	元/50千克	Inp=小麦/棉花/苹果/生猪国际价格
	人口数量	Pop	我国人口总数	千万人	Pop=1992—2018年我国历年人口总数
	耕地面积	$Land$	我国耕地面积	万平方千米	$Land$=1992—2018年我国历年耕地面积

（二）向量误差修正模型（VEC）

VEC 模型的表达式为：

$$\Delta P_t = \alpha ECM_{t-1} + A_1 \Delta Y_{t-1} + A_2 \Delta Y_{t-2} + \cdots + A_p \Delta Y_{t-p} + \varepsilon_t \qquad （4-17）$$

$$\Delta P_t = \alpha ECM_{t-1} + B_1 \Delta Y_{t-1} + B_2 \Delta Y_{t-2} + \cdots + B_p \Delta Y_{t-p} + \varepsilon_t \qquad （4-18）$$

其中，A_1 为生产成本相对价格的系数，若 A_1 显著，则说明生产成本是价格的 Granger 原因。若 B_1 显著，则说明价格是生产成本的 Granger 原因。

（三）生产成本对价格影响的 OLS 模型

本书将对小麦、棉花、苹果和生猪四种农产品分别进行 OLS 估计，并对模型进行稳健性检验，判断模型是否稳健。OLS 模型表示如下：

$$\text{Ln}price = \beta_0 \text{Ln}cost + \beta_1 \text{Ln}inp + \beta_2 \text{Ln}pop + \beta_3 \text{Ln}land + \mu \qquad (4-19)$$

（四）数据来源

生产成本与生产者价格的数据均来自《农产品生产成本与收益汇编》；人口数量及耕地面积数据均来自国家统计局（http://www.stats.gov.cn/）；国际农产品价格数据来自联合国粮油组织数据库（http://www.fao.org/statistics/zh/）与世界银行（https://databank.worldbank.org/home.aspx）。

二、描述性统计分析与实证研究

（一）描述性统计分析

1. 不同农产品成本与价格对比分析

（单位：元 /50 千克）

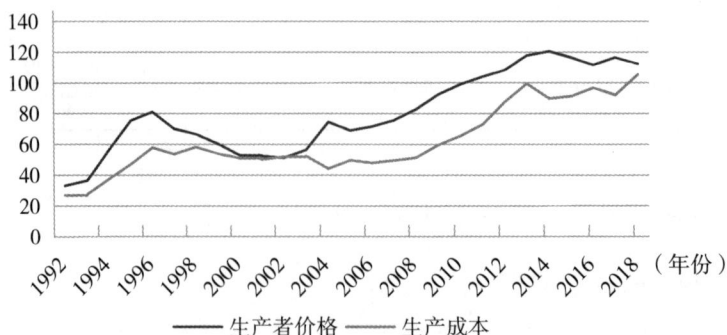

图 4.1　1992—2018 年小麦的生产者价格和生产成本图

根据图 4.1 所示，1992—2018 年小麦的生产者价格和生产成本总体来说呈波动上涨的趋势，分别从 1992 年的每 50 千克 33.14 元和 26.92 元，上涨至 2018 年的每 50 千克 112.18 元和 105.28 元。在此研究范围内，除

2002 年小麦的生产成本稍稍高于生产者价格外，其余年份小麦的生产者价格均大于生产成本。

（单位：元 /50 千克）

图 4.2　1992—2018 年棉花的生产者价格和生产成本图

　　根据图 4.2 所示，1992—2018 年棉花的生产者价格和生产成本总体来说呈波动上涨的趋势，分别从 1992 年的每 50 千克 306.78 元和 250.77元，上涨至 2018 年的每 50 千克 728.19 元和 782.84 元。在此研究范围内，1992—2013 年，棉花的生产者价格高于生产成本，并且生产者价格在2010 年达到最大值，为每 50 千克 1238.26 元，2014—2018 年棉花的生产成本超过了生产者价格。

（单位：元 /50 千克）

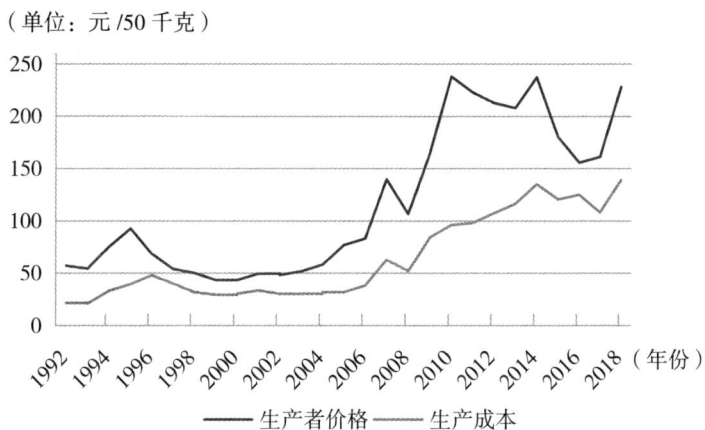

图 4.3　1992—2018 年苹果的生产者价格和生产成本图

根据图 4.3 所示，1992—2018 年苹果的生产者价格和生产成本总体来说呈波动上涨的趋势，分别从 1992 年的每 50 千克 57.06 元和 21.55 元，上涨至 2018 年的每 50 千克 228.31 元和 139.03 元。在此研究范围内，苹果的生产者价格始终高于生产成本，并且两者的变化趋势基本保持一致。

（单位：元 /50 千克）

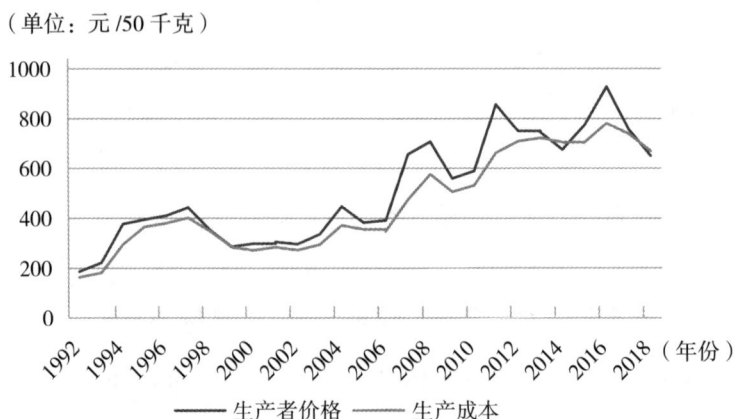

图 4.4　1992—2018 年生猪的生产者价格和生产成本图

根据图 4.4 所示，1992—2018 年生猪的生产者价格和生产成本总体来说呈波动上涨的趋势，分别从 1992 年的每 50 千克 186.89 元和 164.01 元，上涨至 2018 年的每 50 千克 649.69 元和 669.35 元。在此研究范围内，除 2018 年生猪的生产成本超过了生产者价格外，其余年份的生猪的生产者价格高于生产成本。

2. 不同农产品价格及成本描述性统计

表 4.6 显示了四种农产品的生产者价格的描述性统计，就均值来说，棉花的价格最高，50 千克的价格为 652.46 元，其次为生猪价格，平均价格为每 50 千克 509.97 元，然后是苹果价格，最后是小麦价格为每 50 千克 80.19 元，表明不同种类农产品间的价格差距较为明显。就变异系数来

说，苹果价格的波动程度最高，变异系数为 0.63，其次波动较为明显的是生猪、棉花，波动程度最为平缓的是小麦价格，变异系数为 0.36。

表 4.6　1992—2018 年小麦、棉花、苹果和生猪的生产者价格描述性统计

（单位：元 /50 千克）

品种	平均值	中位数	最大值	最小值	标准差	变异系数
小麦	80.19	75.45	120.59	33.14	26.40	0.36
棉花	652.46	655.21	1238.26	306.78	199.45	0.41
苹果	117.15	83.28	238.05	43.36	71.17	0.63
生猪	509.97	443.03	927.35	186.89	210.65	0.42

表 4.7 显示了四种农产品的生产成本的描述性统计，就均值来说，棉花的生产成本最高，50 千克的价格为 515.61 元，其次为生猪的生产成本，平均每 50 千克 458.92 元，然后是苹果的生产成本，最后是小麦生产成本为每 50 千克 61.92 元，表明不同种类农产品间的生产成本差距较为明显。就变异系数来说，苹果生产成本的波动程度最高，变异系数为 0.61，其次波动较为明显的是生猪、小麦，波动程度最为平缓的是棉花生产成本，变异系数为 0.31。

表 4.7　1992—2018 年小麦、棉花、苹果和生猪的生产成本描述性统计

（单位：元 /50 千克）

品种	平均值	中位数	最大值	最小值	标准差	变异系数
小麦	61.92	53.70	105.28	26.92	21.98	0.33
棉花	515.61	417.33	915.86	248.80	213.56	0.31
苹果	64.33	40.13	139.03	20.96	40.32	0.61
生猪	458.92	380.23	780.01	164.01	190.84	0.41

（二）实证结果与分析

1. 平稳性检验

表 4.8　四种农产品的变量序列 Lnprice 及 Lncost 的 ADF 检验结果

农产品	变量	ADF 值	P 值	1% 临界值	5% 临界值	10% 临界值	是否平稳
小麦	Lnprice	−2.2949	0.4218	−4.3561	−3.5950	−3.2335	不平稳
	D（Lnprice）	−2.8690	0.0060	−2.6607	−1.9550	−1.6091	平稳
	Lncost	−1.9641	0.5928	−4.3561	−3.5950	−3.2335	不平稳
	D（Lncost）	−3.8686	0.0293	−4.3743	−3.6032	−3.2381	平稳
棉花	lnprice	−3.3124	0.0864	−4.3561	−3.5950	−3.2335	不平稳
	D（Lnprice）	−5.6184	0.0006	−4.3743	−3.6032	−3.2381	平稳
	Lncost	−1.5503	0.7847	−4.3561	−3.5950	−3.2335	不平稳
	D（Lnprice）	−4.5740	0.0076	−4.4407	−3.6329	−3.2547	平稳
苹果	Lnprice	−1.7277	0.7097	−4.3561	−3.5950	−3.2335	不平稳
	D（Lnprice）	−4.4876	0.0078	−4.3743	−3.6032	−3.2381	平稳
	Lncost	−1.7441	0.7020	−4.3561	−3.5950	−3.2335	不平稳
	D（Lncost）	−5.0187	0.0024	−4.3743	−3.6032	−3.2381	平稳
生猪	Lnprice	−3.5578	0.0601	−4.4983	−3.6584	−3.2690	不平稳
	D（Lnprice）	−5.5736	0.0008	−4.3943	−3.6122	−3.2431	平稳
	Lncost	−0.8261	0.7926	−3.7529	−2.9981	−2.6388	不平稳
	D（Lncost）	−2.4130	0.0183	−2.6694	−1.9564	−1.6085	平稳

观察表 4.8 中四种农产品单位根检验结果可以看出，四种农产品原始数据时间序列不平稳，但经过一阶差分之后，四种农产品的 ADF 值均小于 5% 临界值下的 T 统计量值，且由 P 值可知一阶差分后均拒绝原假设，所以 Lnprice 及 Lncost 通过平稳性检验。

2. Johansen 协整检验

表 4.9 四种农产品的变量序列 Lnprice 及 Lncost 的 Johansen 检验

农产品	原假设	特征根	迹统计量	5% 临界值	P 值
小麦	None	0.6394	21.2480	15.4947	0.0061
	At most1	0.0938	1.8705	3.8415	0.1714
棉花	None	0.6359	28.6885	15.4947	0.0003
	At most1	0.0888	2.4172	3.8415	0.1200
苹果	None	0.6209	25.0286	15.4947	0.0014
	At most1	0.0307	0.7783	3.8415	0.3777
生猪	None	0.7351	39.3284	15.4947	0.0000
	At most1	0.1682	4.7867	3.8415	0.0287

表 4.9 对四种农产品的时间序列 Lnprice 和 Lncost 进行 Johansen 协整检验，发现小麦、棉花及苹果其变量之间至多存在一个协整关系。另外，生猪的变量之间存在不止一个协整关系。综上，四种农产品的 Lnprice 与 Lncost 之间存在协整关系。

3. Granger 因果检验

对估计结果做 Granger 因果检验，得到如下结果：

表 4.10 Granger 因果检验结果表

农产品	原假设	F	P	检验结果
小麦	D(Lncost) 不是 D(Lnprice) 的 Granger 原因	2.9621	0.0677	拒绝原假设
棉花	D(Lncosl) 不足 D(Lnprice) 的 Granger 原因	2.9299	0.0655	拒绝原假设
苹果	D(Lncost) 不是 D(Lnpricc) 的 Giranger 原因	12613.6242	0.0069	拒绝原假设
生猪	D(Lncost) 小是 D(Lnpricc) 的 Grangcr 原因	6.2501	0.0147	拒绝原假设
小麦	D(Inprice) 不是 D(Lncost) 的 Granger 原因	0.0917	0.9917	接受原假设
棉花	D(Lnprce) 不是 D(Lncost) 的 Giranger 原因	2.0434	0.1483	接受原假设
苹果	D(Inprice) 不是 D(Lncost) 的 Giranger 原因	2.5314	0.4528	接受原假设
生猪	D(Inprice) 不是 D(Lncost) 的 Granger 原因	1.5603	0.2858	接受原性设

由表 4.10 可知，小麦、棉花、苹果和生猪一阶差分后的生产成本与价格的时间序列构建的 VEC 模型经过 Granger 因果检验，其中小麦和棉花在 10% 水平下 Granger 原因显著，苹果在 1% 水平下 Granger 原因显著，生猪在 5% 水平下 Granger 原因显著。经分析可得，小麦、棉花、苹果及生猪的生产成本增长率能够显著的解释其价格增长率的变化。而小麦、棉花、苹果及生猪的价格增长率并不是其生产成本增长率的 Granger 因果。

4. 农产品当期价格和当期生产成本的回归分析

结合前文分析，可得出本章 OLS 模型如下：

$$\text{Ln}price = \beta_0 + \beta_1\text{Ln}cost + \beta_2\text{Ln}inp + \beta_3\text{Ln}land + \beta_4\text{Ln}pop + \mu \quad （4-20）$$

其中，Lnprice 代表农产品价格，Lncost 表示农产品生产成本，Lninp 指国际生产者价格，Lnland 指耕地面积，Lnpop 代表人口数量，μ 是残差。

表 4.11　OLS 模型回归结果

农产品	Lncost	Lninp	Lnland	Lnpop	C	F	R^2	D−W
小麦	0.51***	0.23**	−0.89**	4.19**	−14.90**	77.02	0.93	1.46
	（4.31）	（2.39）	（−2.77）	（2.93）	（−2.91）			
棉花	0.06	0.67***	−0.74	4.17*	−14.88	19.34	0.78	2.31
	（0.28）	（4.31）	（−1.32）	（1.76）	（−1.81）			
苹果	0.93***	0.70**	−0.04	−2.59	9.96	53.23	0.91	0.77
	（5.38）	（2.19）	（−0.05）	（−0.70）	（0.74）			
生猪	0.81***	0.31	−0.30	1.32	−5.71	156.65	0.97	1.62
	（5.23）	（1.48）	（−0.78）	（0.69）	（−0.82）			

注：*、**、*** 分别代表 10%、5%、1% 的显著性水平，括号内为对应的 T 检验值。

表 4.11 所示，小麦 OLS 回归拟合优度为 0.93，拟合回归效果较好。具体来说，成本因素对小麦价格的影响最为显著，且呈现正向影响。耕地面积与人口因素都显著影响小麦价格。其中人口数量对小麦价格有正向影响，

这是因为人口数量的增加会导致国内小麦需求量的显著提升，进而导致小麦价格的上升。耕地面积与我国小麦价格呈现显著的负向影响，这是因为小麦是土地密集型农产品，耕地面积提高可能会增加小麦供给量的增加，进而降低小麦价格。

棉花 OLS 回归拟合优度为 0.78，表明其拟合效果较好。其中国际价格对棉花国内价格的影响最为显著，是因为我国每年进口大量棉花，对外依赖度较高，深受国际价格市场的影响。其次人口数量也显著影响棉花价格，这是因为人口数量的上升会导致棉花需求的显著上升，因此导致棉花价格的上升。生产成本与耕地资源对棉花价格的影响不甚显著，是因为棉花属于战略资源型农产品，属于国家战备资源，对棉花价格的调控一直是我国农产品价格改革的重点，因此削弱了生产成本对棉花价格的影响。

苹果 OLS 回归拟合优度为 0.91，拟合效果较好。其中生产成本对苹果价格的影响最为显著，符合经济预期。其次国际价格对国内价格的影响也较为显著，是因为我国是苹果出口大国，因此国际价格会对国内价格造成一定影响。另外苹果种植面积在总耕地面积中所占比例较小，因此，总耕地面积的变化对苹果产量影响较小，因此耕地面积与苹果价格关系不显著。最后由于苹果不是消费生活必需品，且存在众多替代品，因此人口变化对苹果价格影响较小。

生猪的多元线性回归方程拟合优度为 0.97，拟合效果非常好。回归结果显示生产成本对生猪价格的影响最为显著，且系数高达 0.81。表明生猪生产成本上升 1%，生猪价格上升 0.81%。

5.稳健性检验

对各变量进行回归之后，对模型进行了稳健性检验，检验结果如表 4.12 所示。

表 4.12　稳健性检验结果

农产品	ADF	P 值	1% level	5% level	10% level
小麦	−3.7121	0.0453	−4.4983	−3.6584	−3.2690
棉花	−5.6890	0.0005	−4.3561	−3.5950	−3.2335
苹果	−2.7999	0.0070	−2.6569	−1.9544	−1.6093
生猪	−4.8881	0.0032	−4.3743	−3.6032	−3.2381

　　观察表 4.12 可知，小麦、棉花、苹果与生猪的回归模型均通过了 ADF 检验，表明其模型较为稳健。

6. 脉冲响应函数

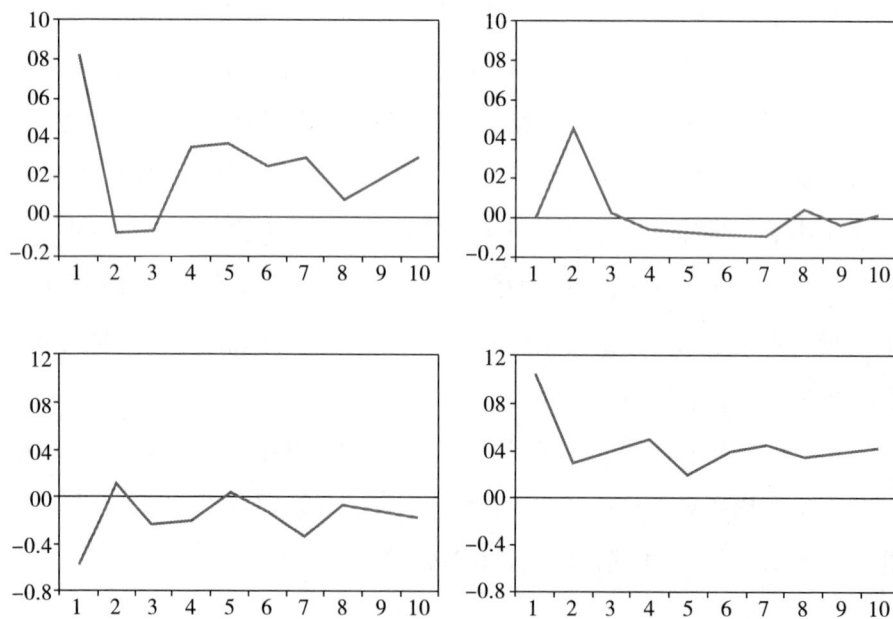

图 4.5　小麦 D Lnwprice 与 D Lnwcost 的脉冲响应轨迹图

　　由图 4.5 可知，当小麦价格受到其自身价格一单位冲击时，在第一期作出强烈反应，达到最大值为 0.083。之后冲击减弱，于第二、三期呈现负向影响。其后波动频繁，但均保持正向冲击。当小麦价格受到其成本的冲击时，于第二期作出反应并达到最大值为 0.045，其后冲击程度逐渐减弱，最终稳定于横轴附近。当小麦成本受到其价格的冲击时，第一期反应剧烈，之后冲击程度逐渐减弱，并于横轴附近震荡。最后当小麦成本受到其自身成本一单位的冲击时，第一期反应强烈，达到最高值为 0.107，之后冲击程度逐渐减弱，于第五期出现最低值为 0.021。

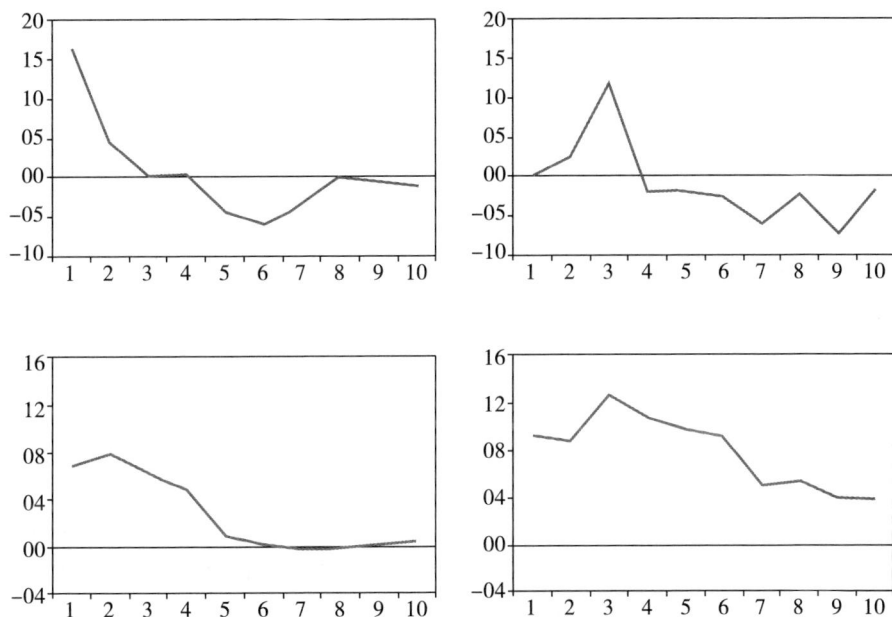

图 4.6　棉花 D Lncprice 与 D Lnccost 的脉冲响应轨迹图

由图 4.6 可知，当棉花价格受到其自身价格一单位的冲击时，第一到四期均保持正向冲击，但呈现减弱趋势，第五到七期均为负向影响，之后几期冲击较小，稳定于横轴附近。当棉花价格受到其成本的冲击时，反应速度较慢，于第二期作出反应，之后冲击程度逐渐加深，于第三期达到最大值为 0.116，之后几期均呈现负向冲击，且不断震荡，波动靠拢于横轴。当棉花成本受到其价格的冲击时，第一期至第二期程度加深，第二期达到最大值为 0.079，之后冲击程度迅速下降，第五期后平稳于横轴。最后，当棉花成本受到其自身成本一单位的冲击时，整体呈现先上升后下降的趋势，于第三期达到最大值为 0.128，之后波动下降，但一直呈现正向冲击。

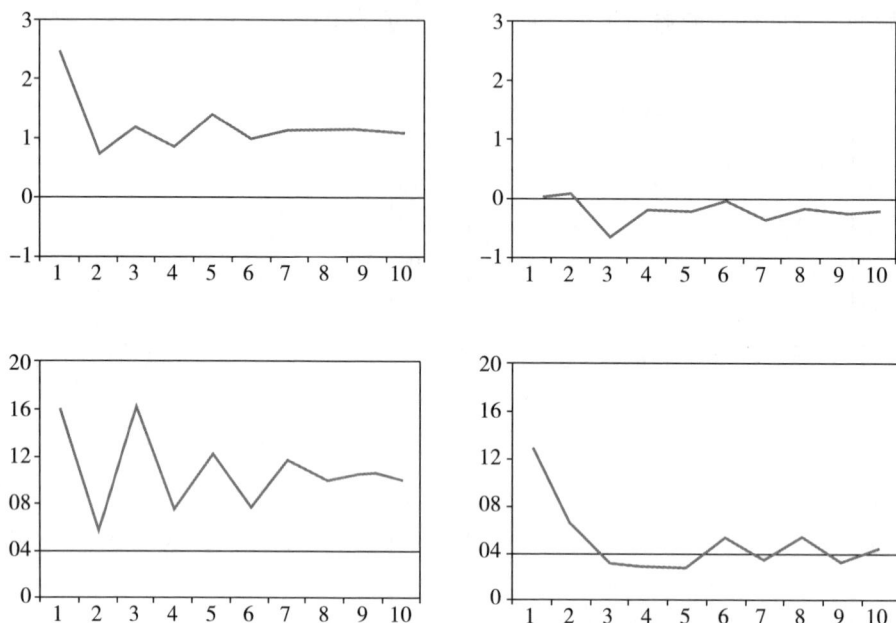

图 4.7　苹果 D Lncprice 与 D Lnccost 的脉冲响应轨迹图

　　由图 4.7 可知，当苹果价格受到其自身价格一单位的冲击时，在第一期迅速作出反应并达到最大值为 0.248，第二期下降至 0.074，之后冲击呈现波动平稳的状态。当苹果价格受到其成本的冲击时，在第二期作出正向反应，之后冲击逐渐下降并波动平稳于横轴。当苹果成本受到其价格的冲击时，在第一期迅速反应，之后几期波动较大，于第二期出现最小值为 0.056，第三期出现最大值为 0.160，之后几期波动逐渐稳定，且均呈现正向影响。当苹果成本受到其自身成本一单位的冲击时，第一期反应最为

强烈，达到最大值为 0.128，之后冲击逐渐减弱，于第五期达到最低值为
0.027。其后几期波动较为稳定，且均呈现正向冲击。

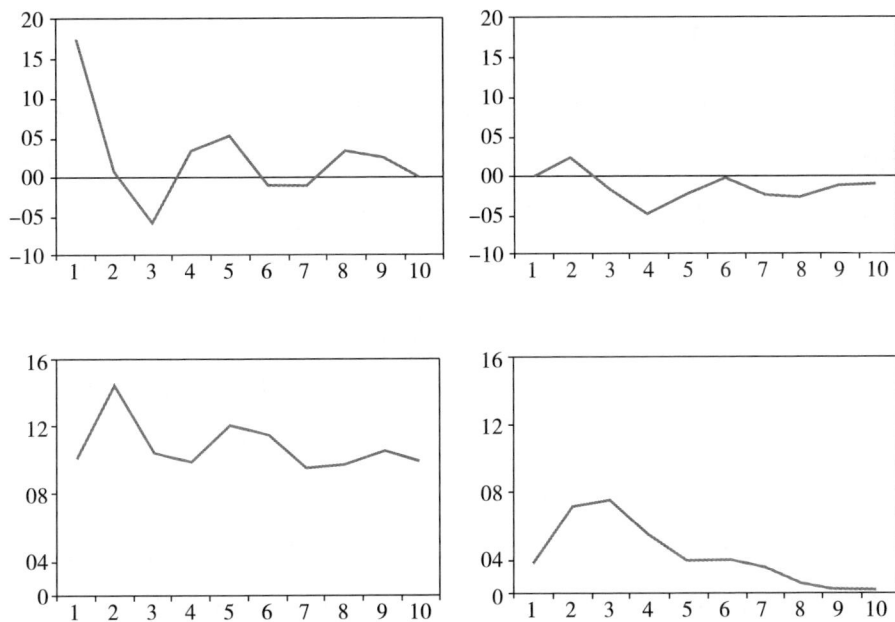

图 4.8　生猪 Lnpprice 与 Lnpcost 的脉冲响应轨迹图

由图 4.8 可知，当生猪价格受到其自身价格一单位的冲击时，在第一
期迅速作出反应，达到最大值为 0.176，之后波动强度迅速下降，于第三
期呈现负向冲击。其后冲击轨迹逐渐在横轴附近震荡。当生猪价格受到其
成本的冲击时，没有在第一期作出反应，反应于第二期开始，之后冲击强
度逐渐减弱，并稳定于横轴附近。当生猪成本受到其价格的冲击时，其反
应轨迹波动频繁，但一直呈现正向冲击。于第二期达到最大值为 0.145，
第七期出现最低值为 0.095。最后，当生猪成本受到其自身成本一单位的
冲击时，反应迅速，前三期冲击强度逐渐加强，于第三期达到最高值为
0.076，之后冲击强度逐渐减弱，最终平稳于横轴。

第三节 生态价值与农产品价格形成

一、农业生态价值核算

总体上可以将农业价值分为经济价值、社会价值和生态价值三大类。[1]经济价值直接统计农业提供物质服务的价值，最为容易计算。社会价值和生态价值作为非物质形态的，其中社会价值通常需要采用意愿调查来进行相应的测算，需要较大的样本数据量，整体计算较为困难。在农业生态价值的计算方面，一般通过对农业生态系统服务的量化进行测算，具体到核算方法上可以分为两类。[2]第一类，基于单位服务功能价格进行测算。通过生态系统服务功能量和其单位价格来得到总服务价值，有学者采用该方法对区域的生态价值进行核算（吴钢等，2001；王景升等，2007；王兵、鲁绍伟，2009）。[3]但该方法需要较为完备的数据，而且由于区域生态环境的不同导致评价标准难以统一。第二类，基于单位面积价值当量因子进行测算。基于科斯坦萨等（1997）提出的生态系统价值评估的原理和价值公式，我国学者谢高地等（2003），对国内200位专家进行问卷调查咨询，修正并确定耕地、林地、草地、水面等我国单位面积生态系统服务价值当量，并制成当量因子表（见表4.13），采取基于单位面积价值当量因

---

① 刘二阳等：《中国农业生态价值测算及时空聚类特征》，《中国农业资源与区划》2020年第3期。

② 谢高地等：《基于单位面积价值当量因子的生态系统服务价值化方法改进》，《自然资源学报》2015年第8期。

③ 吴钢等：《长白山森林生态系统服务功能》，《中国科学（C辑：生命科学）》2001年第5期。王景升等：《西藏森林生态系统服务价值》，《自然资源学报》2007年第5期。王兵、鲁绍伟：《中国经济林生态系统服务价值评估》，《应用生态学报》2009年第2期。

子的方法进行核算。[①]该方法成为诸多研究者的参考，当量因子也被广泛运用于测算生态服务价值（孙能利等，2011；赵姜等，2015；刘祥鑫等，2018）。[②]本章节为了直观反映我国农业生态价值和考虑到数据的可获得性，采用单位面积价值当量因子进行农业生态价值核算。

表 4.13　中国农业生态系统单位面积价值当量

生态功能	耕地	林地	草地	水面
气体调节	0.5	3.5	0.8	0
气候调节	0.89	2.7	0.9	0.46
水源涵养	0.6	3.2	0.8	20.38
土壤形成与保护	1.46	3.9	1.95	0.01
废物处理	1.64	1.31	1.31	18.18
生物多样性保护	0.71	3.26	1.09	2.49
娱乐文化	0.01	1.28	0.04	4.34

（一）生态服务当量因子经济价值量

综合前文分析，用生态系统生态服务价值当量因子来衡量农业的生态系统服务功能所作的贡献，将其定义为平方千米全国平均产量的农田每年自然粮食产量的经济价值。[③]综合包括小麦、稻谷、玉米、大豆和薯类等全国主要粮食作物的单位面积产量市场价值，将其平均后作为 1 个生态服务价值当量因子的经济价值量，计算公式为：

---

① Costanza R., "The Value of the World's Ecosystem Services and Natural Capital"，*Nature*，No.6630, 1997. 谢高地等：《青藏高原生态资产的价值评估》，《自然资源学报》2003 年第 2 期。

② 孙能利等：《山东省农业生态价值测算及其贡献》，《中国人口·资源与环境》2011 年第 7 期。赵姜等：《基于土地利用的北京市农业生态服务价值评估研究》，《中国农业资源与区划》2015 年第 5 期。刘祥鑫等：《区域耕地生态价值补偿量化研究——以新疆为例》，《中国农业资源与区划》2018 年第 5 期。

③ 王磊等：《北京市农业生态价值评价研究》，《中国农业资源与区划》2015 年第 7 期。

$$V_a = \sum_{i=1}^{n} (m_i p_i q_i) / M \qquad (4-21)$$

式（4-21）中，V_a 为生态服务价值单位当量因子的经济价值量（元 / 平方千米）；i 为粮食种类；p_i 为第 i 种粮食全国平均价格（元 / 千克）；q_i 为第 i 种粮食作物单产（千克 / 平方千米）；m_i 为第 i 种粮食作物播种面积（平方千米）；M 为 n 种粮食作物总播种面积（平方千米）。

（二）农业理论生态价值量

基于单位当量因子经济价值量后，再根据我国耕地、林地、草地、水面等面积数据，利用谢高地等（2003）基于专家问卷调研修正后的生态价值当量表（见表 4.13），测算农业理论生态价值量。计算公式为：

$$V_t = \sum_{k=1}^{n} A_k C_k E_a \qquad (4-22)$$

式（4-22）中，V_t 为农业理论生态价值；A_k 为我国不同种类土地利用面积（平方千米）；C_k 为第 k 种土地单位面积价值当量因子。

（三）农业现实生态价值量

首先通过皮尔（Pearl）生长曲线和恩格尔系数计算发展阶段系数，公式为：

$$\rho = \frac{1}{1 + e^{-t}} \qquad (4-23)$$

式（4-23）中，ρ 为社会对生态社会效益的支付意愿，$\rho \in (0, 1)$；$t=T-3$，$T=1/E_n$，E_n 为整体恩格尔系数，e 为自然对数的底。由于我国从 2002 年开始统计城镇和农村的恩格尔系数，结合城镇和农村人口比例来计算整体恩格尔系数 E_n。

$$E_n = E_c P_c + E_r P_r \qquad (4-24)$$

式（4-24）中，E_c、E_r 分别表示城镇和农村的恩格尔系数，P_c、P_r 分别表示城镇和农村人口比例。以发展阶段系数作为调整系数 $\rho_{(t)}$ 来修正农业生态理论价值，计算农业生态现实价值 V_r：

$$V_r = V_t \times \rho \qquad (4-25)$$

（四）数据来源

2002—2018 年农产品的播种面积和单产数据来自国家统计局，全国农产品平均价格数据来自布瑞克数据库和《农产品成本收益资料汇编》，我国耕地、林地、草地、水面等面积数据来自《中国统计年鉴》，城镇和农村的恩格尔系数和人口数据来自国家统计局，农林牧渔业总产值和国内生产总值来自国家统计局。

二、农业生态价值测算与分析

（一）农业理论生态价值量

利用式（4-21）计算可得 2002 年到 2018 年我国农业生态系统单位当量因子价值量，具体变化情况见图 4.9。总体来看，由于农产品价格和单位产量的提高使得我国农业生态系统单位当量因子价值呈现波动上升趋势，在 2014 年达到最大值且为 2002 年的 2.71 倍，而 2015 年受到粮食价格下跌的影响，较 2014 年有较明显的下降幅度。

由式（4-22）计算可得 2002 年到 2018 年我国农业理论生态价值量总体为上升趋势，2018 年农业理论生态价值量为 2002 年的 3.01 倍。农业理论生态价值远超于同期农林牧渔业总产值（见图 4.10），以 2018 年为例，2018 年农业理论生态价值为 105.56 万亿元，是同年农林牧渔业总产值的 9.29 倍。

（单位：元/平方千米）

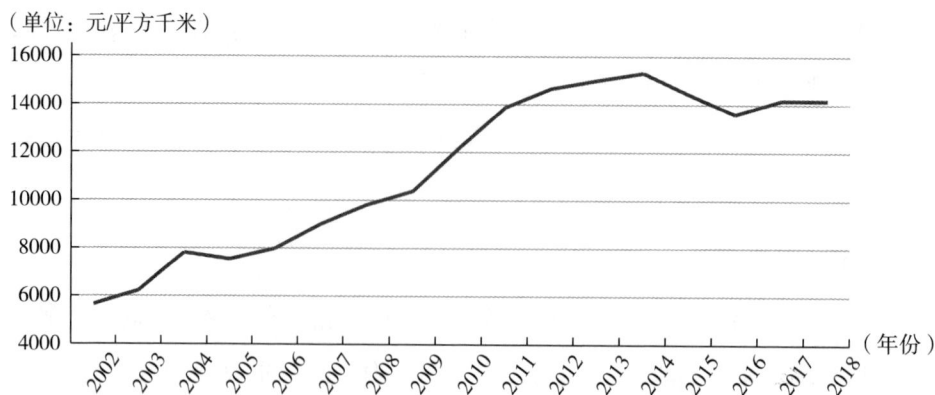

图 4.9　2002—2018 年农业生态系统单位当量因子价值

（单位：万亿元）

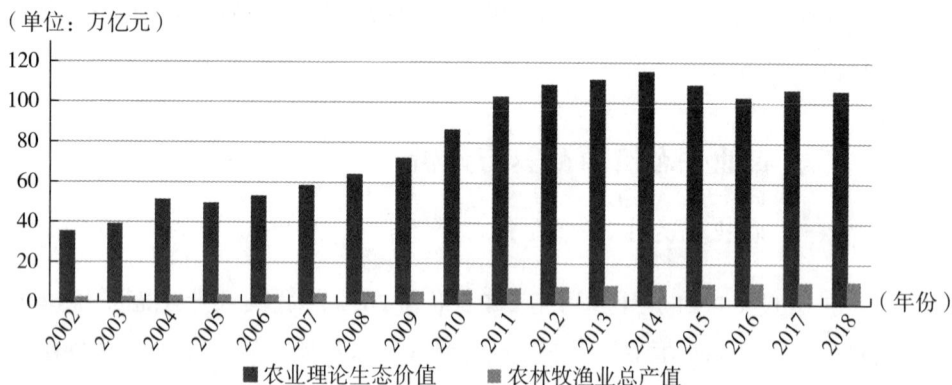

■ 农业理论生态价值　■ 农林牧渔业总产值

图 4.10　2002—2018 年农业理论生态价值与农林牧渔业总产值

（二）农业现实生态价值量

利用式（4-24）计算可得出 2002 年到 2018 年我国的社会发展阶段系数，再通过式（4-25）计算可得同期我国农业现实生态价值量。由于经济社会的发展，城乡居民的生活水平不断提高，带动我国的社会发展阶段系数逐步提升，表现在图 4.11 中为农业现实生态价值与理论生态价值相对差距不断缩小，2002 年农业现实生态价值是理论价值的 33.90%，而在 2018 年该百分比上升至 63.29%。相比于理论价值，农业现实生态价值增长更为明显，由 2002 年的 11.88 万亿元上升到 2018 年的 66.91 万亿元，增长了 4.62 倍。

（单位：万亿元）

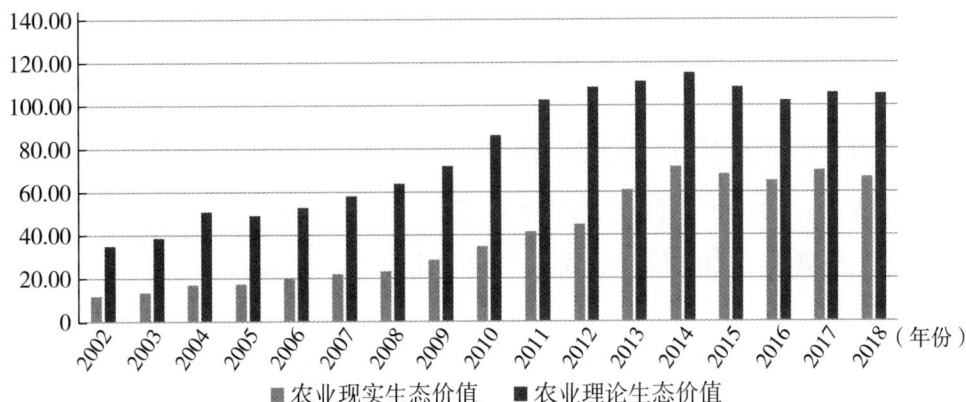

图 4.11 2002—2018 年农业现实生态价值与农业理论生态价值

（三）农业生态价值与经济价值对比分析

综合对比分析农业现实生态价值、农业经济价值和国内生产总值可知，我国农业经济价值占我国国内生产总值的比例由 2002 年的 22.50% 下降至 2018 年的 12.36%。而 2002 年农业现实生态价值是农业经济价值的 4.34 倍，2018 年则上升到 5.88 倍（见图 4.12）。

（单位：%）

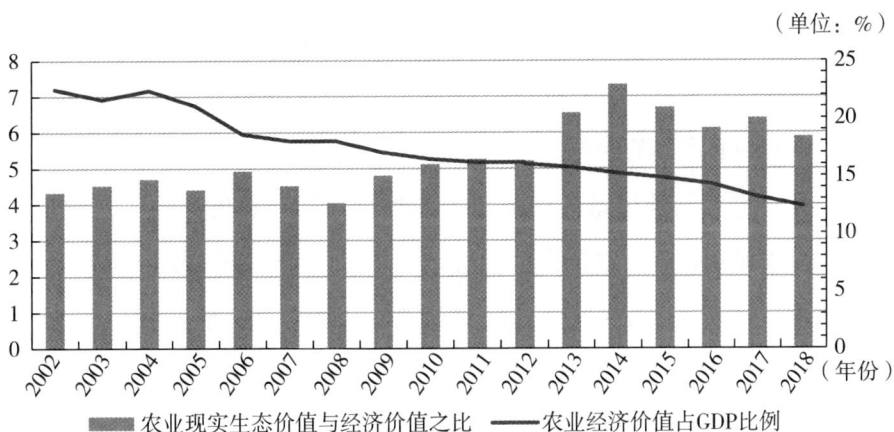

图 4.12 2002—2018 年农业现实生态价值、经济价值与 GDP 关系变化图

一边是农业经济价值在国内生产总值中的比例不断下降，另一边则是农业现实和理论生态价值的不断上升。农业生产为我国整个经济发展所做的生态价值贡献，要远大于统计意义上的农业经济价值。农业产值与生态价值对比的结果更加凸显了"两山"理论提出的必然性与前瞻性。把农业经济发展与生态环境保护两者有效结合，才是在新时代下农业高质量发展的正确道路，这就需要加快推动建立健全生态价值实现机制。

三、在农产品价格形成中实现生态价值

党的十八大提出"增强生态产品生产能力"，党的十九大深化了对生态产品的认识和要求，将"增强绿水青山就是金山银山的意识"写入了党章，明确要求"提供更多优质生态产品以满足人民日益增长的优美生态环境需要"。[1] 在温饱问题没有得到解决之前，人们更重视农业的经济功能——提供粮食、纤维等物质产品的生产；在温饱问题得到解决之后，农业的多功能性便被不断地被挖掘出来。社会经济快速发展的同时，农业多功能性越来越突出，农业功能从早期的食物保障和工业原料供给、提供就业、维持社会稳定等经济社会性功能，逐渐向生态保护、休闲旅游、文化教育等领域渗透。[2] 以供给侧改革推动生态文明建设，需要不断丰富生态价值实现路径，使其更加反映新时代经济社会发展的客观实际，在农产品的价格中实现农产品的生态价值。

第一，将生态价值融入到可以直接进行市场交易的产品经济价值之中，进行市场化发展。农产品生态价值为全体社会成员带来了收益，但较少在市场经济活动中反映出来。针对此现象，要围绕延伸产业链，大力发

---

① 张林波等：《生态产品内涵与其价值实现途径》，《农业机械学报》2019年第6期。
② 祁春节：《农业供给侧结构性改革：理论逻辑和决策思路》，《华中农业大学学报（社会科学版）》2018年第4期。

展绿色农产品加工，创建绿色品牌，从而打造产权明晰又具有生态价值的产品，并顺应城乡居民消费拓展升级趋势，结合各地资源禀赋，挖掘开发农业的休闲观光、文化体验、健康养老等多种功能，将生态价值的外部性内部化。依托商品交易平台和产业化经营方式带动区域生态产业蓬勃发展，从而达到实现生态价值货币化、市场化转变的目的。①

第二，建立生态农产品价值评价机制。探索将农产品生态价值核算基础数据纳入国民经济核算体系。考虑不同类型生态农产品商品属性，建立反映生态农产品保护和开发成本的价值核算方法。制定生态农产品价值核算规范。鼓励地方先行开展以生态农产品实物量为重点的生态价值核算，再通过市场交易、经济补偿等手段，探索不同类型生态农产品经济价值核算，逐步修正完善核算办法。在总结各地价值核算实践基础上，探索制定生态农产品价值核算规范，明确生态农产品价值核算指标体系、具体算法、数据来源和统计口径等，推进生态农产品价值核算标准化。推动生态产品价值核算结果应用，建立生态农产品价值核算结果发布制度，适时评估各地生态保护成效和生态农产品价值。

第三，加快生态农产品价值增值。进行品牌化营销，打造知名品牌，提升生态农产品溢价。其一，全力抓好"三品一标"质量提升行动，保障其公信力，利用有机标志或绿色标识等市场工具，凸显生态农产品中蕴涵的生态元素，通过提高生态商品的价格来实现良好生态的经济价值。其二，大力开展品牌宣传，不断提升绿色农产品影响力，抓好品牌建设的传播，提升生态农产品在消费者中的知名度。其三，健全农产品质量安全追溯系统，建立生产到流通的全过程监管和追溯机制，提高生态农产品在消费者中的信任度。其四，建立"农协/产业协会+合作社"合作制农业供给体系，综合划分对应的目标市场，保障农户分享到生态农产品增值的利益。

---

① 王奇等：《生态正外部性内部化的实现途径与机制创新》，《中国环境管理》2020年第6期。

第四节　客观基础的结论与讨论

第一，要素投入对不同农产品价格的作用方向并不一致，既有可能产生正向影响，也有可能为负向影响，原因在于各要素投入本身存在风险和技术瓶颈，科学合理的投入会显著提升生产效率和产量，进而导致农产品价格下降，不合理的投入和过量使用则容易导致生产成本增加但实际产出与投入不匹配的情况，造成农产品价格上涨，因此三种要素投入带来的影响具有不确定性。

第二，生产成本对农产品价格有显著影响。OLS 模型回归结果显示，除棉花外，小麦、苹果与生猪的生产成本均对其价格有显著正向影响，即当农产品生产成本上升时，其出售价格会显著增加，因此要控制农产品生产成本，稳定农产品价格。不同农产品生产成本对其价格的影响程度不同。以小麦、苹果与生猪为例，虽然其生产成本均显著影响其销售价格，但影响程度也存在差异。从 OLS 回归系数来看，小麦生产成本上升 1%，其价格上升 0.51%；苹果生产成本上升 1%，其价格上升 0.93%；生猪生产成本上升 1%，其价格上升 0.81%。另外，棉花由于其自身禀赋的特殊性降低了其生产成本对价格的影响程度。农产品生产成本对其价格的冲击具有明显的滞后期。根据小麦、棉花、苹果与生猪的脉冲响应轨迹图，发现这四种农产品生产成本对其出售价格的冲击均在第二期才作出反应，农产品当期价格并不能反映当期生产成本的变化，农产品生产成本对价格的冲击存在时滞性。

第三，我国农业的生态价值巨大，农业生产为我国整个经济发展所作的生态价值贡献要远大于统计意义上的农业产值。在价格中体现农产品的生态价值，需要将生态价值融入市场交易的农产品价值之中，促进生态农产品价值增值和建立生态农产品价值评价机制。

基于上述结论与思考，本章的政策含义如下：

　　政府部门在对农产品价格施策的时候不能"一刀切"，首先要进行分品种施策，分品种施策就是针对不同的农产品，价格政策要根据实际情况有所区别。要重视国外市场对国内农产品价格的影响，统筹好国内国外两个市场、两种资源。其次要提高农产品单产，提高耕地使用效率，大力发展绿色农业，推动优质农产品的快速发展，实现农产品提质增效。要充分考虑生产成本对价格影响的时滞性和持续性作用。在农产品价格的形成过程中生产成本的作用是重要的一部分，既要充分考虑当期生产成本的影响，也要考虑生产成本的变动对价格变动带来的滞后性以及持续性。完善农产品价格预警机制，通过建设农产品成本和价格信息平台和价格预测系统等，及时掌握生产成本和价格信息的实时变化，为制定合理有效的农产品价格形成机制提供决策。以绿色生态农业为目标，着重探索建立"绿色"生产补贴机制，即把在农业生产中采取环境保护的做法与所获补贴直接关联，并不断挖掘农业所具有的生产、生活、生态"三生"功能，实现绿色、可持续发展。

第五章 农产品价格形成机制：供求决定与局部均衡分析

　　长期以来，不同学派从不同视角对价格形成问题进行了探索，其中当属供求均衡价格理论的影响最为深远，直至今日仍是学界公认的最为主流的价格形成理论。延续新古典经济学价格理论的基本思路，本章从宏观（总体）价格决定的视角出发，依据新古典经济学的价格理论构建理论分析框架，并充分考虑农产品价格系统内生联动性，从供需视角全面分析影响农产品价格形成的因素，采用局部均衡分析方法，构建农产品价格供给和需求系统模型来探讨农产品价格形成机制。

　　近年来，在我国农产品价格频繁出现深幅波动的大背景下，不管是芝麻、绿豆、柚子等一类的小宗农产品，还是玉米、棉花等大宗农产品，均多次出现价格非正常波动现象。通过对 13 个不同种类的农产品月度价格进行实证探究，发现十年内发生了多次剧烈波动。农产品价格出现上下波动的状况只是农产品价格受到某些因素冲击表现出来的外在表象（庞贞燕和刘磊，2013），[①] 找出农产品价格形成的影响因素和隐藏在农产品

---

　　① 庞贞燕、刘磊：《期货市场能够稳定农产品价格波动吗——基于离散小波变换和 GARCH 模型的实证研究》，《金融研究》2013 年第 11 期。

价格形成背后的发生机制，才能从根本上解决农产品价格存在的问题。但在供给和需求方面农产品价格是如何形成的？究竟是哪些因素影响了农产品价格的形成，不同变量之间的影响程度又如何来定量测度？围绕这些问题，本书尝试从宏观供求视角探究农产品价格形成机理及具体影响因素。

近年来，国外学者也越来越重视对有关农产品价格形成的理论研究，对农产品价格问题的研究集中于价格构成关系方面。迈克尔·斯宾塞（2003）研究了不同国家小麦产量和收购存储政策制定对小麦价格的影响，模拟结果显示，对国内市场来说小麦供应对小麦价格上涨的反应不敏感，这可能是由于非价格因素的约束。[①] 但是由于小麦进出口变动和人口增减原因，国内小麦市场总量发生一定程度的变动时，可能就会导致国内小麦市场上人均小麦净供应下降，从而导致国内价格上涨；拉里（2014）等人研究了 1995—1999 年口蹄疫对菲律宾产猪区的影响，验证了口蹄疫的爆发直接导致了猪肉价格下降，此外，外生冲击对于整个肉类系统的价格形成都影响较大。[②] 马修（2016）等人研究了有机、营养和其他属性对夏威夷当地鸡蛋的零售价格形成的影响发现：为了保持在市场上的竞争力，产业生产者和零售商应该积极地强调和推广鸡蛋的主要属性，验证了有效的产品信息的传递，对于形成相对较高的零售价格是至关重要的。[③]

国内学者对农产品价格形成的研究中，辛贤、谭向勇（1995）在假设不同的猪肉供给价格弹性之下研究各因素对年度猪肉价格的具体影响。[④]

[①]　C. S. C. Sekhar, "Price Formation in World Wheat Markets — Implications for Policy", *Journal of Policy Modeling*, No.1, 2003.

[②]　Lary Nel B. Abao, Hiroichi Kono, Anoma Gunarathne, Rolando R. Promentilla, Manolita Z. Gaerlan, "Impact of Foot-and-mouth Disease on Pork and Chicken Prices in Central Luzon, Philippines", *Preventive Veterinary Medicine*, No.113, 2014.

[③]　Matthew K. Loke, Xun Xu, Ping Sun Leung, "Estimating Local, Organic, and Other Price Premiums of Shell Eggs in Hawaii", *Poultry Science,* No.95, 2016.

[④]　辛贤、谭向勇：《中国生猪和猪肉价格波动因素测定》，《中国农村经济》1995 年第 5 期。

张磊（2008）等人对猪肉全产业链的生产者、中间商和消费者的行为进行研究，对猪肉价格形成机制和猪肉产业的成本收益状况进行分析。[①] 申红芳、陈超（2015）等人以 154 个村庄为研究对象，分析了我国七个水稻主产区生产环节外包过程中农户行为的影响因素以及生产环节的外包价格形成过程。[②] 全世文、毛雪峰、曾寅初（2019）等人从长期均衡价格的理论视角对七种不同农产品进行研究，试图寻找农产品价格系统中相对价格稳定的"锚产品"。[③] 祁春节、付明辉（2016）等人基于适应性预期理论和供需均衡理论，构建了鲜活农产品市场定价模型。[④] 李崇光、肖小勇（2015）等人采用比较分析的方法研究了流通过程中蔬菜价格的形成过程，以及在产品流通过程中影响蔬菜价格形成的具体因素。[⑤] 张正（2006）、王伟新（2015）、刘丽红（2015）、肖小勇（2015）等人分别对脐橙、蔬菜、猪肉的价格形成机制进行了探索。[⑥] 可见，国内学者对农产品价格形成问题的研究既有总体方面的理论探讨，也有个体方面的实证分析；研究视角上看，既有从流通模式角度开展的研究，也有关注于市场均衡视角的研究。

从宏观层面上来说，农产品市场价格由供求关系来决定，本章希望在新古典经济学价格理论的背景框架下从宏观供求角度来探索农产品价格的形成机制。

---

① 张磊等：《猪肉价格形成过程及产业链各环节成本收益分析——以北京市为例》，《中国农村经济》2008 年第 12 期。
② 申红芳等：《中国水稻生产环节外包价格的决定机制——基于全国 6 省 20 县的空间计量分析》，《中国农村观察》2015 年第 6 期。
③ 全世文等：《中国农产品中价格稳定的"锚"是什么？》，《中国农村经济》2019 年第 5 期。
④ 祁春节、付明辉等：《我国鲜活农产品定价影响因素研究——基于适应性预期与供求均衡视角的分析》，《价格理论与实践》2016 年第 2 期。
⑤ 李崇光：《蔬菜流通不同模式及其价格形成的比较——山东寿光至北京的蔬菜流通跟踪考察》，《中国农村经济》2015 年第 8 期。
⑥ 王伟新：《小农经营、交易关系与农产品价格形成研究》，博士学位论文，华中农业大学，2015 年，第 125 页。肖小勇：《蔬菜价格形成及传递机制研究》，博士学位论文，华中农业大学，2015 年，第 79 页。

第一节　理论模型构建

一、农产品供需及价格联动模型

农产品供求和价格存在着一定的关系，比如农产品生产过程中，农产品生产者会依据上期农产品的市场需求状况、供给状况和上期价格变化调整自己的生产计划。而农产品消费者会依据农产品的上期价格调整自己的价格预期及支付意愿。依据经济学价格理论，上期价格也会对当期价格产生一定的影响，基于以上分析构建以下计量经济模型：

（一）农产品供给模型

农产品生产者认为农产品价格的上升会促进自身收益的增长，农户为了增加自身的收益会依据上期以及当期价格和农产品生产量决定自己的生产行为，此外本章认为农产品的生产产量、农产品进出口量、农产品单产量等因素对农产品供给量有一定的影响，因此建立如下农产品供给模型：

$$Q_t^s = \alpha_0 + \alpha_1 Q_{t-1}^s + \alpha_2 P_{t-1} + \alpha_3 IM_t + \alpha_4 UP_t + \alpha_5 PR_t + \varepsilon_t \qquad （5-1）$$

式（5-1）中，Q_t^s、Q_{t-1}^s 表示的是 t 和 $t-1$ 时期农产品的供给量，P_{t-1} 表示的是 $t-1$ 时期的农产品价格水平状况，IM_t、UP_t、PR_t 代表 t 时期的农产品的进口量、农产品的单产水平和农产品的产量，ε_t 是该模型中的随机误差项。

（二）农产品价格模型

根据产品市场价格的供需均衡理论，除考虑农产品价格受到供给和需求两种因素的影响之外，农产品的进出口状况、上期农产品的价格和其替代品的价格等因素也会对农产品价格产生影响，故设计农产品价格模型具体形式如下：

$$P_t = \beta_0 + \beta_1 Q_t^s + \beta_2 P_{t-1} + \beta_3 IM_t + \beta_4 EX_t + \beta_5 SP_t + \mu_t \qquad （5-2）$$

式（5-2）中，P_t、P_{t-1} 分别为 t 和 $t-1$ 时期的农产品价格水平，IM_t、EX_t 和 SP_t 分别为 t 时期的进口水平、出口水平及替代品价格水平，μ_t 为随机误差项。

（三）农产品需求模型

结合本书研究的需要并考虑数据的可获得性，采用消费者的人均收入水平、农产品加工水平、人口规模状况以及城镇化发展水平构建如下计量经济模型：

$$Q_t^d = \lambda_0 + \lambda_1 P_t + \lambda_2 R_t + \lambda_3 SP_t + \lambda_4 EX_t + \lambda_5 MN_t + \lambda_6 POP_t + \lambda_7 URBAN_t + \upsilon_t \quad （5-3）$$

式（5-3）中，R_t、MN_t、POP_t、$URBAN_t$ 分别为 t 时期的农产品消费者的人均收入水平、农产品加工水平、人口规模状况以及城镇化发展水平，υ_t 为该模型中的随机误差项。

从以上构建的供需与价格的联动模型中可以发现，农产品的供给方、需求方和价格，三者的形成都受到不同因素的影响，这三个内生变量之间又存在着复杂的关联性，彼此之间存在着相互影响和相互制约的关系。

二、农产品价格形成模型

根据农产品的流通过程，可以将农产品全产业链划分为三个不同的市场构成，供应农产品产量和种类的生产者市场，构成市场需求的农产品消费者市场，在农产品的生产者和消费者之间主要由中间商参与的流通市场。农产品价格就是农产品中间商通过与农产品最终的消费者不断进行讨价还价形成的一种价格。

（一）农产品价格形成理论模型构建

通过分析相关文献及经济学理论发现，农产品价格是将农产品供给量和需求量连接起来，然后在农产品市场上生产者和消费者之间关于农产品交换问题进行不断地相互讨价还价形成的价格。根据以上的研究发现农产品产业链条上的任何一种影响农产品变化的因素都会影响到农产品价格的形成。

本章对农产品价格形成系统中的一系列相关变量进行了如下定义：首先是农产品的产量（Q_f），其次根据需要加入农产品流通投入品产量（Q_b），最终消费环节有农产品消费市场需求量（Q_m），农产品价格方面有如下变量，生产环节的农产品生产者价格（P_f）、生产中相关投入品的价格（P_b）、消费环节的农产品消费者价格（P_m）、生产要素中的农产品生产中劳动力的价格（w_f）和农产品生产的资本的价格（r_f）、投入品劳动力的价格（w_b）、投入品资本的价格（r_b），为了建模的方便，本书选取了消费市场上替代品的价格（P_s）和居民消费支出（I）。选取的相关变量对农产品价格的形成都有一定的影响，其中农产品价格的形成影响变量包括内生变量和外生变量，外生变量通过对内生变量产生的影响进而对农产品价格的形成产生影响。

1.农产品生产者市场

为了简化模型，此处选用柯布—道格拉斯生产函数，并假设劳动（L）和资本（K）两个生产要素都具有固定的生产弹性，生产要素所起的作用是独立的。

将农产品的生产函数定义为：

$$Q_f = A_1 L^\alpha K^\beta \tag{5-4}$$

式（5-4）中，Q_f是农产品产量，L为劳动力投入，K为农产品生产过程中的资本投入，α 是劳动力产出的弹性系数，β 是资本产出的弹性系数。

在本章内容中农产品生产者追求利润最大化的利润函数如下：

$$\pi = p_f Q_f - w_f L - r_f K \qquad (5-5)$$

式（5-5）中，w_f 和 r_f 分别表示农产品种植过程中劳动力投入与资本投入的价格，p_f 为农产品的收购价格，即农产品生产者价格。

最终农产品生产函数：

$$Q_f = A_1 \left(\frac{w_f}{p_f A_1 \alpha} \right)^{\frac{\alpha+\beta}{\alpha+\beta-1}} \left(\frac{w_f \beta}{r_f \alpha} \right)^{\frac{-\beta}{\alpha+\beta-1}} \qquad (5-6)$$

2. 农产品中间流通市场

农产品生产者和消费者之间必然是存在着某一个中间量构建起了两者之间的关联，这个关键的中间量就是农产品中间商，如从事农产品交易的经销商和批发商，既连接了生产者市场，又连接了消费者市场。中间商企业在农产品流通中对农产品进行初级加工，再进行存储，然后进行流通运输和再批发。从事农产品生产的中间商企业要投入一定的商品，其供给也由劳动（L）和资本（K）两种投入要素决定。定义投入品的生产函数如下：

$$Q_b = A_4 L^{a_5} K^{a_6} \qquad (5-7)$$

投入品的利润函数为：

$$\pi = p_b Q_b - w_b L - r_b K \qquad (5-8)$$

联立方程组最终得到投入品的供给函数为：

$$Q_b = A_4 \left(\frac{w_b}{p_b A_4 a_5} \right)^{\frac{a_5+a_6}{a_6+a_5-1}} \left(\frac{w_b a_6}{r_b a_5} \right)^{\frac{-a_6}{a_6+a_5-1}} \qquad (5-9)$$

中间流通企业者的生产函数设定为柯布—道格拉斯生产函数的形式。即：

$$Q_m = A_3 Q_f^{a_3} Q_b^{a_4} \qquad (5-10)$$

假设中间流通企业者也是以收益最大化为目标，其获得的利润如下公式：

$$\pi = p_m Q_m - p_f Q_f - p_b Q_b \qquad （5-11）$$

联立方程组得到：

$$Q_m = A_3 \left(\frac{p_f}{p_m A_3 a_3} \right)^{\frac{L_3+L_4}{a_3+a_4-1}} \left(\frac{p_f a_4}{p_b a_3} \right)^{\frac{-a_4}{a_3+a_4-1}} \qquad （5-12）$$

3.农产品消费者市场

根据消费者行为理论的理性假设，农产品消费者为了实现自己的效用最大化，在自己所获得的收入稳定的情况下，会合理分配自己的资金，使自己每花费一单位的资金，获得的边际效用等于花费一单位的货币的边际效用，实现购买最优的农产品组合。

本章基于前人的研究，假定农产品消费者的效用函数形式为：

$$U(Q_m, Q_s) = A_2 \left(a_1 Q_m^\rho + a_2 Q_s^\rho \right)^{\frac{m}{\rho}} \qquad （5-13）$$

根据以上分析而确定的农产品消费组合的约束条件为：

$$I - p_m Q_m - p_s Q_s \geq 0 \qquad （5-14）$$

其中，$U(Q_m, Q_s)$ 表示消费者花费货币购买的商品的总效用，Q_m 代表的是消费者购买的农产品的消费的数量，Q_s 表示的是消费者消费的其他商品的消费数量，I 为消费者购买产品的支出，p_m 和 p_s 分别表示农产品的消费者价格和其他商品的市场价格。m 为理论上的规模报酬构成的参数，当 $m=1$ 时，代表规模报酬是一成不变的；当 $m < 1$ 时，代表规模报酬处于逐渐递增的状态；当 $m > 1$ 时，代表规模报酬处于逐渐递减状态。$1/(1-\rho)$ 为要素替代弹性，$0 < a_1 < 1, 0 < a_2 < 1$，且 $a_1 + a_2 = 1$。此时效用函数最大化条件为：

$$L(Q_m, Q_s, \lambda) = A_2 \left(a_1 Q_m^\rho + a_2 Q_s^\rho \right)^{\frac{m}{\rho}} + \lambda \left(I - p_m Q_m - p_s Q_s \right) \qquad （5-15）$$

构建的消费者消费的农产品的最优需求函数如下：

$$Q_m = \frac{I\left(p_m a_2\right)^{\frac{1}{\rho-1}}}{p_m^{\frac{\rho}{\rho-1}} a_2^{\frac{1}{\rho-1}} + p_s^{\frac{\rho}{\rho-1}} a_1^{\frac{1}{\rho-1}}} \qquad (5-16)$$

4. 农产品生产者、中间商及消费者市场均衡模型构建

将前文的相关研究进行整合得到如下的方程式。该方程式是由六个联立方程组成，其中有六个内生变量分别为农产品生产的产量（Q_f）、农产品流通需要的投入品产量（Q_b）、农产品消费市场上消费者的需求量（Q_m）、农产品生产者价格（P_f）、农产品生产的投入品的价格（P_b）、农产品消费者价格（P_m）；六个外生变量分别为农产品生产是雇佣劳动力的价格（w_f）、农产品生产消耗的资本的价格（r_f）、农产品生产投入品劳动力的价格（w_b）、投入品资本的价格（r_b）、农产品的消费市场上替代品的相关价格（P_s）和居民的消费支出（I），方程式如下：

① $$Q_f = A_1 \left(\frac{w_f}{p_f A_1 \alpha}\right)^{\frac{\alpha+\beta}{\alpha+\beta-1}} \left(\frac{w_f \beta}{r_f \alpha}\right)^{\frac{-\beta}{\alpha+\beta-1}} \qquad (5-17)$$

② $$Q_b = A_4 \left(\frac{w_b}{p_b A_4 a_5}\right)^{\frac{a_5+a_6}{a_6+a_5-1}} \left(\frac{w_b a_6}{r_b a_5}\right)^{\frac{-a_6}{a_6+a_5-1}} \qquad (5-18)$$

③ $$p_f = p_m A_3 Q_b^{a_4} a_3 Q_f^{a_3-1} \qquad (5-19)$$

④ $$p_b = p_m A_3 Q_f^{a_3} a_4 Q_b^{a_4-1} \qquad (5-20)$$

⑤ $$Q_m = A_3 Q_f^{a_3} Q_b^{a_4} \qquad (5-21)$$

⑥ $$Q_m = \frac{I\left(p_m a_2\right)^{\frac{1}{\rho-1}}}{p_m^{\frac{\rho}{\rho-1}} a_2^{\frac{\rho}{\rho-1}} + p_s^{\frac{\rho}{\rho-1}} a_1^{\frac{1}{\rho-1}}} \qquad (5-22)$$

（二）农产品价格形成理论模型求解

对以上分析中的矩阵进行求解，可以得到模型的简化形式：

$$d\mathrm{Ln}Q_m = E_{Q_m,w_f}d\mathrm{Ln}\,w_f + E_{Q_m,r_f}d\mathrm{Ln}\,r_f + E_{Q_m,I}d\mathrm{Ln}\,I + E_{Q_m,p_s}d\mathrm{Ln}\,p_s + E_{Q_m,w_b}d\mathrm{Ln}\,w_b$$
$$+ E_{Q_m,r_b}d\mathrm{Ln}\,r_b \qquad (5\text{-}23)$$

$$d\mathrm{Ln}Q_f = E_{Q_f,w_f}d\mathrm{Ln}\,w_f + E_{Q_f,r_f}d\mathrm{Ln}\,r_f + E_{Q_f,I}d\mathrm{Ln}\,I + E_{Q_f,p_s}d\mathrm{Ln}\,p_s + E_{Q_f,w_b}d\mathrm{Ln}\,w_b$$
$$+ E_{Q_f,r_b}d\mathrm{Ln}\,r_b \qquad (5\text{-}24)$$

$$d\mathrm{Ln}Q_b = E_{Q_b,w_f}d\mathrm{Ln}\,w_f + E_{Q_b,r_f}d\mathrm{Ln}\,r_f + E_{Q_b,I}d\mathrm{Ln}\,I + E_{Q_b,p_s}d\mathrm{Ln}\,p_s + E_{Q_b,w_b}d\mathrm{Ln}\,w_b$$
$$+ E_{Q_b,r_b}d\mathrm{Ln}\,r_b \qquad (5\text{-}25)$$

$$d\mathrm{Ln}p_m = E_{p_m,w_f}d\mathrm{Ln}\,w_f + E_{p_m,r_f}d\mathrm{Ln}\,r_f + E_{p_m,I}d\mathrm{Ln}\,I + E_{p_m,p_s}d\mathrm{Ln}\,p_s + E_{p_m,w_b}d\mathrm{Ln}\,w_b$$
$$+ E_{p_m,r_b}d\mathrm{Ln}\,r_b \qquad (5\text{-}26)$$

$$d\mathrm{Ln}p_f = E_{p_f,w_f}d\mathrm{Ln}\,w_f + E_{p_f,r_f}d\mathrm{Ln}\,r_f + E_{p_f,I}d\mathrm{Ln}\,I + E_{p_f,p_s}d\mathrm{Ln}\,p_s + E_{p_f,w_b}d\mathrm{Ln}\,w_b$$
$$+ E_{p_f,r_b}d\mathrm{Ln}\,r_b \qquad (5\text{-}27)$$

$$d\mathrm{Ln}p_b = E_{p_b,w_f}d\mathrm{Ln}\,w_f + E_{p_b,r_f}d\mathrm{Ln}\,r_f + E_{p_b,I}d\mathrm{Ln}\,I + E_{p_b,p_s}d\mathrm{Ln}\,p_s + E_{p_b,w_b}d\mathrm{Ln}\,w_b$$
$$+ E_{p_b,r_b}d\mathrm{Ln}\,r_b \qquad (5\text{-}28)$$

通过以上简化的形式进行分析，农产品价格形成过程中的各个环节的内生变量受到所研究的农产品的替代商品的价格（P_s）、消费者农产品的消费支出（I）、农产品生产投入品劳动力的价格（w_b）、农产品生产时投入品资本消耗的价格（r_b）、农产品生产中的劳动力价格（w_f）以及资本的价格（r_f）等外生的变量所造成的影响。

1. 在农产品的生产者市场上不同变量之间影响程度的分析

农产品生产过程中内生变量主要受到来自投入要素价格劳动力价格（w_f）和农产品生产过程中消耗的资本价格（r_f）的影响，因此用于测度的公式如下：

$$
\begin{pmatrix}
E_{Q_m,w_f} \\
E_{Q_f,w_f} \\
E_{Q_b,w_f} \\
E_{P_m,w_f} \\
E_{P_f,w_f} \\
E_{P_b,w_f}
\end{pmatrix}
=
\begin{pmatrix}
c_1 c_3 a_3 (d_2 - 1)\big/D \\
c_1 (d_2 c_3 - c_3 - d_2 a_4 - d_2 a_4 c_3)\big/D \\
c_1 (d_2 a_3 + d_2 a_3 c_3)\big/D \\
c_1 (d_2 a_3 - a_3)\big/D \\
c_1 (d_2 a_4 + d_2 a_4 c_3 - a_3 + c_3 - c_3 a_3 + d_2 a_3 - d_2 c_3 + c_3 a_3 d_2)\big/D \\
-c_1 a_3 (1 + c_3)\big/D
\end{pmatrix}
\quad (5\text{-}29)
$$

上述结果中，E_{Q_m,w_f} 表示 $d\mathrm{Ln}W_f$ 对 $d\mathrm{Ln}Q_m$ 产生影响时前面的影响系数的大小。其中，农产品生产中劳动力的价格用 W_f 来表示，消费市场对农产品的需求量用 Q_m 进行表示。E_{Q_f,w_f} 表示 $d\mathrm{Ln}W_f$ 的微小变化所引起的 $d\mathrm{Ln}Q_f$ 的变化系数，其中 Q_f 表示农产品产量。E_{Q_b,w_f} 表示 $d\mathrm{Ln}W_b$ 的微小变化所引起的 $d\mathrm{Ln}Q_b$ 系数的变化，其中 Q_b 指的是投入品的产量。E_{P_m,w_f} 表示 $d\mathrm{Ln}W_f$ 的微小变化所引起的 $d\mathrm{Ln}P_m$ 的变化系数，其中 P_m 为农产品的消费者价格。E_{P_f,w_f} 表示 $d\mathrm{Ln}W_f$ 的微小变化所引起的 $d\mathrm{Ln}P_f$ 的变化系数，其中 P_f 为农产品的生产者价格。E_{P_b,w_f} 表示 $d\mathrm{Ln}W_f$ 的微小变化所引起的 $d\mathrm{Ln}P_b$ 的变化系数。

$$
\begin{pmatrix}
E_{Q_m,r_b} \\
E_{Q_f,r_b} \\
E_{Q_b,r_b} \\
E_{P_m,r_b} \\
E_{P_f,r_b} \\
E_{P_b,r_b}
\end{pmatrix}
=
\begin{pmatrix}
c_6 c_3 a_4 (d_1 - 1)\big/D \\
c_6 (a_4 d_1 + c_3 a_4 d_1)\big/D \\
c_6 (c_3 d_1 - d_1 a_3 - c_3 - c_3 d_1 a_3)\big/D \\
c_6 (d_1 a_4 - a_4)\big/D \\
-c_6 a_4 (1 + c_3)\big/D \\
c_6 (d_1 a_4 - a_4 - c_3 a_4 + c_3 a_4 d_1 + d_1 a_3 + c_3 - c_3 d_1 + c_3 d_1 a_3)\big/D
\end{pmatrix}
\quad (5\text{-}30)
$$

上述结果分别表示农产品生产过程中资本价格（r_f）变化对六个内生变量的影响程度。

2. 农产品中间流通过程中流通市场上变量之间的影响程度的分析

关于农产品生产过程中投入品对农产品生产内生变量的影响测度模型如下：

$$
\begin{pmatrix}
E_{Q_m,w_b} \\
E_{Q_f,w_b} \\
E_{Q_b,w_b} \\
E_{p_m,w_b} \\
E_{p_f,w_b} \\
E_{p_b,w_b}
\end{pmatrix}
=
\begin{pmatrix}
c_5 c_3 a_4 (d_1 - 1) \big/ D \\
c_5 (a_4 d_1 + c_3 a_4 d_1) \big/ D \\
c_5 (c_3 d_1 - d_1 a_3 - c_3 - c_3 d_1 a_3) \big/ D \\
c_5 (d_1 a_4 - a_4) \big/ D \\
-c_5 a_4 (1 + c_3) \big/ D \\
c_5 (d_1 a_4 - a_4 - c_3 a_4 + c_3 a_4 d_1 + d_1 a_3 + c_3 - c_3 d_1 + c_3 d_1 a_3) \big/ D
\end{pmatrix}
\tag{5-31}
$$

$$
\begin{pmatrix}
E_{Q_m,r_b} \\
E_{Q_f,r_b} \\
E_{Q_b,r_b} \\
E_{p_m,r_b} \\
E_{p_f,r_b} \\
E_{p_b,r_b}
\end{pmatrix}
=
\begin{pmatrix}
c_6 c_3 a_4 (d_1 - 1) \big/ D \\
c_6 (a_4 d_1 + c_3 a_4 d_1) \big/ D \\
c_6 (c_3 d_1 - d_1 a_3 - c_3 - c_3 d_1 a_3) \big/ D \\
c_6 (d_1 a_4 - a_4) \big/ D \\
-c_6 a_4 (1 + c_3) \big/ D \\
c_6 (d_1 a_4 - a_4 - c_3 a_4 + c_3 a_4 d_1 + d_1 a_3 + c_3 - c_3 d_1 + c_3 d_1 a_3) \big/ D
\end{pmatrix}
\tag{5-32}
$$

3. 在农产品的消费市场上消费者市场不同变量之间影响程度的分析

在农产品消费者的市场上，两个外生变量居民消费支出（I）以及替代商品的价格（P_s）对农产品消费市场上的内生变量进行一定程度的有效冲击，在两类变量相互作用下农产品消费市场达到了均衡状态，用公式表示如下：

$$
\begin{pmatrix} E_{Q_m,p_s} \\ E_{Q_f,p_s} \\ E_{Q_b,p_s} \\ E_{p_m,p_s} \\ E_{p_f,p_s} \\ E_{p_b,p_s} \end{pmatrix} = \begin{pmatrix} -c_4(d_1 d_2 a_3 + d_1 d_2 a_4 - d_2 a_4 - d_1 a_3)\big/D \\ -c_4(d_1 d_2 - d_1)\big/D \\ -c_4(d_1 d_2 - d_2)\big/D \\ -c_4(d_2 a_4 + d_1 d_2 + 1 - d_1 d_2 a_3 - d_1 d_2 a_4 - d_1 - d_2 + d_1 a_3)\big/D \\ -c_4(1 - d_2)\big/D \\ -c_4(1 - d_1)\big/D \end{pmatrix} \quad (5\text{-}33)
$$

$$
\begin{pmatrix} E_{Q_m,I} \\ E_{Q_f,I} \\ E_{Q_b,I} \\ E_{p_m,I} \\ E_{p_f,I} \\ E_{p_b,I} \end{pmatrix} = \begin{pmatrix} (d_1 d_2 a_3 + d_1 d_2 a_4 - d_2 a_4 - d_1 a_3)\big/D \\ (d_1 d_2 - d_1)\big/D \\ (d_1 d_2 - d_2)\big/D \\ (d_2 a_4 + d_1 d_2 + 1 - d_1 d_2 a_3 - d_1 d_2 a_4 - d_1 - d_2 + d_1 a_3)\big/D \\ (1 - d_2)\big/D \\ (1 - d_1)\big/D \end{pmatrix} \quad (5\text{-}34)
$$

第二节　农产品价格形成机制研究——基于供需系统模型的实证研究

一、模型构建与指标选取

（一）农产品供给模型

$$Q_t^s = \alpha_0 + \alpha_1 Q_{t-1}^s + \alpha_2 P_{t-1} + \alpha_3 IM_t + \alpha_4 UP_t + \alpha_5 PR_t + \varepsilon_t \quad (5\text{-}35)$$

式（5-35）中，Q_t^s、Q_{t-1}^s 分别为 t 和 $t-1$ 时期的供给量，P_{t-1} 为 $t-1$ 时

期的所产生的农产品的价格水平状况，IM_t、UP_t、PR_t 分别为 t 时期为了满足消费者需求所进口的进口量、农产品生产的单位面积产量水平和农产品的生产量，ε_t 为构建模型中的随机误差项。

（二）农产品价格模型

$$P_t = \beta_0 + \beta_1 Q_t^s + \beta_2 P_{t-1} + \beta_3 IM_t + \beta_4 EX_t + \beta_5 SP_t + \mu_t \quad （5-36）$$

式（5-36）中，P_t、P_{t-1} 分别为 t 和 $t-1$ 时期的所产生的农产品价格水平状况，IM_t、EX_t 和 SP_t 分别为 t 时期的农产品出口水平、农产品进口水平及农产品替代商品的价格水平，μ_t 为构建模型中的随机误差项。

（三）农产品需求模型

$$Q_t^d = \lambda_0 + \lambda_1 P_t + \lambda_2 R_t + \lambda_3 SP_t + \lambda_4 EX_t + \lambda_5 MN_t + \lambda_6 POP_t + \lambda_7 URBAN_t + \upsilon_t$$
$$（5-37）$$

式（5-37）中，R_t、MN_t、POP_t、$URBAN_t$ 分别为 t 时期的人均收入水平、加工水平、人口规模及城镇化率，υ_t 为随机误差项。

二、数据来源

考虑到农产品市场放开时间及数据可得性，选定研究时间为 1998 年至 2019 年，因此下面预测时间区间为 2020—2030 年。研究对象为小麦、苹果、生猪和棉花四种农产品。其中农产品的产量、用于加工的农产品的加工率、为满足需求的外国农产品的进口量、为促进国产农产品出口的出口到国外的农产品出口量等相关数据来自联合国粮农组织官网统计的数据，各类农产品价格的数据来自《中国物价年鉴》和《中国农产品价格调查年鉴》，其他相关数据来自国家统计局统计的数据。考虑到农产品具有一定的替代性，选取农产品的替代性产品作为研究的比对。

三、模型估计

（一）小麦价格形成的系统模型估计

对小麦价格形成中的供给模型、价格模型和需求模型中的三个被解释变量、当期价格和需求量采用广义矩估计法进行模拟分析，可以得到如下关于小麦价格形成的估计结果如表 5.1 所示。

表 5.1　小麦价格形成的系统参数估计结果

	被解释变量	解释变量	参数估计	T 检验值	P 值
供给模型	供给量	预期价格	186.952	12.355	0.027
		进口量	−3.486	−4.227	0.000
		单产水平	977.503	12.246	0.000
		替代品预期价格	8.327	7.707	0.000
		AR(1)	1.395	15.128	0.000
		AR(2)	−0.497	−5.283	0.022
价格模型	当期价格	当期供给量	−0.0002	−22.855	0.000
		上期价格	0.859	32.638	0.000
		进口量	0.0001	3.036	0.006
		出口量	−0.0001	−2.044	0.053
		替代品价格	0.006	19.551	0.000
		AR(1)	−0.695	−10.160	0.000
		AR(2)	−0.236	−4.116	0.000
需求模型	需求量	当期价格	−158.352	−2.824	0.008
		人均可支配收入	0.127	2.166	0.041
		加工率	17739.06	7.850	0.000
		替代品价格	8.100	6.791	0.000
		人口规模	3673.225	8.823	0.000
		常数项	−38575.18	−8.816	0.000
		AR(1)	0.903	13.999	0.000
		AR(2)	−0.229	−3.220	0.000

从上面关于小麦的供给模型中可以看出，小麦的预期价格、单产水平及替代品的预期价格参数估计值是正的，这表明小麦生产者依据预期价格调整自己的生产行为趋向比较明显。此外，可以发现小麦供给量逐年的增加是由于技术水平的提升，种质资源的优化导致小麦单位面积产量的提高所促进的。

在价格模型中，当期供给量对小麦供求均衡时形成的价格的影响很明显是负相关的，在消费市场上小麦的需求是一定的情况下，由于小麦生产者增加小麦供给导致小麦供给量的增加，小麦的当期价格会明显的回落。从表5.1可以看出，价格模型中小麦价格参数估计值上期价格、进口量和替代品价格的结果均为正值，说明这三个变量对当期小麦价格的影响是正向的；且随着消费水平的提高，对国外优质小麦进口需求不断增加。出口量对当期价格影响显著为负，因为我国出口小麦在国外市场向来以低价竞争，这对国内市场价格产生一定的示范效应。

微观经济学价格理论认为，产品价格和消费需求的关系是负相关的。通过观察以上计量模型中需求模型的结果发现，小麦的当期价格和消费市场上小麦的需求关系是相反的。当小麦当期价格上涨时，小麦的需求会减少；反之，消费需求会增加。观察以上实证结果可以看出人均可支配收入、用于加工的小麦的加工水平、小麦市场上的人口规模等变量与小麦消费市场上的消费需求是正向的，表示小麦消费者收入水平的增加和人口数量的增长会导致小麦消费需求会持续增加。

（二）苹果价格形成的系统模型估计

表5.2　苹果价格形成的系统参数估计结果

模型	被解释变量	解释变量	参数估计	T检验值	P值
供给模型	供给量	预期价格	721.559	2.092	0.048
		进口量	3.796	2.552	0.018

模型	被解释变量	解释变量	参数估计	T 检验值	P 值
供给模型	供给量	单产水平	997.438	5.889	0.000
		替代品预期价格	5.720	3.705	0.001
		上期供给量	0.219	1.991	0.059
		常数项	−5133.510	−5.511	0.000
		AR(2)	0.614	6.439	0.000
价格模型	当期价格	当期供给量	−0.0001	−4.749	0.000
		上期价格	1.263	53.405	0.000
		进口量	−0.003	−6.906	0.000
		出口量	−0.0008	−3.170	0.004
		替代品价格	0.0036	7.814	0.000
		AR(1)	−0.699	−12.901	0.000
		AR(2)	−0.359	−4.537	0.000
需求模型	需求量	当期价格	−410.787	−3.500	0.002
		人均可支配收入	0.375	3.589	0.001
		出口量	1.678	2.416	0.024
		替代品价格	3.123	1.670	0.100
		人口规模	1929.047	4.927	0.000
		城镇化率	147.616	2.686	0.013
		常数项	−21451.95	−7.072	0.000
		AR(1)	−0.325	−2.841	0.009

在表 5.2 供给模型中，苹果预期价格对供给量的影响显著为正，说明果农根据预期价格的高或低，对应会调整苹果下一期的生产状况。从以上实证结果看来，随着近年来苹果进口量水平的不断增加，果农对国内的苹果市场看好，希望改进品质增加苹果的供给。随着苹果生产技术水平的提升，苹果单产水平也随之明显提高，保障了果农有能力使得苹果的供给持续增加。

在价格模型中，当苹果市场的当期供给量增加时，苹果市场价格下降，当国内市场苹果进口不断扩大时，国内苹果受到一定程度的影响，苹果价格下降，由此可以发现苹果价格对苹果的当期供给量和进口增加的反应相当灵敏，并且呈现出负相关的关系。苹果进口量的增加使得国内价格下降；而我国苹果出口价格较低也对国内市场价格产生了影响。苹果上期价格、替代品价格显著为正则表明上期价格和替代品价格对本期苹果生产和消费影响较大。

类似地，在需求模型中，当期价格的增加会使得农产品需求量减少。但是随着我国人民人均可支配收入水平的提升，苹果的消费量增加了；人口增长，需要消费的苹果总量增加了，苹果的消费需求也增加了；城镇化水平的进一步提升，苹果市场消费者购买能力增加，对苹果的消费也增加了。

（三）生猪价格形成的系统模型估计

表 5.3　生猪价格形成的系统模型参数估计结果

模型	被解释变量	解释变量	参数估计	T 检验值	P 值
供给模型	供给量	预期价格	688.758	4.477	0.000
		进口量	1.924	4.774	0.000
		单产水平	37.048	4.011	0.000
		替代品预期价格	−0.864	−0.906	0.374
		上期供给量	1.179	11.434	0.000
		常数项	−2240.119	−4.306	0.003
		AR(1)	−1.151	−2.211	0.037
价格模型	当期价格	当期供给量	−0.0005	−7.930	0.000
		上期价格	0.3582	4.177	0.000
		进口量	−0.0005	1.652	0.113
		出口量	0.0003	−2.449	0.023
		替代品价格	0.0004	15.831	0.000
		常数项	3.8221	1.618	0.120

模型	被解释变量	解释变量	参数估计	T检验值	P值
价格模型	当期价格	AR(1)	0.2201	3.042	0.006
		AR(2)	0.7051	12.873	0.000
需求模型	需求量	当期价格	−54.477	−2.103	0.047
		人均可支配收入	0.0891	7.445	0.000
		出口量	−2.1212	−2.486	0.021
		替代品价格	1.8293	12.237	0.000
		人口规模	614.483	12.724	0.000
		城镇化水平	99.103	14.079	0.000
		常数项	−8063.944	−14.347	0.000
		AR(1)	0.883	18.797	0.000
		AR(2)	−0.538	−10.695	0.000

在表5.3供给模型中，生猪市场上生猪的预期未来价格、生猪的进口数量、生猪市场的供给数量对生猪价格的形成是正向的，这代表生猪的生产者预计当上期生猪的价格上涨时，会依据上期生猪价格合理调整下一个阶段自身的生猪生产行为，当生猪生产者预期未来生猪市场生猪的价格变化时，生猪生产者为追求利益最大化，对自己的下期生产行为调整为增加生产或者是减少生猪的生产；生猪进口量逐年扩大对生猪的国内供给产生了重要影响；消费者对生猪需求的逐年提高促进了生猪供给量的持续增加；生猪的养殖需要有专门的场地，而生猪养殖使用场地消耗的资金短期内不能快速转变。

在价格模型中，生猪的当期供给数量、生猪的进口数量的参数估计值结果是负的，当期生猪市场价格下降可能是由于当期生猪的市场供给量增加了，反之则会上升，且我国生猪较低的出口价格一定程度影响了国内市场。生猪上期价格、出口量和替代品价格的参数估计值结果是为正的，说明生猪市场价格的上期价格具有延续性，进而生猪市场价格持续上涨；进口生猪售价普遍高于国产售价，导致生猪整体价格上扬；生猪市场价格提高时，消费者为了购买猪肉就会花费更多的货币，而占据了计划要购买蔬菜的货币，猪肉的价格进而升高。

在需求模型中，当期价格对需求量的影响显著为负，表明消费者观察到市场上生猪价格上升时，超过自身的预期价格太多，就会减少生猪的消费，进而消费其他商品。从生猪的消费视角来看，随着人口规模的不断扩大，在生猪市场上生猪供给量一定的情况下，消费需求量相对就增加了。但是针对国内居民人均收入的增加，消费者有了更多的货币购买生猪，意味着消费者对生猪的购买力增强了。

（四）棉花价格形成的系统模型估计

表5.4　棉花价格形成的系统模型参数估计结果

模型	被解释变量	解释变量	参数估计	T检验值	P值
供给模型	供给量	预期价格	99.255	1.875	0.074
		进口量	61.624	11.000	0.000
		单产水平	91.112	2.534	0.019
		替代品预期价格	1.625	3.534	0.002
		上期供给量	0.771	19.803	0.000
		常数项	−514.883	−2.278	0.033
		AR(2)	−0.802	−5.090	0.000
价格模型	当期价格	当期供给量	−0.0003	−13.959	0.000
		上期价格	0.576	3.864	0.000
		进口量	−0.055	−2.899	0.008
		出口量	0.003	1.965	0.062
		替代品价格	0.004	5.320	0.000
		常数项	0.920	3.803	0.001
		AR(2)	−0.347	−2.929	0.008

改革农产品价格形成机制研究

续表

模型	被解释变量	解释变量	参数估计	T检验值	P值
需求模型	需求量	当期价格	−274.697	−5.858	0.000
		人均可支配收入	0.060	1.948	0.063
		出口量	5.273	5.778	0.000
		替代品价格	−3.731	6.665	0.000
		人口规模	616.741	2.049	0.044
		城镇化水平	40.055	4.458	0.000
		常数项	−6231.306	−0.783	0.442
		AR(1)	0.956	49.709	0.000

在表5.4供给模型中，所有变量的影响显著为正，说明农民会根据棉花预期价格来安排生产计划；单产水平提升可以保证供给量的增加；且棉花上期供给量会明显影响当期供给量。

在价格模型中，棉花的当期供给数量和棉花的进口量参数估计的结果是负的，这表示棉花当期供给量的增加和进口量的增加，会促进市场上棉花的供给数量增加，在市场上棉花供给量的增加，需求市场上需求总量稳定不变的前提下，棉花的当期价格就会下降，而关于棉花出口数量方面，出口的增加会导致市场上棉花供给减少，棉花价格就会随着出口的增加而下降。上期价格、替代品价格、出口量对价格的影响为正，表明棉花价格具有时间适应性；当棉花的替代品价格出现上升的情形时，大量购买棉花从而提高了棉花价格。

在需求模型中，国内居民人均可支配收入、棉花出口量、人口规模和城镇化水平的参数估计结果均为正值，说明这些变量的正向变化，对棉花的需求量也随之发生正向变化，对棉花的消费需求也会进一步的增加；人口规模增加时，棉花消费者群体增加以及城镇化水平随着经济发展进一步提升，棉花总量是不变的，棉花价格上升；替代品价格的上升，导致棉花价格对比替代品价格下降，消费者转而向棉花索取需求，导致棉花需求增加，棉花价格也会上涨；国内棉花当期总产量一定，出口的增加，导致国内市场上棉花总量减少，消费者的需求增加，棉花的价格水平随着迅速提升。

四、模型适用性检验

（一）小麦价格形成系统适用性检验

选取以上分析中影响小麦价格形成的因素，结合构造的 Ljung-Box Q 计量经济模型，对小麦价格未来的状况进行预测，结果如下：

表 5.5　影响小麦价格形成的各因素预测值：2023—2030 年

年份	上期小麦价格（元/千克）	进口量（千吨）	单产水平（吨/公顷）	替代品价格指数	人均支配收入（元）	出口量（千吨）	加工率	人口（亿人）
2023	2.611	514	21.293	2151	23123	3388	0.210	14.787
2024	2.558	523	21.713	2198	23483	3467	0.214	14.797
2025	2.406	533	22.132	2245	24168	3548	0.218	14.807
2026	2.401	542	22.552	2292	24523	3629	0.222	14.817
2027	2.583	552	22.972	2339	25208	3711	0.226	14.827
2028	2.461	561	23.392	2386	25566	3795	0.230	14.837
2029	2.389	570	23.811	2433	26251	3878	0.234	14.847
2030	2.456	580	24.231	2480	26611	3962	0.237	14.857
ARIMA	(0, 1, 1)	(1, 1, 0)	(1, 2, 1)	(1, 1, 1)	(1, 1, 1)	(1, 1, 1)	(1, 1, 1)	(0, 1, 2)
LB统计量	16.242	14.332	12.959	15.674	22.305	19.241	22.530	8.642
	（0.507）	（0.644）	（0.676）	（0.467）	（0.134）	（0.256）	（0.127）	（0.927）

从表 5.5 统计结果中可以看到，时间序列中各项指标的预测结果拟合效果相对较好，按照计量模型的使用要求，可以采取进一步的预测步骤。从表 5.5 的结果中可以看出，影响我国小麦价格形成的各项因素中，各个指标都呈现出越来越明显的状态，这是符合经济学发展的一般规律的，因

此是可以接受的。

利用该结果数据，结合已构建的小麦价格形成模型对小麦价格未来趋势进行新的模拟预测，并把新得到的预测结果和最初 ARIMA 模型中的预测结果进行重新的分析，可以验证小麦价格形成机制模型的适用性，结果如表 5.6 所示。

表 5.6　小麦价格形成系统模型适用性检验

（单位：1998=100，%）

年份	ARIMA 预测值	系统预测值	预测误差率	预测精度
2023	17.301	19.180	9.795	90.205
2024	17.855	19.752	9.603	90.397
2025	18.417	20.332	9.418	90.582
2026	18.987	20.918	9.230	90.770
2027	19.565	21.511	9.046	90.954
2028	20.152	22.110	8.855	91.145
2029	20.747	22.716	8.669	91.331
2030	21.350	23.330	8.487	91.513

从表 5.6 可以看到，两种预测模型的结果相差较小，模型预测的模拟结果相对较好，这也是符合我们预期的，同时我们关于小麦价格的预测精度呈逐年提高的趋势，进一步说明了行文前面构建的小麦价格形成模型是较为可信的。

（二）苹果价格形成系统适用性检验

同理得到苹果价格各影响因素预测值如表 5.7 所示。

表 5.7　影响苹果价格形成的各因素预测值：2023—2030 年

年份	上期苹果价格（元/千克）	进口量（千吨）	单产水平（吨/公顷）	替代品价格指数	人均支配收入（元）	出口量（千吨）	城镇化率（%）	人口（亿人）
2023	4.226	1150	16.023	2151	23123	2053	64.552	14.787

续表

年份	上期苹果价格（元/千克）	进口量（千吨）	单产水平（吨/公顷）	替代品价格指数	人均支配收入（元）	出口量（千吨）	城镇化率（%）	人口（亿人）
2024	4.663	1173	16.297	2198	23483	2098	65.600	14.797
2025	5.033	1196	16.572	2245	24168	2143	66.648	14.807
2026	4.216	1219	16.847	2292	24523	2188	67.696	14.817
2027	6.928	1242	17.123	2339	25208	2232	68.747	14.827
2028	4.233	1265	17.397	2386	25566	2277	69.792	14.837
2029	4.666	1288	17.673	2433	26251	2322	70.839	14.847
2030	3.283	1311	17.948	2480	26611	2367	71.887	14.857
ARIMA	(1，1，0)	(1，1，0)	(1，1，0)	(1，1，1)	(1，1，1)	(1，1，1)	(1，1，1)	(0，1，2)
LB统计量	16.971（0.456）	21.829（0.191）	5.302（0.997）	15.674（0.467）	22.305（0.134）	8.667（0.926）	9.253（0.903）	8.642（0.927）

结合以上预测结果的相关数据进行进一步的预测，并将两种预测结果进行比较分析，结果如表5.8所示。

表5.8　苹果价格形成系统模型适用性检验

（单位：1998=100，%）

年份	ARIMA预测值	系统预测值	预测误差率	预测精度
2023	8.727	9.245	5.607	94.393
2024	8.898	9.430	5.644	94.356
2025	9.069	9.616	5.688	94.312
2026	9.24	9.801	5.723	94.277
2027	9.411	9.987	5.770	94.230
2028	9.582	10.172	5.804	94.196
2029	9.753	10.358	5.839	94.161
2030	9.924	10.543	5.870	94.130

从表 5.8 可以看到，预测精度普遍高于 95%，证明预测结果的适用性，两种预测结果相差不大，这和我们的预期是相一致的，进一步说明了苹果价格形成模型预测结果的有效性。

（三）生猪价格形成系统适用性检验

同理得到生猪价格各影响因素预测值如表 5.9 所示。

表 5.9　影响生猪价格形成的各因素预测值：2023—2030 年

年份	上期生猪价格（元/千克）	进口量（千吨）	单产水平（吨/公顷）	替代品价格指数	人均支配收入（元）	出口量（千吨）	城镇化率	人口（亿人）
2023	26.980	880	29.914	2151	23123	30	64.552	14.787
2024	27.071	900	29.964	2198	23483	32	65.600	14.797
2025	27.146	920	30.073	2245	24168	29	66.648	14.807
2026	28.008	940	30.224	2292	24523	31	67.696	14.817
2027	28.080	960	30.366	2339	25208	33	68.747	14.827
2028	28.017	980	30.500	2386	25566	30	69.792	14.837
2029	27.985	1000	30.628	2433	26251	29	70.839	14.847
2030	28.217	1020	30.748	2480	26611	28	71.887	14.857
ARIMA	(1, 1, 1)	(1, 1, 1)	(1, 0, 0)	(1, 1, 1)	(1, 1, 1)	(1, 1, 0)	(1, 1, 1)	(0, 1, 2)
LB 统计量	16.496	11.196	9.521	15.674	22.305	13.786	9.253	8.642
	（0.419）	（0.797）	（0.923）	（0.467）	（0.134）	（0.682）	（0.903）	（0.927）

结合以上预测结果的相关数据进行进一步的预测，并将两种预测结果进行比较分析，结果如表 5.10 所示。

表 5.10　生猪价格形成系统模型适用性检验

（单位：1998=100，%）

年份	ARIMA 预测值	系统预测值	预测误差率	预测精度
2023	7.771	6.994	8.744	91.256

续表

年份	ARIMA 预测值	系统预测值	预测误差率	预测精度
2024	7.937	7.186	8.147	91.853
2025	8.103	7.391	7.393	92.607
2026	8.268	7.580	6.901	93.099
2027	8.434	7.769	6.418	93.582
2028	8.599	7.974	5.770	94.230
2029	8.765	8.173	5.217	94.783
2030	8.930	8.371	4.701	95.299

从表 5.10 可以看到，两种预测方法的结果相差不大，并且预测结果的精度呈现逐步增加的趋势，并最终在 2030 年增加到 95% 以上，充分证实了生猪价格模型预测的有效性。

（四）棉花价格形成系统适用性检验

棉花的市场价格影响因素预测值结果在表 5.11 中显示如下：

表 5.11　影响棉花价格形成的各因素预测值：2023—2030 年

年份	上期棉花价格（元/千克）	进口量（千吨）	单产水平（吨/公顷）	替代品价格指数	人均支配收入（元）	出口量（千吨）	城镇化率	人口（亿人）
2023	2.410	17.374	18.136	2151	23123	646	64.552	14.787
2024	2.430	17.680	18.452	2198	23483	660	65.600	14.797
2025	3.390	17.994	18.767	2245	24168	673	66.648	14.807
2026	2.785	18.302	19.083	2292	24523	687	67.696	14.817
2027	2.270	18.615	19.398	2339	25208	700	68.747	14.827
2028	2.145	18.924	19.713	2386	25566	714	69.792	14.837
2029	2.500	19.236	20.028	2433	26251	727	70.839	14.847
2030	2.290	19.546	20.342	2480	26611	741	71.887	14.857
ARIMA	(1, 1, 1)	(1, 1, 1)	(1, 1, 1)	(1, 1, 1)	(1, 1, 1)	(1, 1, 1)	(1, 1, 1)	(0, 1, 2)

续表

年份	上期棉花价格（元/千克）	进口量（千吨）	单产水平（吨/公顷）	替代品价格指数	人均支配收入（元）	出口量（千吨）	城镇化率	人口（亿人）
LB统计量	16.680	12.264	4.051	15.674	22.305	13.955	9.253	8.642
	（0.407）	（0.726）	（0.999）	（0.467）	（0.134）	（0.602）	（0.903）	（0.927）

结合以上预测结果的相关数据进行进一步的预测，并将两种预测结果进行比较分析，结果如表 5.12 所示。

表 5.12　棉花价格形成系统模型适用性检验

（单位：1998=100，%）

	ARIMA 预测值	系统预测值	预测误差率	预测精度
2023	10.133	10.025	1.076	98.924
2024	10.267	10.183	0.823	99.177
2025	10.403	10.339	0.621	99.379
2026	10.54	10.499	0.393	99.607
2027	10.68	10.656	0.229	99.771
2028	10.821	10.818	0.031	99.969
2029	10.964	10.977	0.116	99.884
2030	11.109	11.140	0.280	99.720

从表 5.12 的预测结果可以看出，两种棉花价格预测模型误差越来越小，预测精度均超过 98%，说明两种预测结果适用性较强，两种棉花价格预测模型结果是一致的，这符合我们关于棉花价格预测的预期，也说明了棉花价格模型的有效性。

五、结果分析

基于适应性预期和供需理论对构建的供给、需求、价格三个系统模型进行了估计，并进行了价格预测和适用性验证得出如下结果：（1）以小麦、苹果、猪肉和棉花为代表的农产品进行分析发现，它们的生产总量和供给、需求和市场价格之间存在着系统性的复杂关系，此外对农产品供求和价格影响的内生变量和外生变量之间也存在着相互影响的关系。需求量受到人均可支配收入、出口量等因素影响，众多因素通过供需机制直接或者间接的影响农产品价格的形成。（2）结合构建的农产品价格形成机制模型，对未来农产品价格的形成进行预测并对预测结果进行分析，把预测得到的结果与运用 ARIMA 模型对农产品价格预测的结果进行分析发现，两种农产品的价格预测模型误差越来越小，预测精度也处于较高水平，说明预测结果的适用性较强，符合我们对农产品价格未来发展趋势的预期。

第三节　供求决定与局部分析的理论与讨论

本章对我国农产品价格的形成机制及影响因素进行了探究，并以小麦、苹果、生猪和棉花为例进行了一系列理论探讨和实证验证。

一、结论

第一，从供给视角研究农产品价格的影响因素，发现影响农产品价格的主要因素是生产成本、产量、自然灾害、净出口量、出口价格等。

第二，从需求视角研究农产品价格的影响因素，发现城镇居民的人均可支配收入水平、城镇化率、国家总的人口数、当时的物价水平以及经济的发展水平对小麦、苹果、生猪和棉花价格均有不同程度的影响。但是在各种影响因素的分析过程中发现，农产品价格受城镇居民可支配收入的影响最大，其次是物价水平，而城市化进程对农产品价格的影响比较小。

第三，通过对农产品价格相关理论的详细分析，并结合影响农产品价格形成机制构成的复杂因素，采用计量经济学方法构建农产品价格预测模型，观察农产品价格预测模型的内生和外生变量的参数估计结果发现，多种变量都对农产品供给量带来了影响，其中影响最大的因素为农产品生产中劳动力的价格。针对农产品价格形成来看，劳动力价格是影响农产品当期价格的主要因素，但是也发现资本价格对农产品价格的影响最小。

第四，农产品价格与供需双方构成了一个相互制约、相互影响的动态系统。其中，农产品价格的供需并不都是直接影响农产品的价格，而是通过一个中间变量对农产品价格的最终形成产生了一定的影响，包括进出口水平和供给量在内的因素也是直接影响农产品价格形成，但是有的因素如人均收入水平、人口总量和城镇化水平会间接地影响农产品价格的形成。

二、政策含义

（一）稳定农产品生产要素的价格

首先，应当有针对性地规范农资市场价格，严格管理农产品生产要素经营者销售行为，依法打击哄抬物价、制假售假等违法行为。其次，要从财政补贴及价格支持等方面加强对生产要素市场的管理，防止肥料、农药、农资等农业生产要素价格的快速增长，提高农民生产的积极性，保证果农能够从农业良好的发展中获得更多的益处。最后，农产品生产对水、肥料及农药投入的要求比较高，为此要通过对农产品生产水利基础设施、灌溉工程等生产相关配套基础设施建设进行补贴，引导广大农户把高效率的肥料及农药等生产要素投入到农业生产中来。

（二）综合多方因素考察农产品价格形成的复杂性

通过以上研究发现，外生变量对农产品价格的形成造成了一定的冲击作用，内生变量也对农产品价格形成带来了不容忽视的影响作用。其中内部因素主要是供给和需求因素，在影响农产品价格的同时也受到农产品价格和其他因素的影响，这种相互制约、相互影响的关系是动态且复杂的。因此，在进行农产品价格宏观调控时要充分考虑到农产品价格形成的动态性和复杂性，综合考虑各种直接和间接影响因素。

（三）加强农产品价格风险的预测预警

要适时对关系国计民生的关键农产品价格波动进行预警监控并及时作出应对措施。诸如土地密集型的口粮农产品、生猪一类的资本密集型农产品、棉花一类的战略性农产品，要加强对这些农产品市场价格的预警调控，依据不同类别农产品的自身特性，设置预测预警级别，依据不同的级别制定相应的应急方案。只有这样才能在关键农产品价格调控中依据农产品价格变动的规律作出准确的判断，积极应对，从而确保关键农产品价格的稳定。

第六章　不同类别农产品价格形成及影响因素分析

　　根据第三次农业普查的结果，2017 年我国有 2.6 亿农户，2.3 亿是承包农户。在相当长的一段时间，小农户还会占大多数，是整个农业生产的基本面，也是保障国家粮食安全和农产品有效供给的基础，这是我们国家的国情所决定的。作为农产品供给者的小农户而言，农产品的价格即为生产者价格。而农产品价格形成是否仅由客观基础和宏观供求所决定？本章假定不同类别农产品价格形成存在差异，探究影响不同类别农产品生产者价格的具体因素，并分析各个影响因素间相关性在不同类别农产品中的具体表现。延续了研究这一问题的基本思路，对不同类型农产品价格形成的影响因素进行通径分析，研究其影响因素对价格形成的直接作用与间接作用。

第一节　理论分析

　　农产品价格形成受到多方面因素的共同影响，通过梳理现有研究，影响中国大宗农产品价格形成的主要是生产成本、产量、进出口贸易等（仇焕广等，2009；于冷和吕新业，2012；彭新宇等，2019）。[1]其中生产成本对价格形成具有直接影响（龚梦，2013；付莲莲，2014；肖皓等，2014；朱海燕，2015；李崇光等，2016；徐征等，2020）。[2]其次，农产品产量、受灾面积和出口量等因素，会通过改变市场供给量从而影响农产品价格（方晨靓，2012；龚梦，2013；胡冰川，2015；颜小挺，2016；邓国清，2018）。[3]

相关研究证实，除了供求等传统因素的影响，众多非传统因素的作用日益明显，比如物价因素、汇率和货币供应量因素（罗细，2010；朱晶等，2016）、能源价格因素（阿恩特等，2008；巴尔科姆等，2010；李靓等，2017）、国际市场价格因素（王孝松等，2012；肖小勇等，2014；蒯昊等，2019；陈元春，2020），国际因素中又以国际原油价格对农产品价格的影响最为显著（戈欣等，2010）。

基于对相关研究的梳理，农产品生产者价格的影响因素包括供给侧内在因素、国内宏观环境因素和国际环境因素等方面，对应包括共八种具体影响因素，具体见图6.1。

---

①　仇焕广等：《生物燃料乙醇发展及其对近期粮食价格上涨的影响分析》，《农业经济问题》2009年第1期。于冷、吕新业等：《大宗农产品价格调控的目标与措施研究》，《农业经济问题》2012年第9期。彭新宇：《农业服务规模经营的利益机制——基于产业组织视角的分析》，《农业经济问题》2019年第9期。

②　龚梦：《中国柑橘鲜果价格形成及影响因素研究》，博士学位论文，华中农业大学，2013年，第26—28页。付莲莲：《国内农产品价格波动影响因素的结构及动态演变机制》，博士学位论文，南昌大学，2014年，第65—69页。肖皓等：《农产品价格上涨的供给因素分析：基于成本传导能力的视角》，《农业技术经济》2014年第6期。朱海燕、司伟：《中国棉花产业链价格传导非对称性研究——基于两区制门限向量误差修正模型》，《世界农业》2015年第9期。李崇光、宋长鸣：《蔬菜水果产品价格波动与调控政策》，《农业经济问题》2016年第2期。徐征等：《我国农产品市场价格变动背后的生产成本效益——以粮食为例》，《价格月刊》2020年第3期。

③　方晨靓：《农产品价格波动国际传导机理及效应研究——基于非对称性视角》，博士学位论文，南昌大学，2012年，第6—11页。胡冰川：《中国农产品市场分析与政策评价》，《中国农村经济》2015年第4期。颜小挺：《中国水果出口价格决定的理论分析与实证研究》，博士学位论文，华中农业大学，2016年，第65页。邓国清：《中国粮食供给侧结构性改革研究》，博士学位论文，武汉大学，2018年，第97页。

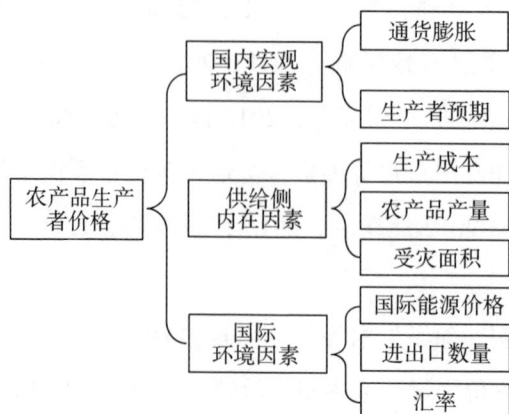

图 6.1　农产品生产者价格形成的作用机理

第二节　影响农产品价格的因素

一、农产品生产成本

资源禀赋的差异是所有农产品贸易的基础，生产要素禀赋不同直接导致要素相对价格的差异，因此要素禀赋差异最直观的外在表现是生产成本的差异。农产品生产成本是从业者投入生产的相关成本总和。可见，生产成本是易于计量的显性投入，是农产品价格的基石。一般常见的种子、化肥、租金等投入品都是显性的生产成本。此外，家庭用工由于难以直接计量常常被忽视，但由于机会成本的存在，家庭用工作为一种隐性成本而存在。在本书中，我们定义的生产成本既包括显性成本也包括隐性成本。

二、农产品产量

我国农产品市场的开放程度与国外农产品市场相比有较大差距，因此目前市场总体还是呈现产品总供应量越大，价格就越低的特征，反之亦然。小农户在识别市场信号时的时滞性决定了生产决策的盲目性，循环往复现象极易发生：市场上某种农产品价格上升，农户决定扩大生产，导致来年的供应量激增；反之，若某种农产品价格下降，农户减少生产，以至于来年供应量锐减。可见，生产者的生产决策往往来自对市场价格信号的自行判断以及农户间的相互影响，使得农产品产量容易出现波动，通过改变供给量影响生产者价格。

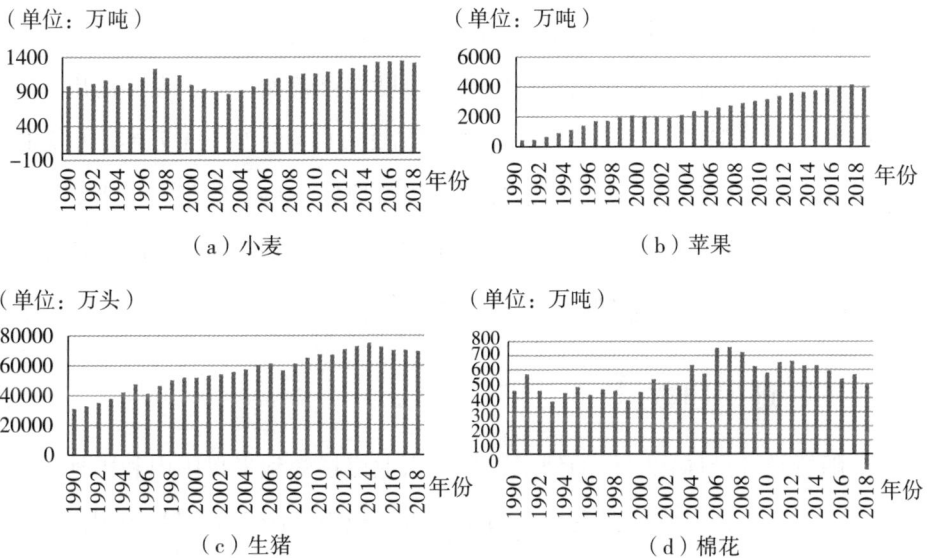

（a）小麦　　　　　　　　　　　　（b）苹果

（c）生猪　　　　　　　　　　　　（d）棉花

图 6.2　1990—2018 年我国不同属性农产品产量
注：其中生猪产量以年出栏数计。

从图 6.2 可以发现，就小麦而言，1990—2003 年，我国小麦产量呈现先上升后下降趋势。其中 1990—1997 年小麦产量逐年上升，1998 年特大洪水引发小麦减产，1998—2003 年小麦产量有所下降。2004—2017 年，小麦产量呈现稳定的上升趋势。而在 2018 年华北六大主产区均受到自然灾害的冲击直接导致小麦产量骤降。

就苹果而言，产量在整个观察期内都呈现总体上升态势，仅在 2000

年、2001 年、2002 年和 2018 年出现负增长，主要原因是产量增速过快带来的供求失衡和主产区的自然灾害影响。如 2018 年，陕西省的霜冻灾害，直接导致苹果产量下降。

就生猪而言，产量在观察期内缓慢增长，并在 2014 年达到最高峰，生猪出栏数为 7.5 亿头。随后出栏量有所下降，2014—2018 年年均降幅为 1.9%，到 2018 年生猪年出栏数为 6.94 亿头。这与生猪产业优势布局调整有关，随着华北、南方养猪产业衰退，西部、东北养猪业兴起，产能处于一个调整适应期，并随着产业发展而逐渐趋于稳定并恢复。

就棉花而言，产量在观察期内变动幅度相对较大。其中最低值出现在 1993 年，总产量为 373.93 万吨，最高值为 2007 年的 759.71 万吨。棉花作为工业资源型农产品，为纺织品加工业提供原料支持。鉴于需求下降，库存压力较大，近年来国家引导农户科学规划生产。如 2018 年比 2007 年减产 149.43 万吨，但与 1990 年相比，仍增长了三成。

三、进出口数量

随着经济全球化时代的到来，各国农业市场受到来自国内和国外因素的双重影响。出口农产品受出口市场需求"拉力"吸引的同时受国内需求饱和的"推力"作用（颜小挺，2016）。[①] 而农产品进口的原因多是国内生产成本过高导致国内外价差偏大、农业生产结构不合理导致的某些农产品供应不足、耕地面积减少带来的应急粮食库存需求以及出于调节国内农产品结构的需要等。我国是农产品进出口大国，对于某些产量大的农产品，除了满足本国居民消费，还远销海外；对于某些需求量偏大、产量相对不足的农产品，还需要从国外市场进口。图 6.3 是我国小麦、苹果、猪肉和棉花的进出口贸易情况。

---

① 颜小挺：《中国水果出口价格决定的理论分析与实证研究》，博士学位论文，华中农业大学，2016 年，第 69 页。

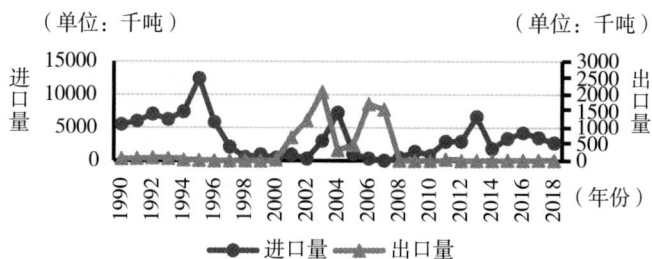

（a）小麦

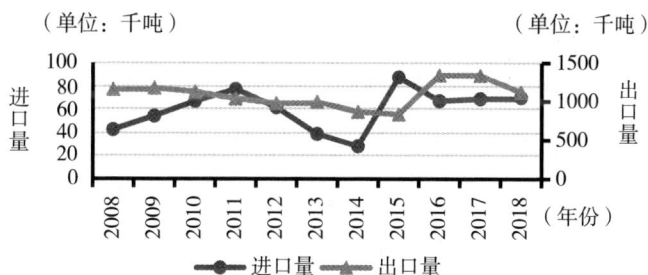

（b）苹果

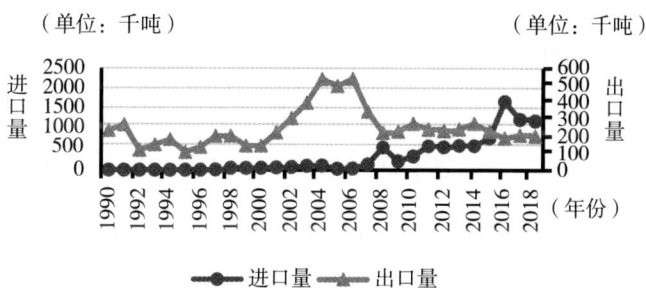

（c）猪肉

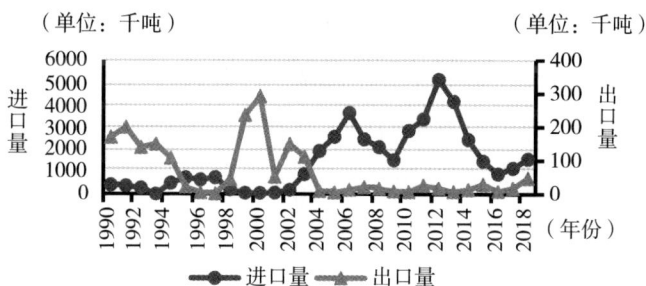

（d）棉花

图 6.3　1990—2018 年不同属性农产品进出口贸易量统计

由进出口贸易量统计可以看出，小麦、猪肉和棉花长期处于贸易逆差，而苹果一直处于贸易顺差状态。以苹果为例，苹果的进口量一直很小，在 10 万吨以内；相反，苹果出口量较大，一直稳定在 100 万吨至 150 万吨之间。而小麦则刚好相反，小麦的出口量较小，最高值也仅为 208 万吨；而小麦进口量较大，观察期内最大达到 1244 万吨。究其原因在于人均耕地面积的不断减少加之劳动力和土地成本的持续上涨，使得粮食种植成本不断增加，而进口小麦具有成本和价格优势，加之相对需求的缺口还需要进口来满足。猪肉和棉花的进出口特征与小麦类似。

农产品进出口量对生产者价格有一定影响。某种农产品进出口量的大小会显著影响国内市场供给。净进口量越多，则国内市场供给量越多，相应的会降低农产品价格；反之，则会提高农产品价格。因此，进出口数量会通过调节供给量而影响生产者价格。

四、生产者预期

在实际的农业生产活动中，农户是选择扩大种植（养殖）面积还是缩小种植（养殖）面积，主要源于自身预判。然而，农业生产对自然条件的依赖决定了它不能随时开始或结束、改变生产要素投入并得到确定的产量，可见农业生产存在明显的时滞性。而且无论是种植业中的播种到收割或是养殖业中的从入栏到出栏，都有一定的成长周期，因此当期的生产决策对后期的影响往往要通过几个周期才能够显现。如果生产者仅仅依靠当期要素价格和产品价格就对下期价格作出预测，往往存在着较大的偏差，不利于科学决策。考虑到生产者预期时滞性的存在，贸然放入模型中会造成偏误，后文计量分析中暂未考虑生产者预期的影响。

五、国际能源价格

对中国农产品价格而言，国际能源价格（主要是指国际原油价格）的间接作用明显大于直接影响（付莲莲等，2014）。[①]随着国际市场间联系日益密切，我国对外经济往来不断增强，国际因素对国内价格的作用路径存在于方方面面。比如农业机械化操作对汽油、柴油有大量需求，这些油料的价格与原油价格密切相关，因此国际油价上涨会直接造成生产成本的上涨；此外，国际原油价格变动会影响国家宏观经济环境，可能引发通货膨胀带动物价上涨，间接使得生产者价格提高。

六、汇率

汇率是不同国家货币的兑换比率和相对价值。汇率可以直接调节进出口贸易，当其他条件不改变时，若我国对贸易国汇率下降，意味着贸易国在进口相同数量的我国农产品时需要支付的货币量更少，这有利于我国的出口贸易；相反，将限制我国的出口贸易。纵观已有研究，众多学者证实汇率变动对国内市场价格影响显著（卡塞尔，1922；麦金诺，1997；胡冰川，2010；秦臻等，2013；潘长春，2017；丁村振等，2018；付蓉等，2019），对于汇率是通过何种传递机制影响具体农产品市场价格，不同学者的看法不同。但是，其影响是显而易见的。考虑到对国际原油价格的折算需要通过汇率，因此该变量中已经包含汇率的作用，在模型设定中不再将汇率单独作为解释变量引入。

七、通货膨胀

物价全面且不可逆的上涨被认定为通货膨胀。学者们将衡量消费水平的 CPI 作为通货膨胀的测度变量，针对 CPI 与农产品价格的动态关系做了大量研究工作。研究发现通货膨胀对农产品价格的影响大于农产品

---

① 付莲莲等：《国内农产品价格波动影响因素的结构及动态演变机制》，博士学位论文，南昌大学，2014 年，第 65—69 页。

价格对通货膨胀的影响，且两者间的动态协同关系是显著存在的（加纳，1989；平德，1990；程国强等，2008；胡冰川，2010；肖皓等，2014；王进等，2015；石自忠等，2016；张有望，2018；邬心迪等，2020）。由此推断，CPI 作为通货膨胀的测度变量具有纳入模型的合理性。

八、受灾面积

无论是种植业还是养殖业都面临来自地震、火灾、冰雹、冻害、洪水、旱灾、虫灾等自然灾害的威胁，如 2008 年年初冻雪灾害和 2018 年霜冻灾害都对农业产生了重大影响。一般来说，自然灾害的发生会使得农作物产量下降，进而带动价格上升，若此时市场上的相关品价格变化不大，消费者会相应地减少对价格上升的农产品的消费。实际上，在针对总产量与生产者价格的关系的论述时已经考虑到自然灾害对于农产品产量的影响，本章借鉴龚梦（2013）的观点，再次将自然灾害作为生产者价格的影响因素之一是考虑到自然灾害对价格的另一影响渠道是改变了农产品的上市时间，上市时间变动自然会影响农产品价格。[①]

由图 6.4 可知，受灾面积和农作物产量曲线呈现明显的反向关系。以小麦为例，1991 年农作物受灾面积较大，达到 5547.2 万公顷，对应小麦单产较低，仅为 217.3 千克/亩。1992 年，农作物受灾面积略有下降，对应年份的小麦单产小幅上升，达到 233.5 千克/亩。随后的多数年份间都呈现出这种特征，如 2017 年当受灾面积处于观察期内的最低值时，对应的小麦单产出现一个区间内的极高值，达到 423.54 千克/亩。可见，小麦受灾面积和产量间可能为负相关关系。类似地，苹果、生猪、棉花的曲线图中也呈现出相同特征。据此认为，若某一年份灾害频发，对应的产量会

---

① 龚梦：《中国柑橘鲜果价格形成及影响因素研究》，博士学位论文，华中农业大学，2013，第26—28页。

（单位：千公顷）　　　　　（单位：公斤）

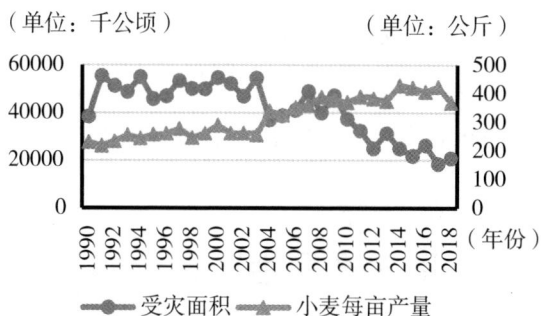

（a）小麦

（单位：千公顷）　　　　　（单位：公斤）

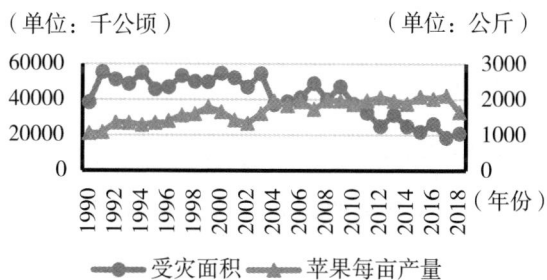

（b）苹果

（单位：千公顷）　　　　　（单位：公斤）

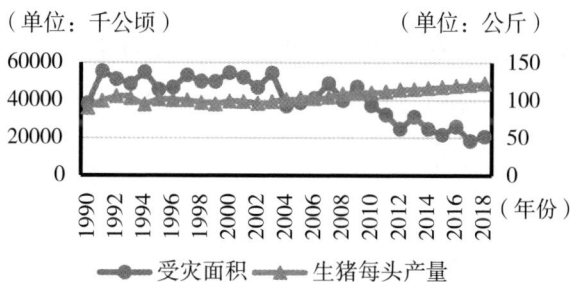

（c）生猪

（单位：千公顷）　　　　　（单位：公斤）

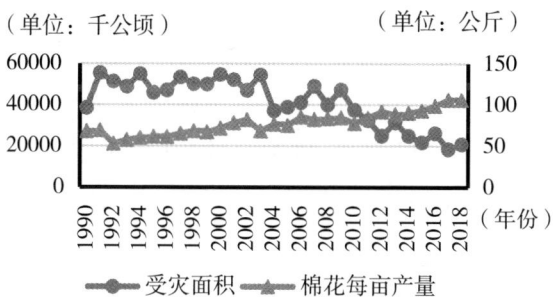

（d）棉花

图 6.4　1990—2018 年不同属性农产品受灾面积与单产关系图

偏低，供给市场的数量减少抬高了相应农产品的价格；反之，当某一年份风调雨顺，农作物产量激增，则有可能因为供给量大增而使得价格走低。因此，农作物受灾面积对生产者价格有一定的影响。

第三节　不同类别农产品生产者价格及其影响因素关系的实证探究

一、通径分析方法

针对农产品价格影响因素的传统研究倾向于采用向量自回归、多元线性回归等模型，这些计量方法的共同弊端是将所有的自变量视为同等地位，无法分离出各变量的直接和间接影响。如前文分析，国际原油价格、CPI 等因素对生产者价格的影响虽不及生产成本那样直接，但通过与其他因素交互作用产生的间接影响是不容忽视的。为了具体分析不同因素的直接和间接作用，本节引入通径方法，分离出生产成本、总产量、受灾面积等具体因素对生产者价格的直接和间接影响。

通径分析来源于遗传学，认为机体内部某种性状遗传的变化会引起其他部分性状改变。后被用来研究经济社会学中多变量间多层因果关系及进行关联强度的测算。通径分析的一般思路是：根据理论分析构建出具有因果关联的结构模型，识别出所有变量两两间的因果关系并计算出各自的通径系数。

设因变量为 Y，自变量有 X_1 和 X_2，自变量间的关联性无法判断。r_{12} 为变量 X_1 和 X_2 间的简单相关系数，有 $r_{12} \neq 0$，对应图解为：

左图中 X_1Y 和 X_2Y 都是直接通径（$X_1 \to Y$ 和 $X_2 \to Y$），右图中

（$X_1 \rightarrow X_2 \rightarrow Y$ 和 $X_2 \rightarrow X_1 \rightarrow Y$ 都是间接通径。继续拓展到多个自变量 X_1、X_2、$X_3 \cdots X_k$，由 X_i 与 Y 之间的单项关联为直接通径，$X_{i1} \rightarrow X_{i2} \rightarrow Y$ 和 $X_{i2} \rightarrow X_{i1} \rightarrow Y$ 是间接通径，此时的 i、i_1、i_2=1,2,$\cdots$,k，且 $i_1 \neq i_2$。

在直径通径中，若 X_i 值每增加一个标准单位时，Y 对应要改变的标准单位数 $p_i > 0$ 为通径系数。若 $p_i > 0$，则 Y 随 X_i 的增加而增加；若 $p_i < 0$，则变动方向相反。通径系数 p_i 的绝对值大小可以代表 X_i 对于 Y 的影响大小。拓展后的多变量通径图见图 6.5。

图 6.5 中，Y 为因变量，X_1、X_2、$X_3 \cdots X_k$ 为自变量，r_{ij} 和 r_{iY} 是 X_i–X_j、X_i–Y 的简单相关系数。P_i 是 X_i 与 Y 之间的直接通径系数，即控制其他变量不变时，X_i 对 Y 的直接影响。基于此，可以将 r_{jY} 分解成联立方程组，成为通径分析正规方程组：

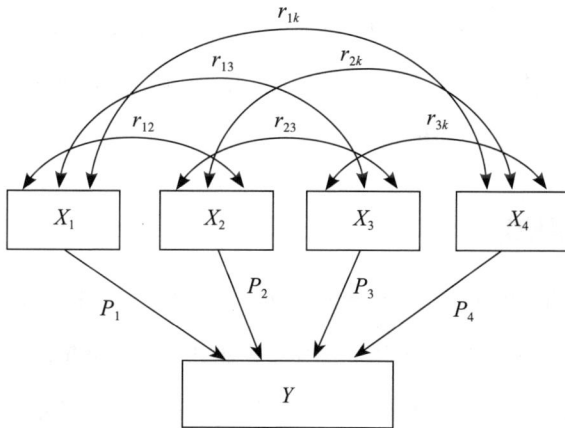

图 6.5　通径分析结构图

$$\begin{cases} r_{11}P_1 + r_{12}P_2 + r_{13}P_3 + \cdots + r_{1k}P_k = r_{1y} \\ r_{21}P_1 + r_{22}P_2 + r_{23}P_3 + \cdots + r_{2k}P_k = r_{2y} \\ r_{31}P_1 + r_{32}P_2 + r_{33}P_3 + \cdots + r_{3k}P_k = r_{3y} \\ \cdots\cdots\cdots\cdots\cdots\cdots\cdots\cdots \\ r_{k1}P_1 + r_{k2}P_2 + r_{k3}P_3 + \cdots + r_{kk}P_k = r_{ky} \end{cases} \quad (6\text{-}1)$$

方程组中 $r_{ij}P_Y$ 为 X_i 经由 X_j 而作用于 Y 的间接效应；$\sum\limits_{i \neq j} r_{ij}P_Y$ 为 X_i 通过作用于其他变量而对 Y 产生的间接影响之和，即总间接影响效应。残差效应被用来测度通径分析模型中涉及的自变量是否是因变量的主要影响因素，若残差效应很小表明模型观测值与估计值差额很小，自变量较好地解释因变量的变化情况，对应的残差效应计算公式如下：

$$P_{rY} = \sqrt{1 - (P_{1Y}r_{1Y} + P_{2Y}r_{2Y} + P_{3Y}r_{3Y} + \ldots + P_{kY}r_{kY})} \qquad （6-2）$$

在本节研究中，Y 为农产品生产者价格，X_i 为影响农产品生产者价格的供给侧因素。

二、指标选取

基于前文理论分析，最终确定的自变量及其命名为：生产者价格（P_i）、生产成本（$Cost_i$）、总产量（Cl_i）、受灾面积（Sz_i）、进出口数量（Cq_i）、国际原油价格（Oil_i）、CPI（Cpi_i），其中 i 分别取值 1，2，3，4 对应于小麦、苹果、生猪和棉花。

三、数据说明

研究选取的考察期为 1990—2018 年，其中生产者价格和成本数据来自《全国农产品成本收益资料汇编》（1991—2019 年），单位均为元/千克；总产量和受灾面积数据均来源于布瑞克农业数据终端，单位分别是千吨和千公顷；进出口量来源于海关总署，单位为千吨；国际原油价格选择布伦特原油价格来表征，并根据当年汇率折算为元/桶，数据来源于万得数据库；CPI来自国家统计局。

四、通径分析过程

首先分别计算变量间的简单相关系数。由表 6.1 至表 6.4 可以看出，生产者价格（P_i）与各自变量间多为中高度相关关系。其中，小麦、苹果、生猪和棉花生产者价格（P_i）与生产成本（$Cost_i$）之间的相关系数分别为0.936、0.907、0.986和0.785，均呈现高度相关，成本是生产者价格的重要组成部分，这比较符合现实情况。此外，生产成本（$Cost_i$）与总产量（Cl_i）间的相关系数分别为0.734、0.793、0.889和0.482，均为中高度相关，事实上生产成本的变动会通过改变生产者的生产意愿调整生产决策进而影响到总产量的变动，两者间确实存在着一定的相关性。类似地，生产者价格（P_i）与国际原油价格（Oil_i）之间也为中高度相关，国际油价的涨幅影响国内市场生产资料的涨幅进而影响生产者价格，这也是合理的。生产者价格（P_i）与受灾面积（Sz_i）之间也为中高度相关，但系数为负值，表明两者间可能存在着负相关关系，与实际情况不符。生产者价格（P_i）与进出口量（Cq_i）的相关性在不同属性农产品中表现不同，需要进一步具体讨论。

表 6.1　小麦生产者价格及影响因素间的简单相关系数

	P_1	$Cost_1$	Cl_1	Sz_1	Jq_1	Oil_1	Cpi_1
P_1	1.000						
$Cost_1$	0.936*** （0.000）	1.000					
Cl_1	0.746*** （0.000）	0.734*** （0.000）	1.000				
Sz_1	−0.717*** （0.000）	−0.741*** （0.000）	−0.737*** （0.000）	1.000			
Cq_1	−0.036 （0.855）	−0.162 （0.402）	0.158 （0.414）	−0.212 （0.271）	1.000		
Oil_1	0.770*** （0.000）	0.701*** （0.000）	0.461** （0.012）	−0.580*** （0.001）	−0.234 （0.222）	1.000	
Cpi_1	−0.187 （0.331）	−0.381** （0.042）	−0.159 （0.411）	0.222 （0.248）	0.572*** （0.001）	−0.298 （0.116）	1.000

表 6.2　苹果生产者价格及影响因素间的简单相关系数

	P_2	$Cost_2$	Cl_2	Sz_2	Jq_2	Oil_2	Cpi_2
P_2	1.000						
$Cost_2$	0.907*** （0.000）	1.000					
Cl_2	0.650*** （0.000）	0.793*** （0.000）	1.000				
Sz_2	−0.759*** （0.000）	−0.785*** （0.000）	−0.620*** （0.000）	1.000			
Cq_2	0.696*** （0.000）	0.726** （0.000）	0.913*** （0.000）	−0.627 （0.000）	1.000		
Oil_2	0.768*** （0.000）	0.700*** （0.000）	0.807** （0.000）	−0.580*** （0.001）	0.913 （0.000）	1.000	
Cpi_2	−0.044 （0.820）	−0.233** （0.223）	−0.374 （0.046）	0.222 （0.248）	−0.449** （0.015）	−0.298 （0.116）	1.000

表 6.3　生猪生产者价格及影响因素间的简单相关系数

	P_3	$Cost_3$	Cl_3	Sz_3	Cq_3	Oil_3	Cpi_3
P_3	1.000						
$Cost_3$	0.986*** （0.000）	1.000					
Cl_3	0.867*** （0.000）	0.889*** （0.000）	1.000				
Sz_3	−0.691*** （0.000）	−0.724*** （0.000）	−0.659*** （0.000）	1.000			
Cq_3	−0.240 （0.209）	−0.272 （0.153）	−0.113 （0.560）	0.403** （0.03）	1.000		
Oil_3	0.804*** （0.000）	0.788*** （0.000）	0.833*** （0.000）	−0.58*** （0.001）	−0.019 （0.922）	1.000	
Cpi_3	−0.137 （0.479）	−0.202 （0.294）	−0.407** （0.029）	0.222 （0.248）	0.179 （0.354）	−0.298 （0.116）	1.000

表 6.4　棉花生产者价格及影响因素间的简单相关系数

	P_4	$Cost_4$	Cl_4	Sz_4	Jq_4	Oil_4	Cpi_4
P_4	1.000						
$Cost_4$	0.785*** （0.000）	1.000					
Cl_4	0.428** （0.021）	0.482*** （0.008）	1.000				
Sz_4	−0.446** （0.015）	−0.766*** （0.000）	−0.457** （0.013）	1.000			
Cq_4	0.727*** （0.000）	0.634*** （0.000）	0.649*** （0.000）	−0.526*** （0.003）	1.000		
Oil_4	0.669*** （0.000）	0.733*** （0.000）	0.849*** （0.000）	−0.58*** （0.001）	0.759*** （0.000）	1.000	
Cpi_4	−0.026 （0.895）	−0.238 （0.214）	−0.274 （0.151）	0.222 （0，248）	−0.005 （0.981）	−0.298 （0.116）	1.000

从表 6.1 可以看出，小麦生产者价格（P_1）与绝大多数解释变量的简单相关系数都十分显著，表明两两变量间确实存在某种内在联系。但不同的解释变量间存在系数不显著和符号不符合实际的情况。考虑到涉及多变量时，变量间往往存在不同程度的线性相关，某一变量与其他变量的同时改变使得两两变量间的简单相关系数在识别线性相关性时失真。此时，引入偏相关系数测度在其他变量保持不变时两两变量的相关系数可以较好地弥补这一不足。而此时所指的"保持不变"是统计学意义上的剔除其他变量变化取值带来的影响，得到的四种农产品价格变量间偏相关系数如表 6.5 至表 6.8 所示。

表 6.5　小麦生产者价格及影响因素偏相关系数表

	P_1	$Cost_1$	Cl_1	Sz_1	Jq_1	Oil_1	Cpi_1
P_1							
$Cost_1$	0.858						

改革农产品价格形成机制研究

续表

	P_1	$Cost_1$	Cl_1	Sz_1	Jq_1	Oil_1	Cpi_1
Cl_1	0.304	−0.025					
Sz_1	0.253	−0.393	−0.347				
Cq_1	0.214	−0.321	0.149	−0.488			
Oil_1	0.628	−0.390	−0.066	0.271	−0.069		
Cpi_1	0.435	−0.409	0.032	0.138	0.553	0.195	

表 6.6　苹果生产者价格及影响因素偏相关系数表

	P_2	$Cost_2$	Cl_2	Sz_2	Cq_2	Oil_2	Cpi_2
P_2							
$Cost_2$	0.908						
Cl_2	−0.738	0.510					
Sz_2	−0.180	−0.631	−0.226				
Cq_2	0.386	−0.260	0.708	−0.249			
Oil_2	0.560	0.251	−0.297	0.139	0.773		
Cpi_2	0.664	0.008	0.122	−0.041	−0.410	0.313	

表 6.7　生猪生产者价格及影响因素偏相关系数表

	P_3	$Cost_3$	Cl_3	Sz_3	Cq_3	Oil_3	Cpi_3
P_3							
$Cost_3$	0.929						
Cl_3	−0.103	0.717					
Sz_3	0.192	−0.216	−0.102				
Cq_3	−0.038	−0.394	0.328	0.336			
Oil_3	0.408	0.237	0.302	−0.085	0.252		
Cpi_3	0.374	0.464	−0.522	−0.022	0.334	−0.075	

表 6.8　棉花生产者价格及影响因素偏相关系数表

	P_4	$Cost_4$	Cl_4	Sz_4	Cq_4	Oil_4	Cpi_4
P_4							
$Cost_4$	0.647						
Cl_4	−0.146	−0.440					
Sz_4	0.463	−0.617	−0.207				
Cq_4	0.46	0.134	0.101	−0.074			
Oil_4	0.105	0.545	0.743	0.177	0.337		
Cpi_4	0.163	−0.059	−0.080	0.070	0.379	−0.185	

由表 6.5 可见，小麦生产者价格（P_1）与所有自变量之间均是正相关关系。小麦生产者价格（P_1）与生产成本（$Cost_1$）间的偏相关系数为 0.858，这是符合客观现实的。因为根据成本加成定价法，小麦生产者价格也是由生产成本加利润共同构成。一般情况下利润为正，价格大于成本；特殊情况下，成本为负数，价格小于成本；小麦生产者价格（P_1）与总产量（Cl_1）间的偏相关系数是 0.304。一般而言，农产品产量越大，供给大于需求，则价格偏低；产量越小，供给小于需求则推动价格走高。而小麦作为口粮，保价稳供地位十分重要，因此生产者价格受国家政策性小麦投放和最低收购价格宏观调控，不随市场变动而呈现价格大起大落；小麦生产者价格（P_1）与受灾面积（Sz_1）间的偏相关系数是 0.253，与现实相符。受灾面积（Sz）越大意味着产量相对越少，一定程度上引起价格的上涨；小麦生产者价格（P_1）与进出口量（Cq_1）间的偏相关系数为 0.214，一方面，进口量越大反映出国内市场需求缺口越大，此时小麦价格持续走高；另一方面，国家最低收购价格托底保证小麦等口粮受外部冲击有限，这两方面共同作用使得变量间呈现正相关关系，但相关系数并不大；小麦生产者价格（P_1）与国际原油价格（Oil_1）、CPI（Cpi_1）间都有较大的正向关联。

苹果生产者价格（P_2）与不同自变量之间相关关系不同。苹果生产者价格（P_2）与生产成本（$Cost_2$）间的偏相关系数很高，反映出成本是苹果价格的重要构成主体；苹果生产者价格（P_2）与总产量（Cl_2）间为负向的中高度相关。目前来看，苹果市场自由化程度较高，市场自发调节下一般遵循供给大于需求，则价格偏低，反之则偏高的规律；苹果生产者价格（P_2）与受灾面积（Sz_2）间系数为 −0.180，反映出两变量间的弱负项影响；苹果生产者价格（P_2）与进出口量（Cq_2）间的偏相关系数为 0.386，出口量的大小影响国内市场的供给，出口量的增加意味着国内市场相对供给减少，因此价格也相对偏高；苹果生产者价格（P_2）和国际原油价格（Oil_2）、居民消费价格指数（Cpi_2）间的偏相关系数分别为 0.560 和 0.664，说明国际和国内的价格水平的提高均会对苹果生产者价格有明显的正向影响，但其影响能力次于生产成本和总产量。

生猪生产者价格（P_3）和生产成本（$Cost_3$）间的偏相关系数为 0.929，再次验证前文推断；生猪生产者价格（P_3）与总产量（Cl_3）间的偏相关系数为 −0.103。与苹果类似，生猪市场自由化程度较高，价值规律的自发调节使得总产量与价格间呈现负相关关系；生猪生产者价格（P_3）与受灾面积（Sz_3）间的偏相关系数为 0.192，是符合实际情况的，生猪生产同样受到来自自然灾害的影响，自然灾害越严重使得产量越低，进而价格走高，但相关系数大小提示自然灾害对生猪价格的影响有限，猜测生猪价格更多受到来自禽流感等流行病疫情的影响，而非自然灾害；生猪生产者价格（P_3）与进出口量（Cq_3）间的偏相关系数为 −0.038，可见负向影响程度很小，这与整个观察期内前期以猪肉贸易顺差为主，近些年逐渐转向贸易逆差有关，因此净出口量对国内价格的影响持续减弱；生猪生产者价格（P_3）和国际原油价格（Oil_3）、居民消费价格指数（Cpi_3）间的偏相关系数分别为 0.408 和 0.374，说明国际油价和国内通胀水平均会对苹果生产者价格有明显的正向影响，但对生猪生产者价格来说这两个变量的影响能力次于生产成本。

与小麦、苹果和生猪类似，棉花生产者价格（P_4）和生产成本（$Cost_4$）

间偏相为中度正相关关系；棉花生产者价格（P_4）与总产量（Cl_4）间偏相关系数为 -0.146，可见产量的增加会提高棉花市场供给量，从而使价格一定程度下降，但系数很小说明下降程度十分有限；棉花生产者价格（P_4）与受灾面积（Sz_4）间呈现中度正相关，自然灾害越严重使得产量越低，进而棉花价格走高，符合现实；棉花生产者价格（P_4）与进出口量（Cq_4）间的偏相关系数为 0.46，与小麦类似，一方面，进口量越大反映出国内市场需求缺口越大，此时棉花国内价格偏高；另一方面，国家棉花目标价格改革较大程度缓解了棉花大量进口引致的价格外部冲击，稳定国内市场价格，这两方面的共同作用使得变量间呈现一定程度的正相关关系；棉花生产者价格（P_4）和国际原油价格（Oil_4）、居民消费价格指数（Cpi_4）间的偏相关系数分别为 0.105 和 0.163，说明国际油价和国内通胀水平会对棉花生产者价格的影响效应小于生产成本、受灾面积和净进口量。

由此可以推算小麦通径系数正规方程组如下：

$$\begin{cases} P_1 + 0.734P_2 - 0.741P_3 - 0.162P_4 + 0.701P_5 - 0.381P_6 = 0.936 \\ 0.734P_1 + P_2 - 0.737P_3 + 0.158P_4 + 0.461P_5 - 0.159P_6 = 0.746 \\ -0.741P_1 - 0.737P_2 + P_3 - 0.212P_4 - 0.580P_5 + 0.222P_6 = -0.717 \\ -0.162P_1 + 0.158P_2 - 0.212P_3 + P_4 - 0.234P_5 + 0.572P_6 = -0.036 \\ 0.701P_1 + 0.461P_2 - 0.580P_3 - 0.234P_4 + P_5 - 0.298P_6 = 0.770 \\ -0.381P_1 - 0.159P_2 + 0.222P_3 + 0.572P_4 - 0.298P_5 + P_6 = -0.187 \end{cases} \quad (6-3)$$

解方程组得：$P_1=0.80793$，$P_2=0.12172$，$P_3=0.11509$，$P_4=0.07752$，$P_5=0.27806$，$P_6=0.15314$。

苹果通径系数正规方程组如下：

$$\begin{cases} P_1 + 0.793P_2 - 0.785P_3 + 0.726P_4 + 0.7P_5 - 0.233P_6 = 0.907 \\ 0.793P_1 + P_2 - 0.62P_3 + 0.913P_4 + 0.807P_5 - 0.374P_6 = 0.65 \\ -0.785P_1 - 0.62P_2 + P_3 - 0.627P_4 - 0.580P_5 + 0.222P_6 = -0.759 \\ 0.726P_1 + 0.913P_2 - 0.627P_3 + P_4 + 0.913P_5 - 0.449P_6 = 0.696 \\ 0.7P_1 + 0.807P_2 - 0.580P_3 + 0.913P_4 + P_5 - 0.298P_6 = 0.768 \\ -0.233P_1 - 0.374P_2 + 0.222P_3 - 0.449P_4 - 0.298P_5 + P_6 = -0.044 \end{cases} \quad (6-4)$$

解方程组得：P_1=0.91371，P_2=−0.63249，P_3=−0.06016，P_4=0.34376，P_5=0.35107，P_6=0.20467。

生猪通径系数正规方程组如下：

$$\begin{cases} P_1 + 0.889P_2 - 0.724P_3 - 0.272P_4 + 0.788P_5 - 0.202P_6 = 0.986 \\ 0.889P_1 + P_2 - 0.659P_3 - 0.113P_4 + 0.833P_5 - 0.407P_6 = 0.867 \\ -0.724P_1 - 0.659P_2 + P_3 + 0.403P_4 - 0.580P_5 + 0.222P_6 = -0.691 \\ -0.272P_1 - 0.113P_2 + 0.403P_3 + P_4 - 0.019P_5 + 0.179P_6 = -0.24 \\ 0.788P_1 + 0.833P_2 - 0.580P_3 - 0.019P_4 + P_5 - 0.298P_6 = 0.804 \\ -0.202P_1 - 0.407P_2 + 0.222P_3 + 0.179P_4 - 0.298P_5 + P_6 = -0.137 \end{cases} \quad (6\text{-}5)$$

解方程组得：P_1=0.96712，P_2=−0.03214，P_3=0.04131，P_4=−0.00785，P_5=0.11378，P_6=0.07142。

棉花通径系数正规方程组如下：

$$\begin{cases} P_1 + 0.482P_2 - 0.766P_3 + 0.634P_4 + 0.733P_5 - 0.238P_6 = 0.785 \\ 0.482P_1 + P_2 - 0.457P_3 + 0.649P_4 + 0.849P_5 - 0.274P_6 = 0.428 \\ -0.766P_1 - 0.457P_2 + P_3 - 0.526P_4 - 0.580P_5 + 0.222P_6 = -0.446 \\ 0.634P_1 + 0.649P_2 - 0.526P_3 + P_4 + 0.759P_5 - 0.005P_6 = 0.727 \\ 0.733P_1 + 0.849P_2 - 0.580P_3 + 0.759P_4 + P_5 - 0.298P_6 = 0.669 \\ -0.238P_1 - 0.274P_2 + 0.222P_3 - 0.005P_4 - 0.298P_5 + P_6 = -0.026 \end{cases} \quad (6\text{-}6)$$

解方程组得：P_1=0.81170，P_2=−0.14217，P_3=0.38281，P_4=0.40258，P_5=0.13684，P_6=0.08604。

由此求得各变量间的直接和间接通径系数，汇总结果如表 6.9 至表 6.12 所示。

表 6.9　小麦生产者价格和相关变量的通径计算结果

变量	X_i 与 Y 的直相关系数	X_i 的直接通径系数	间接通径系数						
			合计	通过 $Cost_1$	通过 Cl_1	通过 Sz_1	通过 Cq_1	通过 Oil_1	通过 Cpi_1
$Cost_1$	0.936	0.808	0.128	—	0.089	−0.085	−0.013	0.195	−0.058
Cl_1	0.746	0.122	0.624	0.593	—	−0.085	0.012	0.128	−0.024

续表

变量	X_i 与 Y 的直相关系数	X_i 的直接通径系数	间接通径系数						
			合计	通过 $Cost_1$	通过 Cl_1	通过 Sz_1	通过 Cq_1	通过 Oil_1	通过 Cpi_1
Sz_1	-0.717	0.115	-0.832	-0.599	-0.090	—	-0.016	-0.161	0.034
Cq_1	-0.036	0.078	-0.114	-0.131	0.019	-0.024	—	-0.065	0.088
Oil_1	0.770	0.278	0.492	0.566	0.056	-0.067	-0.018	—	-0.046
Cpi_1	-0.187	0.153	-0.34	-0.308	-0.019	0.026	0.044	-0.083	—

表 6.10　苹果生产者价格和相关变量的通径计算结果

变量	X_i 与 Y 的直相关系数	X_i 的直接通径系数	间接通径系数						
			合计	通过 $Cost_2$	通过 Cl_2	通过 Sz_2	通过 Cq_2	通过 Oil_2	通过 Cpi_2
$Cost_2$	0.907	0.914	-0.007	—	-0.502	0.047	0.250	0.246	-0.048
Cl_2	0.650	-0.632	1.282	0.725	—	0.037	0.314	0.283	-0.077
Sz_2	-0.759	-0.06	-0.699	-0.717	0.392	—	-0.216	-0.204	0.045
Cq_2	0.696	0.345	0.351	0.663	-0.577	0.038	—	0.321	-0.092
Oil_2	0.768	0.351	0.417	0.640	-0.510	0.035	0.314	—	-0.061
Cpi_2	-0.044	0.205	-0.249	-0.213	0.237	-0.013	-0.154	-0.105	—

表 6.11　生猪生产者价格和相关变量的通径计算结果

变量	X_i 与 Y 的直相关系数	X_i 的直接通径系数	间接通径系数						
			合计	通过 $Cost_3$	通过 Cl_3	通过 Sz_3	通过 Cq_3	通过 Oil_3	通过 Cpi_3
$Cost_3$	0.986	0.967	0.019	—	-0.029	-0.030	0.002	0.090	-0.014
Cl_3	0.867	-0.032	0.899	0.860	—	-0.027	0.001	0.095	-0.029
Sz_3	-0.691	0.041	-0.732	-0.700	0.021	—	-0.003	-0.066	0.016
Cq_3	-0.240	-0.008	-0.232	-0.263	0.004	0.017	—	-0.002	0.013
Oil_3	0.804	0.114	0.69	0.762	-0.027	-0.024	0.000	—	-0.021
Cpi_3	-0.137	0.071	-0.208	0.195	0.013	0.009	-0.001	-0.034	—

表 6.12　棉花生产者价格和相关变量的通径计算结果

变量	X_i 与 Y 的直相关系数	X_i 的直接通径系数	间接通径系数						
			合计	通过 $Cost_4$	通过 Cl_4	通过 Sz_4	通过 Cq_4	通过 Oil_4	通过 Cpi_4
$Cost_4$	0.785	0.812	−0.027	—	−0.069	−0.293	0.255	0.100	−0.020
Cl_4	0.428	−0.142	0.57	0.391	—	−0.175	0.261	0.116	−0.024
Sz_4	−0.446	0.383	−0.829	−0.622	0.065	—	−0.212	−0.079	0.019
Cq_4	0.727	0.403	0.324	0.515	−0.092	−0.201	—	0.104	−0.000
Oil_4	0.669	0.137	0.532	0.595	−0.121	−0.222	0.306	—	−0.026
Cpi_4	−0.026	0.086	−0.112	−0.193	0.039	0.085	−0.002	−0.041	—

由表 6.9 的分解结果可以看出，受灾面积（Sz_1）对生产者价格间的接影响最大，作用之和达到 −0.832，且负的间接效应主要是通过生产成本（$Cost_1$）引起的；其次是总产量（Cl_1）对价格（P_1）的间接影响，影响系数达到 0.624，且正的间接效应主要是通过生产成本（$Cost_1$）引起的；间接影响之和最小的是进出口量（Cq_1），影响系数仅为 −0.114，通过作用于生产成本（$Cost_1$）、总产量（Cl_1）、受灾面积（Sz_1）、国际原油价格（Oil_1）和居民消费价格指数（Cpi_1）而影响小麦生产者价格（P_1）的影响系数分别为 −0.131、0.019、−0.024、−0.065 和 0.088，其中生产成本（$Cost_1$）的作用系数最大。

由表 6.10 可以看出，间接作用之和最大的变量是总产量（Cl_2），系数达到 1.282，苹果产量（Cl_2）经由受灾面积（Sz_2）、生产成本（$Cost_2$）、净出口量（Cq_2）、国际原油价格（Oil_2）和居民消费价格指数（Cpi_2）而间接作用于供给端价格的程度依次为 0.037、0.725、0.314、0.283 和 −0.077，正的间接效应主要是通过生产成本（$Cost_2$）引起的；其次是受灾面积（Sz_2）对供给端价格（P_2）的间接影响，影响系数达到 −0.699，其中负的间接效应同样主要是通过生产成本（$Cost_2$）引起的；间接影响之和最小的是生产成本（$Cost_2$），影响系数仅为 −0.007，通过作用于总产量（Cl_2）、进出口量（Cq_2）、受灾面积（Sz_2）、国际原油价格（Oil_2）和居民消费价格指数（Cpi_2）而影响苹果生产者价格（P_2）的影响系数分别为 -0.502、0.250、0.047、0.246 和 -0.048，其中总产量（Cl_2）的作用系数最大。

由表 6.11 可得，间接作用之和最大的变量是总产量（Cl_3），系数达到 0.899，猪肉产量（Cl_3）通过经由生产成本（$Cost_3$）、受灾面积（Sz_3）、进出口量（Cq_3）、国际原油价格（Oil_3）和居民消费价格指数（Cpi_3）而间接作用于供给端价格的程度依次为 0.860、-0.027、0.001、0.095 和 -0.029，正的间接效应主要是通过生产成本（$Cost_3$）而得到；其次是受灾面积（Sz_3）对生猪供给端价格（P_3）的间接作用，影响系数达到 -0.732，其中生产成本（$Cost_3$）的负向作用力最大；生产成本（$Cost_3$）的间接作用最小，影响系数仅为 0.019，其中通过国际原油价格（Oil_3）的影响效应最大。

由表 6.12 可得，受灾面积（Sz_4）的间接效应最大，系数高达 -0.829，负的间接效应主要是通过生产成本（$Cost_3$）而得到；其次是总产量（Cl_4）对供给端价格（P_4）的间接影响，影响系数达到 0.57，其中生产成本（$Cost_4$）的正向效应最大；间接效应之和最小的是生产成本（$Cost_4$），影响系数仅为 -0.027，通过作用于总产量（Cl_4）、受灾面积（Sz_4）、进出口量（Cq_4）、国际原油价格（Oil_4）和居民消费价格指数（Cpi_4）而影响生产者价格（P_4）的影响系数分别为 -0.069、-0.293、0.255、0.100 和 -0.020，其中受灾面积（Sz_4）的影响效应最大。

通过进一步观察可得，表 6.9 至表 6.12 中所有变量在通过对生产成本（$Cost_i$）作用而间接影响生产者价格的能力显著提高，说明生产成本在间接通径中对解释变量的影响程度有明显放大作用；对小麦、生猪和棉花而言，所有变量通过总产量（Cl_i）的作用后间接作用显著降低，总产量（Cl_i）在间接通径中对生产者价格的影响有明显缩小作用；对小麦和苹果而言，所有变量在经由受灾面积（Sz_i）作用后间接作用也明显下降，说明受灾面积（Sz_i）对小麦和苹果生产者价格的影响在通过间接通径有缩小功效；对小麦和生猪而言，所有变量经由进出口量（Cq_i）作用后影响系数降至很小，表明进出口量经由间接通径的调节减少了对生产者价格的影响；对苹果和棉花而言，所有变量经由居民消费价格指数（Cpi_i）的作用后系数跌至极小，表明通货膨胀水平经由间接通径而减少了对生产者价格的作用。此外，对棉花而言，影响因素变量经由国际原油价格（Oil_i）作用后，间接系数稳定下降至 0.1 左右，也说明原油价格经间接通径对棉花的影响明显缩小。此外，受灾面积的间接作用对小麦和棉花价格影响最大，总产量的间接作用对苹果和生猪价格影响最大。

通过通径效果分析可以看出，除生产成本外，其他变量对不同类别农产品生产者价格的直接影响和间接影响不同，有些变量的直接作用很小，但通过其他变量产生的间接影响较大；而有些变量本身直接作用很大，但经由对其他变量作用后产生的间接影响却很小。

五、结果分析

基于前文实证分析，汇总结果得到表 6.13 至表 6.16。其中直接作用是变量对生产者价格的作用，间接作用是变量经由其他变量产生的作用，两者之和为综合作用。偏相关系数是在控制其他变量不变的基础上，某一自变量对因变量的影响。基于此，可以探讨不同类别农产品生产者价格与各影响因素间直接和间接关系。

表 6.13 影响小麦生产者价格的主要因素分析

因变量	影响因素	综合作用	直接作用	间接作用	偏相关系数
小麦生产者价格（P_1）	生产成本（$Cost_1$）	0.936	0.808	0.128	0.858
	总产量（Cl_1）	0.746	0.122	0.624	0.304
	受灾面积（Sz_1）	−0.717	0.115	−0.832	0.253

续表

因变量	影响因素	综合作用	直接作用	间接作用	偏相关系数
小麦生产者价格（P_1）	进出口量（Cq_1）	−0.036	0.078	−0.114	0.214
	国际原油价格（Oil_1）	0.770	0.278	0.492	0.628
	居民消费价格指数（Cpi_1）	−0.187	0.153	−0.340	0.435

表 6.14　影响苹果生产者价格的主要因素分析

因变量	影响因素	综合作用	直接作用	间接作用	偏相关系数
苹果生产者价格（P_2）	生产成本（$Cost_2$）	0.907	0.914	−0.007	0.908
	总产量（Cl_2）	0.650	−0.632	1.282	−0.738
	受灾面积（Sz_2）	−0.759	−0.06	−0.699	−0.180
	进出口量（Cq_2）	0.696	0.345	0.351	0.386
	国际原油价格（Oil_2）	0.768	0.351	0.417	0.560
	居民消费价格指数（Cpi_2）	−0.044	0.205	−0.249	0.664

表 6.15　影响生猪生产者价格的主要因素分析

因变量	影响因素	综合作用	直接作用	间接作用	偏相关系数
生猪生产者价格（P_3）	生产成本（$Cost_3$）	0.986	0.967	0.019	0.929
	总产量（Cl_3）	0.867	−0.032	0.899	−0.103
	受灾面积（Sz_3）	−0.691	0.041	−0.732	0.192
	进出口量（Cq_3）	−0.240	−0.008	−0.232	−0.038
	国际原油价格（Oil_3）	0.804	0.114	0.690	0.408
	居民消费价格指数（Cpi_3）	−0.137	0.071	−0.208	0.374

表 6.16　影响棉花生产者价格的主要因素分析

因变量	影响因素	综合作用	直接作用	间接作用	偏相关系数
棉花生产者价格（P_4）	生产成本（$Cost_4$）	0.785	0.812	−0.027	0.647
	总产量（Cl_4）	0.428	−0.142	0.570	−0.146
	受灾面积（Sz_4）	−0.446	0.383	−0.829	0.463

因变量	影响因素	综合作用	直接作用	间接作用	偏相关系数
棉花生产者价格（P_4）	进出口量（Cq_4）	0.727	0.403	0.424	0.460
	国际原油价格（Oil_4）	0.669	0.137	0.532	0.105
	居民消费价格指数（Cpi_4）	–0.026	0.086	–0.112	0.163

综合对比表 6.13 至表 6.16 中多种作用系数的方向和数值。总体来看，综合作用作为直接作用和间接作用之和，系数值明显大于其他作用系数，说明每个变量对于生产者价格的影响程度都较大，所选择的变量基本上是影响生产者价格的主要因素。此外，直接作用系数和偏相关系数符号始终一致，具有一定的稳健性，也验证前文猜想，偏相关系数可以克服相关分析和回归分析的固有缺点，真正反映出农产品生产者价格与影响因素间的内在关联。因此，我们主要基于这两个系数进行分析。

（1）对小麦而言，六个影响因素按直接作用系数和偏相关系数绝对值大小排序均为：生产成本（$Cost_1$）＞国际原油价格（Oil_1）＞居民消费价格指数（Cpi_1）＞总产量（Cl_1）＞受灾面积（Sz_1）＞进出口量（Cq_1）。单看直接作用系数，其中生产成本的作用系数高达 0.808，表明生产成本的直接作用最大。单看偏相关系数，生产成本系数值也高达 0.858，验证生产成本对生产者价格的巨大推动作用，在控制了其他变量不变时，所有变量对生产者价格的影响都是正向的。

按间接作用绝对值大小排序为：受灾面积（Sz_1）＞总产量（Cl_1）＞国际原油价格（Oil_1）＞居民消费价格指数（Cpi_1）＞生产成本（$Cost_1$）＞进出口量（Cq_1）。可见除进出口量（Cq_1）因素外，直接作用系数较大的变量反而间接作用系数相对较小。生产成本的直接作用最大但对应的间接作用仅为 0.128。

（2）对苹果而言，所有自变量按直接作用系数绝对值大小排序为：生产成本（$Cost_2$）＞总产量（Cl_2）＞国际原油价格（Oil_2）＞进出口量（Cq_2）＞

居民消费价格指数（Cpi_2）＞受灾面积（Sz_2）。按间接作用系数绝对值大小排序为：总产量（Cl_2）＞受灾面积（Sz_2）＞国际原油价格（Oil_2）＞进出口量（Cq_2）＞居民消费价格指数（Cpi_2）＞生产成本（$Cost_2$）。其中生产成本的直接作用系数高达 0.914，而间接作用系数仅为 –0.007，表明生产成本主要通过直接作用路径。受灾面积的直接作用系数最小，仅为 –0.06，而间接作用高达 –0.699，说明受灾面积的作用主要通过间接作用路径。

按偏相关系数的绝对值大小排序为：生产成本（$Cost_2$）＞总产量（Cl_2）＞居民消费价格指数（Cpi_2）＞国际原油价格（Oil_2）＞进出口量（Cq_2）＞受灾面积（Sz_2）。其中总产量和受灾面积与苹果生产者价格负相关，其他变量与生产者价格正相关。

（3）对生猪而言，所有自变量按直接作用系数绝对值大小排序为：生产成本（$Cost_3$）＞国际原油价格（Oil_3）＞居民消费价格指数（Cpi_3）＞受灾面积（Sz_3）＞总产量（Cl_3）＞进出口量（Cq_3）。按间接作用系数绝对值排序为：总产量（Cl_3）＞受灾面积（Sz_3）＞国际原油价格（Oil_3）＞进出口量（Cq_3）＞居民消费价格指数（Cpi_3）＞生产成本（$Cost_3$）。生产成本的直接作用为 0.967，而间接作用仅为 0.019，表明生产成本主要是通过直接作用路径。相反，总产量的直接作用很小，仅为 –0.032，而间接作用最大，高达 0.899。

按偏相关系数的绝对值大小排序为：生产成本（$Cost_3$）＞国际原油价格（Oil_3）＞居民消费价格指数（Cpi_3）＞受灾面积（Sz_3）＞总产量（Cl_3）＞进出口量（Cq_3）。其中总产量和进出口量与生猪生产者价格负相关，其他变量与价格正相关。

（4）对棉花而言，所有自变量按直接作用系数绝对值大小排序为：生产成本（$Cost_4$）＞进出口量（Cq_4）＞受灾面积（Sz_4）＞总产量（Cl_4）＞国际原油价格（Oil_4）＞居民消费价格指数（Cpi_4）。按间接作用系数绝对值排序为：受灾面积（Sz_4）＞总产量（Cl_4）＞国际原油价格（Oil_4）＞进出口量（Cq_4）＞居民消费价格指数（Cpi_4）＞生产成本（$Cost_4$）。其中生产成本的直接作用系数最大，而间接作用仅为 –0.027，表明生产成本主要直接作用于价格。国际原油价格的直接作用仅为 0.137，而间接作用却达到 0.532，可见该因素主要依托间接路径作用于生产者价格。

按偏相关系数的绝对值大小排序为：生产成本（$Cost_4$）＞受灾面积（Sz_4）＞进出口量（Cq_4）＞居民消费价格指数（Cpi_4）＞总产量（Cl_4）＞国际原油价格（Oil_4）。其中总产量与棉花生产者价格负相关，其他变量均呈现正相关。

第四节　不同类别农产品价格形成及影响因素的结论与讨论

本章从供给视角出发，在我国"大国小农"的基本农情下讨论农产品生产者价格影响因素的作用机理。本章首先对农产品生产者价格的影响因素进行了理论分析，并梳理出国内宏观环境因素、供给侧内在因素、国际环境因素三个方面包含的八个相关影响因素，运用通径分析方法从综合作用、直接作用、间接作用、偏相关角度考察相关变量对不同类别农产品价格形成的影响效应，研究结果表明：

第一，生产成本、总产量、受灾面积、进出口量、国际原油价格和居民消费价格指数对小麦、苹果、生猪和棉花的生产者价格具有显著影响，其中生产成本因素的影响最大，且几乎都通过直接作用影响，间接影响极小。其他变量对生产者价格的间接作用则明显大于直接作用。

第二，不同类别农产品生产者价格受相同因素影响程度存在差异，受生产成本因素影响排序为：生猪＞苹果＞小麦＞棉花；按总产量影响排序为：苹果＞小麦＞棉花＞生猪；按受灾面积影响排序为：棉花＞小麦＞生猪＞苹果；按进出口量影响排序为：棉花＞苹果＞小麦＞生猪；按国际油价影响排序为：小麦＞苹果＞生猪＞棉花；按居民消费价格指数影响排序为：苹果＞小麦＞生猪＞棉花。

第三,六个代表因素对生产者价格的作用大小和符号方向与预期基本相符，仅小麦和棉花进出口量符号与预期不同。主要原因在于小麦和棉花作为口粮和重要纺织原料，生产者价格受国家宏观调控政策的影响，这在很大程度上缓解了外部因素对国内市场价格的冲击。

第四，通径方法是一种有效应对多重因果分析的计量手段，具有较强的适用性和应用价值。某一变量除了直接作用外还经由其他变量间接作用于生产者价格。直接作用较大的变量可能间接作用小，反之亦然，因此在分析不同属性农产品生产价格影响因素作用大小时，要同时兼顾直接作用和间接作用。

基于上述研究结论，其政策含义：其一，不同类别农产品价格形成机制有一定的差异，因此，相关部门在制定价格政策时应具有针对性。其二，生产成本对生产者价格的影响较大，而农产品生产成本由技术、农资价格、劳动力成本等因素决定。因此，加大对农业的科技投入，提高农业从业者技能水平，不仅可以缓解生产成本的上升，也有利于提升从业者的专业素养。其三，土地密集型农产品和工业资源型农产品具有较强的战略意义，政府必须对价格进行外部干预，因此其价格政策无法较多的依赖市场调节，需要一只"看得见的手"。其四，不同类别农产品价格不仅受直接因素的影响，更可能与其间接影响因素相关，因此，在出台价格政策时要考虑各个直接影响因素和间接影响因素。

第七章　不同类别农产品（宏观）差异与其价格形成

在复杂的世界变局之下，各种因素交叉影响，我国重要农产品价格调控有了新的更高的要求。[①] 然而传统的价格理论显然无法很好解释当前农产品价格的变化，且不同类别农产品在宏观上的差异越来越明显。那么，不同类别农产品在宏观上有哪些差异？怎样来量化这些差异？这些差异又对其价格形成产生了哪些影响？围绕上述问题，本章假定不同类别农产品宏观差异性对其价格形成有一定的影响，继而结合产品差异化理论从横向差异、纵向差异、信息性差异三方面考虑农产品宏观差异，分析差异性对农产品价格形成的影响，并揭示其深层次的原因。本章延续了研究这一问题的基本思路，不同之处在于吸收了产品差异化理论的合理内核，并将其应用于农产品价格的研究中来。在分析产品横向差异和产品纵向差异的同时，进一步将产品信息性差异引入产品差异中来。首次建立评价指标体系测算各类农产品宏观差异指数，实证分析了不同类别农产品价格形成与其宏观差异指数的关系，这一研究无疑是对现有文献的丰富和发展。

---

① 姜长云、王一杰：《新中国成立 70 年来我国推进粮食安全的成就、经验与思考》，《农业经济问题》2019 年第 10 期。陈奕山：《1953 年以来中国农业生产投工的变迁过程和未来变化趋势》，《中国农村经济》2018 年第 3 期。

　　霍特林（Hotelling，1929）、爱德华·哈斯丁·张伯伦（1951、1962）等认为一组商品可以用一组特性来描述：质量、区位、时间、应用性的高低，其中以横向差异、纵向差异、信息性差异这三种特性之间的差异最为重要。

　　随着经济学中博弈论的广泛应用，产品差异化的讨论成为产业经济学中热门的研究课题之一，国内外学者关于产品横向差异的研究主要集中在如下几个方面：产品横向差异的内涵界定：《日本产业组织》一书中将横向差异（水平差异）认定为适应消费者嗜好而形成的差别。兰开斯特（Lancaster K.，1957、1962）认为：消费者对商品特征存在偏好，任何一种商品都可以看成是一组特征的组合，消费者不会直接比较产品而是根据更为基本的特征作出选择。[1] 霍特林（1929）通过空间竞争模型的构建，分析企业选址和定价所存在的问题，得出结论：销售地点的差异是产品的唯一差异。[2] 但霍特林的观点被众多学者质疑，上官莉莉等（2021）认为产品横向差异化是指产品水平特征设计上的差异，包括产品颜色、款式、口味等方面的差别。汤卫君（2019）认为横向差异指产品在某些属性方面存在不同，但是这些属性没有优劣之分。

　　《日本产业组织》一书中将产品纵向差异（垂直差异）认定为产品质量不同而形成的差别。李郁等（2019）认为，纵向差异是指在价格相同的情况下，消费者对产品的偏好排序一致，共同认为某一类产品值得购买，而放弃与其竞争的产品。如产品之间存在质量或安全差异时，消费者偏向于购买质量好、安全性高的产品，而那些质量差、安全性低的产品将无人购买，除非它们的价格更低。穆萨和罗森（1978）的品质模型以质量差异来代表纵向差异，假定在所设定的经典模型中只有两家企业参与竞争，并

---

　　① Lancaster K., "Revising Demand Theory", *Economica*, No.96, 1957. Lancaster K., "The Heckscher–Ohlin Trade Model: A Geometric Treatment", *Economica*, No.93, 1957. Lancaster K., "The Scope of Qualitative Economics", *The Review of Economic Studies*, No.2,1962.

　　② Hotelling H., "Stability in Competition", *The Economic Journal*, No.153, 1929.

且只有两种商品；[①]而且假设所有消费者都需要采购产品，仅是消费者在对企业和商品的选择上不同，整个假设的市场中的总需求维持一定。郭富红和陈艳莹（2016）认为服务差异是纵向差异内容的重要组成部分，知识经济的到来以及日益激烈的市场竞争使得企业难以只通过有形产品获得战略性竞争优势。[②]冯磊东和顾孟迪（2016）通过界定垄断阶段和双寡头竞争阶段，在市场未完全覆盖条件下，构建纵向差异化下产品创新企业序贯进入的博弈模型，分析产品的差异化对企业利润、博弈均衡和社会福利的影响，认为企业的产品创新侧重于产品质量的提升。[③]

当前，学界对产品信息性差异的相关研究较少，但根据霍特林、张伯伦等人的研究，产品信息性差异也是产品差异的重要组成部分，因此对产品信息性差异的相关研究就行梳理有助于从多维度对产品差异性的研究。彭树宏等（2005）将信息性广告引入研究中发现，质量相对较高的产品无论是在市场价格、利润以及广告投入上均比质量较低的产品更多。郭富红等（2016）认为产品差异化还源于消费者对产品认知的不同，无论同类产品之间是否存在客观差异，只要消费者认为产品不同，那么该类产品就存在差异。颜小挺和祁春节（2017）运用双边随机边界模型，对信息不对称条件下中国水果出口议价能力及其对最终出口定价的影响效应进行实证分析。[④]通过研究发现，进出口的两个国家对信息掌握程度较大地影响了出口的最终定价，且进口的国家所掌握的信息比出口国更大，因此其议价能力更强。

---

① Mussa M.,Rosen S., "Monopoly and Product Quality" ,*Journal of Economic Theory*,No.2, 1978.

② 郭富红、陈艳莹：《产品差异化理论研究综述——基于产品差异化程度越高市场势力越大视角》，《现代管理科学》2016 年第 9 期。

③ 冯磊东、顾孟迪：《基于质量相对偏好的产品创新策略及环保激励政策》，《企业经济》2020 年第 2 期。

④ 颜小挺、祁春节：《基于不同属性的农产品长期价格形成与波动研究》，《农业现代化研究》2017 年第 5 期。

从已有文献来看，国内外学者对农产品差异的研究相对较少，但对其他产品差异性进行了深入的研究，这些研究为本书提供了丰富和有益的参考。但是当前国内外针对农产品价格形成的研究主要还存在着两方面不足：一是学者们对于农产品价格形成机制的研究还没有形成统一的理论共识，已有研究更多的是基于自身经验和依托于传统理论思想，鲜少关注影响农产品价格形成的多重因素及不同类别农产品价格背后的宏观差异。二是鲜有研究全面考虑反映不同类别农产品价格形成机制。鉴于此，本章旨在以不同类别农产品的差异性为切入口研究其对农产品价格形成的影响，从而进一步完善农产品价格形成机制理论框架，见表 7.1。

表 7.1　国内外产品差异性研究的相关文献

产品差异维度	差异因素	主要研究内容	学者	时间
横向差异	位置的差异	构建空间竞争模型，主要研究企业选址与定价问题，认为产品差异仅在于销售地点	霍特林	1929
	设计差异	产品横向差异化是指产品水平特征设计上的差异，包括产品颜色、款式、口味等方面的差别	上官莉莉等	2021
	属性差异	横向差异指产品在某些属性方面存在不同，但是这些属性没有优劣之分	汤卫君	2019
	产品多样性	横向差异是指在价格相同的情况下，消费者对于产品的偏好排序不具有一致性，各类产品均占有一定的市场份额	李郁	2019
纵向差异	产品的品质	构建品质模型以质量差异来代表纵向差异研究消费者行为	穆萨和罗森	1978
	服务的差异	服务差异是纵向差异内容的重要组成部分，知识经济的到来以及日益激烈的市场竞争使得企业难以只通过有形产品获得战略性竞争优势	郭富红和陈艳莹	2016
	产品质量	通过界定垄断阶段和双寡头竞争阶段，在市场未完全覆盖条件下，构建纵向差异化下产品创新企业序贯进入的博弈模型，分析产品的差异化对企业利润、博弈均衡和社会福利的影响，认为企业的产品创新侧重于产品质量的提升	冯磊东和顾孟迪	2016

产品差异维度	差异因素	主要研究内容	学者	时间
纵向差异	产品偏好	产品价格如果相同，消费者对各类产品偏好进行排序，所得偏好顺序一致，均认为产品中某类产品值得够买，同时放弃选择其他竞争的产品	李郁	2019
信息性差异	广告投入差异	将信息性广告引入研究中发现，质量相对较高的产品无论是在市场价格、利润以及广告投入上均比质量较低的产品更多	彭柯宏	2005
	消费者信息掌握度	产品差异化还源于消费者对产品认知的不同，无论同类产品之间是否存在客观差异，只要消费者认为产品不同，那么该类产品就存在差异	郭富红和陈艳莹	2016

第一节　农产品宏观差异与其价格形成：一个理论分析

一、产品差异性与定价

上官莉莉等（2021）在考虑横向和纵向双维度的基础上，探讨了制造商三种可能的差异化策略，构建模型证明了在横向和纵向差异化策略下，最优定价策略分别为统一定价和差异化定价。① 菲戈等（2018）采用空间结构数据创新了有关对行业内部企业合谋行为的计量识别方法，其空间结构数据来自于横向差异市场。通过对澳大利亚滑雪场的调研研究，认为竞争下企业可以提供同种的产品，不管是哪种竞争方式，产品差异化都将显著增加企业利润。在农产品定价中，汤路昀和祁春节（2018）运用EGARCH 的计量模型实证分析了不同属性农产品价格的非对称性。所得结论显示：三类农产品的价格收益率序列均非正态性分布；类别农产品的受

---

① 上官莉莉等：《双维度下产品差异化设计与定价研究》，《系统工程理论与实践》2021 年第 1 期。

信息影响的程度不尽相同；同类农产品因产品市场的不同导致其正向和负向信息的反应有着明显的差异。

以科斯（1937、1960）、张五常（1999）等为代表的产权经济学者在 20 世纪就率先指出马歇尔均衡价格理论存在缺陷，并将供求背后的局限条件引入到研究视野中来。农产品宏观差异与其价格形成也存在一定的关系，基于以上分析，本书期望将研究视角从农产品供求转移到供求背后的宏观差异性上来，见表 7.2。[①]

表 7.2　国内外产品差异性与定价研究的相关文献

差异性与市场定价	在考虑横向和纵向双维度的基础上，探讨了制造商三种可能的差异化策略，构建模型证明了在横向和纵向差异化策略下，最优定价策略分别为统一定价和差异化定价	上官莉莉等	2021
差异性与市场定价	菲戈等运用横向差异市场空间结构数据，构建了一种分析行业内企业合谋行为的计量方法，并以澳大利亚滑雪场为例，研究单个企业和合作形式下定价策略的异同	菲戈	2018
差异性与企业竞争	垂直差异化产品策略可以缓和企业间的竞争，高质量产品企业更倾向于生产非兼容性产品	巴克	2001
差异性与农产品定价	用 EGARCH 模型对不同属性农产品价格的非对称性进行了实证分析。结果表明：三类农产品的价格收益率序列均为非正态性分布；信息对不同类别农产品的影响大小不同；同类农产品中不同产品市场对于正向和负向信息的反应存在显著差异	汤路昀和祁春节	2015

二、农产品宏观差异性

通过对我国市场上流通的不同农产品进行梳理和比较分析，可以发现各类农产品在宏观上存在一定的差异，本书根据农产品差异特性扩展农产品的原始两大类（朱晶等，2012）将其分为四类。第一类为土地密集型农产

---

① Coase R. H., "The Nature of the Firm", *Economica*, No.16, 1937. Coase R. H., "The Problem of Social Cost", *Journal of Law and Economics*, No.4, 1960.

品，主要是大米和小麦等粮食作物。中国人口众多，生产、消费的粮食也较多。为了保证我国粮食产量、稳定粮食国内价格、保护粮农的种粮收入，从2005年开始，粮食最低价格收购政策在我国部分粮食主产区开始实行。第二类劳动密集型农产品，主要包括各类水果，因其具有储存时效和种类多样性，具有较强的市场竞争特性。第三类为资本密集型农产品，主要包括生猪、牛羊等肉类农产品。这种农产品可以满足人类生存所需要的元素。第四类为工业资源型农产品，是指那些关系到国计民生的农产品，如棉油农产品及其后续工业制品。一旦工业资源型农产品的供应出现短缺或产生价格巨幅波动的调控"失灵"现象，将会对居民生产生活以及社会稳定产生不可估量的影响，必须保证供应，具有重要的战略作用。这四种类别的农产品在横向、纵向以及信息性方面都具有较大的差异，其价格形成的机制也存在较大的差异，故运用传统的供需平衡理论来研究其价格形成有一定的片面性。

三、农产品宏观差异评估框架和差异指数测算

农产品宏观上的差异无法精确度量，且目前还没有文献对农产品的差异性进行研究，更没有统一的标准，因此本书采取构建指标的方式量化不同类别农产品的宏观差异性。

表7.3　不同类别农产品的宏观差异性表

类别	差异		土地密集型农产品（如小麦）	劳动密集型农产品（如苹果）	资本密集型农产品（如生猪）	工业资源型农产品（如棉花）
横向差异	要素禀赋结构	土地	++++	++	++	+++
		劳动	++	++++	+++	++
		资本	+	++	++++	++
	组内产品多样性（种类）		+	++++	++	+
纵向差异	商品率（质量）		++	+	++	+++
	品牌数量占比		++	++++	++	+

续表

类别	差异	土地密集型农产品（如小麦）	劳动密集型农产品（如苹果）	资本密集型农产品（如生猪）	工业资源型农产品（如棉花）
信息性差异	消费者对产品信息掌握度	+++	+	+++	+
	广告强度	+	++++	++	+

注："+"越多代表其属性越强，否则越弱，"++++"代表最强，"+"代表最弱。

根据评估框架体系设置的基本原则，考虑到数据的可获得性以及农产品宏观差异性的基本特点。[①] 借鉴产品差异化理论并参考相关研究，主要从横向差异、纵向差异以及信息性差异三个维度来构建农产品宏观差异性的评估框架，见表7.3。

利用 Stata 软件对影响各类农产品价格的变量——要素禀赋结构、组内产品多样性、商品率、品牌数量、消费者对产品信息掌握度以及广告强度进行主成分分析。主成分分析又名主量分析，是在 1993 年由霍特林首次提出。其核心思想是利用降维的思想在尽可能少损失信息的情况下将原本多个指标转化为少数几个综合指标的一种多元统计分析方法。本书利用 2004—2018 年度的宏观统计数据，采用主成分分析法计算出四种类别农产品的宏观差异指数。各指标数据来源为布瑞克农业数据库及国家统计局官方网站。

$$Z = A^T X = \sum_{i=1}^{n} A_i X_i$$

式中：Z 为不同类别农产品宏观差异指数；n 为变量指标的个数；X_1，X_2，…，X_i，…，X_n 为指标变量，$X = (X_1, X_2, \cdots, X_n)^T$；$A$ 为变量指标系数向量。

---

① 李勤敏、郭进利：《基于主成分分析和神经网络对作者影响力的评估》，《情报学报》2019年第7期。朱南军等：《中国国内系统重要性保险机构评估与分析——基于指标法与主成分分析法》，《保险研究》2018年第11期。尚华、王森：《G20成员国 CPI 影响因素分析——基于函数型主成分的实证分析》，《价格理论与实践》2018年第4期。

（一）主成分分析

对各个农产品的多个指标（变量）进行主成分分析，综合考虑特征值和累计解释比重（特征值在 1 以上，累计解释比重达到 80% 以上），最终结果如表 7.4 所示。

表 7.4　四类农产品主成分分析结果

农产品	主成分	特征值	变异	解释所占比重	累计比重
小麦	Comp1	5.9045	4.9638	0.7381	0.7381
	Comp2	0.9407	0.3364	0.1176	0.8557
苹果	Comp1	5.2536	3.8462	0.6567	0.6567
	Comp2	1.4074	0.7831	0.1759	0.8326
生猪	Comp1	4.4690	3.1633	0.5586	0.5586
	Comp2	1.3058	0.3714	0.1632	0.7218
	Comp3	0.0934	0.2545	0.1168	0.8386
棉花	Comp1	4.1510	1.7740	0.5189	0.5189
	Comp2	2.3771	1.6487	0.2971	0.8160

表 7.4 为主成分分析结果表，根据特征值和累计解释比重的数值，对生猪选取了前三个主成分，对小麦、苹果和棉花各自选取了前两个主成分，可以看到小麦的前两个主成分对小麦变异性的累计解释比重达到了 85.57%，苹果的前两个主成分对苹果变异性的解释水平达到了 83.26%，生猪的前三个主成分对生猪变异性的累计解释比重为 83.86%，棉花的前两个主成分对棉花变异性的累计比重为 81.60%，总之，最终选取的各个农产品的主成分对变量的解释较好，基本都达到了 80% 以上。

（二）主成分分析的恰当性检验

对四种农产品的各个变量进行 SMC 检验，其结果如表 7.5 所示。由表 7.5

可以看出，除个别几个变量的 SMC 小于 0.7 之外，各个农产品大部分变量的 SMC 都在 0.7 以上，基本符合要求，说明用原始变量数据进行主成分分析是合适的。

表 7.5　变量 SMC 检验结果

SMC 检验结果				
变量	小麦	苹果	生猪	棉花
要素禀赋结构（土地）	1.0000	1.0000	1.0000	1.0000
要素禀赋结构（劳动）	1.0000	1.0000	1.0000	1.0000
要素禀赋结构（资本）	1.0000	1.0000	1.0000	1.0000
组内产品多样性	0.9852	0.9464	0.9423	0.9673
商品率	0.3794	0.8134	0.5969	0.7976
品牌数量	0.8116	0.7941	0.4486	0.9085
消费者对产品信息掌握度	0.9825	0.9888	0.8051	0.8705
广告强度	0.8562	0.9792	0.8168	0.6860

（三）宏观差异指数

通过采用主成分分析法测算得到最后的综合指标，综合指标代表了各个农产品的综合指标得分，即为农产品宏观差异指数，为了数据能够更好地进行实证分析，本书对所得的数据进行了标准化的处理，所得结果如表 7.6 所示。

表 7.6　测算得来的四类农产品 2004—2018 年的宏观差异指数

农产品综合指标得分				
年份	小麦	苹果	生猪	棉花
2004	−4.5044	−1.9459	−3.8854	−2.5015
2005	−3.2447	−3.3727	−1.2405	−1.6407

农产品综合指标得分				
年份	小麦	苹果	生猪	棉花
2006	−2.6926	−1.5232	−0.9865	−1.7078
2007	−1.5397	−2.1785	−0.7455	−0.9047
2008	−0.4520	−1.2929	−0.3708	−0.5421
2009	−0.1209	−0.3870	−0.2074	−0.9120
2010	0.3857	−0.4567	−0.2806	−0.6869
2011	0.7211	−0.2345	−0.0794	0.1795
2012	1.0349	0.3271	0.4109	0.3870
2013	0.8664	0.9169	0.7583	0.7783
2014	1.4196	1.3993	0.7625	0.6280
2015	1.9420	1.7404	1.1483	1.3884
2016	2.2527	2.2867	1.2871	1.5167
2017	1.8856	2.2709	1.4931	1.7359
2018	2.0465	2.4500	1.9360	2.2818

第二节　数理模型与实证分析

通过上文分析将我国主要农产品划分为四大类。考虑到数据的代表性和可获得性，选择小麦代表土地密集型农产品，苹果代表劳动密集型农产品，生猪代表资本密集型农产品，棉花代表工业资源型农产品。考虑到研究领域的不同，同时为了对农产品价格形成进行更加深入、科学、全面的研究，本书结合动静态面板数据模型对农产品差异特征与其价格形成的关系进行实证分析。其中，静态面板数据模型选择随机效应模型分析，动态面板数据模型选择 GMM 模型进行分析。

一、模型的基本原理

（一）随机效应模型

对于回归方程 $y_{it} = \alpha + \beta x + \delta z'_i + u_i + \varepsilon_{it}$，随机效应模型假定 u_i 与解释变量没有相关关系。

$$Cov(u_i + e_{it}, u_i + e_{is}) = \begin{cases} \sigma_u^2 \\ \sigma_u^2 + \sigma_\varepsilon^2 \end{cases} \qquad (7-1)$$

自相关系数为：

$$\rho = Corr(u_i + e_{it}, u_i + e_{is}) = \frac{\sigma_u^2}{\sigma_u^2 + \sigma_\varepsilon^2} \qquad (7-2)$$

同一个体扰动项的协方差为：

$$\Sigma = \begin{pmatrix} \sigma_u^2 + \sigma_\varepsilon^2 & \sigma_u^2 & \cdots & \sigma_u^2 \\ \sigma_u^2 & \sigma_u^2 + \sigma_\varepsilon^2 & \cdots & \sigma_u^2 \\ \cdots & \cdots & & \cdots \\ \sigma_u^2 & \sigma_u^2 & \cdots & \sigma_u^2 + \sigma_\varepsilon^2 \end{pmatrix}_{T \times T} \qquad (7-3)$$

整个样本的协方差对角矩阵为：

$$\Omega = \begin{pmatrix} \Sigma & \cdots & 0 \\ \cdots & & \cdots \\ 0 & \cdots & \Sigma \end{pmatrix}_{nT \times nT} \qquad (7-4)$$

使用可行的广义最小二乘法来估计原模型，得到随机效应估计量，记为 $\hat{\beta}_{RE}$，模型公式为：

$$y_{it} - \hat{\theta}\bar{y}_i = (x_i - \hat{\theta}\bar{x}_i)'\beta + (1-\hat{\theta})z'_i\delta + \left[(1-\hat{\theta})u_i + (\varepsilon_{it} - \hat{\theta}\bar{\varepsilon})\right] \qquad (7-5)$$

其中，$\hat{\theta} = 1 - \dfrac{\sigma_\varepsilon}{\left(T\sigma_U^2 + \sigma_\varepsilon^2\right)^{1/2}}$ 是一致估计量。

（二）差分 GMM 模型

考虑到以下动态面板模型：

$$y_{it} = \alpha + \rho y_{t,t-1} + x'_{it}\beta + z'_i\delta + u_i + \varepsilon_{it} \quad (t=2, \cdots, T) \qquad (7-6)$$

可以先进行一阶差分以消去个体效应 u_i，可得：

$$\Delta y_{it} = \rho \Delta y_{i,t-1} + \Delta x'_{it}\beta + \Delta \varepsilon_{it} \ (t=2, \cdots, T) \qquad (7-7)$$

然而，$\Delta y_{i,t-1} = y_{i,t-1} - y_{i,t-2}$ 依然与 $\Delta \varepsilon_{it} = \varepsilon_{it} - \varepsilon_{i,t-1}$ 相关，因此，$\Delta y_{i,t-1}$ 为内生变量，需要寻找适当的工具变量才能得到一致估计，阿罗和邦德（1991）使用所有可能的滞后变量作为工具变量，进行 GMM 估计。

二、计量模型的设定

不同类别农产品的宏观差异性，本书以评估框架所计算出的宏观差异指数表示，但是考虑到其他宏观因素对农产品价格的影响，本书引入一些控制变量。基于此，我们把计量模型设计如下：

$$\ln Pr_{it} = \alpha + \beta_1 Mdi_{it} + \beta_2 \ln La_{it} + \beta_3 \ln In_{it} + \beta_4 \ln Ma_{it} + \beta_5 \ln Im_{it} + \varepsilon_{it} \qquad (7-8)$$

其中，Pr 为被解释变量，代表农产品的价格；Mdi 为核心解释变量，代表不同类别农产品宏观差异指数；La、In、Ma、Im 为控制变量，分别表示劳动力成本、资本投入、市场环境以及国际市场影响；下标 i 和 t 所代表的是农产品的类别以及年份，常数项及变量的系数和残差用其他的字母表示，计量数据统一采用 2004—2018 年各农产品数据，数据来源为布瑞克农业数据库及国家统计局官方网站。

三、变量设定

（一）农产品价格（Price）

本书采用各农产品 2004—2018 年的每 50 千克农产品的平均价格代表农产品价格，农产品价格为本书的因变量。

（二）宏观差异指数（Macro Difference Index）

通过构建的评估框架，采用主成分分析的方法，利用 2004—2018 年全国农产品宏观数据测算宏观差异指数，也是本书的核心解释变量。

（三）劳动力成本（labor）

本书采用每亩农产品的平均人工成本代表其劳动力成本，为本书控制变量之一。

（四）资本投入（Investment）

投资是拉动经济增长的重要方式，加大对农产品的投资也会增加农产品的产量或质量，从而可能对农产品的价格产生影响。本书采用农产品成本收益汇编的总成本费用减去劳动力成本费用代表资本投入，资本投入也是计量模型的控制变量。

（五）市场环境（Market）

市场环境的好坏对农产品价格的形成具有重要的作用，并且市场是资源配置的有效机制。本书采用总消费量与农业总产值的比重来衡量市场环境，并将其作为计量模型控制变量之一。

（六）国际市场影响（Import）

随着我国"一带一路"战略的稳步推进，经济全球化趋势也愈加明显，因此国际市场可能也在一定程度上影响着农产品的价格。本书采用进口货物量与总产量之比表示国际市场影响程度，并且将国际市场影响纳入计量模型的控制变量之列。

四、实证分析

对四种农产品的数据进行 LLC 检验，将面板数据减去截面均值后进行数据处理结果显示所选取的变量都通过了 LLC 平稳性检验，基于此，对所选取的变量进行计量分析。通过对四种农产品的数据进行霍斯曼检验，结果显示通过原假设，所以选择随机效应进行实证分析。

（一）整体实证分析

表 7.7　宏观差异指数对农产品价格形成的实证分析结果

变量	方程 1（RE）	方程 2（GMM）
LnPr（滞后一阶）		0.1555（0.1331）
Mdi	0.1920*（0.0988）	−0.1099***（0.0420）
Lnla	−0.9650***（0.0860）	0.0882（0.1368）
LnIn	0.2742**（0.1204）	0.9837***（0.1880）
LnMa	−0.3419***（0.1046）	0.1124（0.2012）
LnIm	0.2854***（0.0798）	−0.01573（0.0476）
常数项	9.8594***（1.0364）	−2.1603**（0.9735）
R^2	0.7569	

注：***、**、* 分别表示解释变量在 1%、5% 和 10% 的置信水平下通过显著性检验。

采用随机效应模型和引入滞后一阶项的 GMM 模型对四类农产品价格与宏观差异指数变量及控制变量构成的面板数据进行整体回归，实证结果显示，在静态条件下，在控制了其他几个控制变量的前提下，宏观差异指数对农产品价格的形成有正向影响，且显著水平为 10%，相关系数为 0.1920。在动态条件下，滞后一阶的宏观差异指数均对当期的农产品价格产生负向显著影响，显著水平为 1%，系数为 −0.1099。这就说明，农产品的宏观差异性对其价格决定产生了一定的影响，但该差异在动态和静态的条件下，对价格的影响有所不同。

（二）分类实证分析

为了更细致地观察农产品的宏观差异指数对其价格的影响，在基于面板数据分析的基础之上，又分别对四类农产品进行回归，所采用的模型为门限 ARCH 模型，通过对各组数据进行检验，发现各组变量均满足同阶单整，因此对各类农产品进行门限 ARCH 的实证回归，实证结果如表 7.8 所示。

可以看到在分品种进行回归时，只有苹果和棉花两类农产品的宏观差异指数对其价格影响是负向显著的，相关系数分别为 −0.1669、−0.4073，显著水平分别为 5% 和 10%；而小麦和生猪宏观差异指数对其价格的影响分别是负向和正向的，但是不显著。可以看到其他变量中，劳动力成本对小麦、生猪和棉花的价格产生显著的正向影响，资本投入对苹果以及生猪的价格也有着正向显著的影响，市场环境对小麦、苹果的价格有着显著负向影响，而国际市场影响则对小麦和生猪的价格有着显著的负向影响。

表 7.8　四类农产品价格形成的实证分析结果

变量与品种	小麦（标准差）	苹果（标准差）	生猪（标准差）	棉花（标准差）
LnMdi	−0.0138 （0.0317）	−0.1669** （0.0826）	0.1086 （0.0918）	−0.4073* （0.2425）
Lnla	0.5640*** （0.2152）	−0.3704 （0.2987）	1.8054*** （0.6087）	0.2555* （0.1561）
LnIn	−1.3366 （0.8630）	0.8073*** （0.2087）	1.6566*** （0.0596）	1.9047 （2.7089）
LnMa	−1.5221** （0.6910）	−1.2272* （0.7111）	3.0044*** （1.1248）	0.4613 （1.5527）
LnIm	−0.1080** （0.0439）	−0.0607 （0.0934）	−0.1280*** （0.0596）	0.3220 （0.8465）
常数项	7.8969** （3.9613）	−10.2030*** （3.0950）	0.0019 （0.0014）	−4.6121 （9.4971）
似然值	30.5184	16.8246	25.6627	5.3198

注：***、**、* 分别表示解释变量在 1%、5% 和 10% 的置信水平下通过显著性检验。

第三节　宏观差异及其价格形成的结论与讨论

本章通过对农产品差异特性以及农产品价格形成的理论进行梳理和分析，对主要农产品进行分类，并构建了农产品宏观差异性与其价格形成的理论分析框架，通过建立评价指标模型测算各类农产品的宏观差异指数。进而结合静态和动态面板数据模型，实证分析了不同类别农产品价格形成的影响因素，并单独对各类农产品价格与宏观差异指数进行实证分析，得出的主要结论如下：

第一，各类农产品的宏观差异指数随时间变化明显，从时间的角度来看，四类农产品的宏观差异指数随时间的变化有递增的趋势，其中小麦的宏观差异指数随时间的变化趋势最明显。总之，四类农产品宏观差异指数在不同年份均有明显的区别。这表示农产品宏观差异受外部因素影响较大，究其原因，不同类别农产品每年所面临的供需形势以及市场环境等各种因素不尽相同，因此造成其宏观差异指数的较大区别。第二，以宏观差异性为核心解释变量研究与农产品价格的关系，从实证结果来看，在静态条件下，农产品的宏观差异指数与其价格显著正相关，而在滞后一阶的动态条件下，农产品宏观差异指数与其价格显著负相关。究其原因，农产品宏观差异指数在一定程度上反映了不同类别农产品市场的动态，并且与农产品价格形成在不同时效下具有不同的相关性。第三，从分类的结果来看，只有苹果和棉花两类农产品的宏观差异指数对其价格影响是负向显著的；而小麦和生猪宏观差异指数对其价格的影响是不显著的。究其原因，苹果和棉花近年来国内供给较为充足，价格相对比较稳定，而小麦和生猪近年受国际市场影响较大，尤其是生猪价格近年来波动较大。第四，不同类别的农产品因其宏观差异导致其价格决定不同。

基于上述研究结论，其政策含义如下：其一，政府在制定政策措施时应考虑到农产品宏观差异的变化，有针对性地制定不同类别农产品的宏观价格政策，以达到"因种制宜"的政策效果，带来更大的经济效益。其二，农产品宏观差异性对农产品价格在动态和静态条件下有明显区别，因此要建立农产品价格动态追踪机制和长期调控机制，以应对在远期可能出现的农产品价格不稳定现象，做到"精准预测"。其三，针对劳动密集型农产品和工业资源型农产品，因其价格受宏观差异指数的负向影响，要增强其品种和品牌优势，加大广告宣传，提高其市场竞争力。而土地密集型农产品和资本密集型农产品价格与宏观差异指数相关性不大，因此要加大其标准化力度，提升产品质量。其四，建立农产品价格动态预警关联机制，一旦某种农产品出现大幅度价格波动或不正常价格现象，可以在整个农产品价格动态预警机制里实现精准定位，有助于采取更有效和精准的措施，也有助于防范农产品价格大规模波动。[①]

---

① 王会娟等：《中国玉米批发价格的短期预测及预警》，《中国农村经济》2013 年第 9 期。

第八章 不同属性农产品价格形成的机理归因研究

　　如果仅仅依据传统的均衡理论并从宏观角度出发探讨农产品价格形成与波动带有一定片面性，不能真实表现农产品价格形成的决定因素。第七章对不同类型农产品宏观差异性与价格形成进行了一定的研究，但没有回答不同类别的农产品其微观属性有何区别？农产品价格形成与其微观属性又有怎样的关系？围绕上述问题，本章假定不同类型农产品属性同样存在差异且对价格形成产生一定的影响，并从农产品属性、供给特性、需求特性、交易属性以及政策影响五个方面深入分析不同属性农产品价格形成的机理归因，揭示其深层次的原因。尝试从微观（个体）的视角采用有序Logit模型实证分析微观因素（不同类别农产品属性差异）对农产品价格的影响，丰富和拓展了对农产品价格问题的研究，在一定程度上体现了研究方法的创新性。

　　20世纪30年代关于垄断竞争问题的讨论引发了学者们对产品差异化的研究。20世纪70年代后，随着经济学中博弈论的广泛应用，产品差异化的讨论成为产业经济学中热门的研究课题之一，在农业经济领域，传统的对农产品的分类方式是将农产品定义为土地密集型农产品和劳动密集型农产品两大类（郑云，2006；朱晶等，2012），很少有学者深入关注农产品的差异特性。[1] 李勇等（2005）将农产品分类为无公害农产品和常规农产品，并从资产专用性、交易的不确定性以及交易发生频率对无公害农产品交易特性进行研究。[2] 朱信凯等（2012）的研究表明：不同属性信息对农产品价格波动影响显著，呈明显的非对称性。[3] 汤路昀和祁春节（2017）结合农产品的不同资源禀赋构成，将农产品细分为三大类，即土地密集型农产品、劳动密集型农产品和战略资源型农产品，并对其价格波动特征进行分析。[4]

　　20 世纪末，我国学者才逐渐开始关注农产品价格形成的相关问题。辛贤等（1999）通过对农产品生产环节、流通环节以及需求进行综合的考虑，设计了联立方程组，并构建了农产品价格形成的短期和长期模型以及农产品出口贸易价格形成模型。[5] 麦克法登（2009）和塞克斯顿等（1997）从信息交换的角度出发，认为一个经济机制就是参与人彼此进行信息交换和调整的过程，这些信息可能是虚假的也可能是错误的，也可能是不完全的。[6] 从现有的文献来看，国内外多数学者在研究价格形成问题的时候多从马歇尔的均衡价格理论出发。国内外学者关于价格形成的研究比较丰富，对农产品价格形成的研究主要集中在以下几个方面：（1）农产品价格形成的理论综述。粮食、果蔬等大宗农产品的价格形成机制的综述对启发

　　[1]　郑云：《中国农产品出口贸易与农业经济增长——基于协整分析和 Granger 因果检验》，《国际贸易问题》2006 年第 7 期。朱晶、吴国松：《中国农产品非关税贸易措施的保护效果研究》，《农业技术经济》2012 年第 2 期。

　　[2]　李勇等：《无公害农产品交易特性及其规制》，《中国农村经济》2005 年第 2 期。

　　[3]　朱信凯等：《信息与农产品价格波动——基于 EGARCH 模型的分析》，《管理世界》2012 年第 11 期。

　　[4]　汤路昀、祁春节：《对不同属性农产品价格非对称性研究——农业供给侧改革背景下农产品价格波动特征分析》，《价格理论与实践》2017 年第 8 期。

　　[5]　辛贤等：《农产品价格形成研究》，《预测》1999 年第 5 期。

　　[6]　Mcfadden D., "The Human Side of Mechanism Design: A Tribute to Leo Hurwicz and Jean-Jacque Laffont", *Review of Economic Design*, No.1, 2009. Sexton R. J., Zhang M., "A Model of Price Determination for Fresh Produce with Application to California Iceberg Lettuce", *American Journal of Agricultural Economics*, No.4, 1996.

学者研究思路具有重要的作用，同时总结分析了以往研究结论。[1] 陶昌盛（2004）分析了粮食政策价格和市场价格的形成机理，探讨了不同定价机制的变迁动力，并指出现有定价机制的缺陷。[2]（2）农产品期货市场价格发现机理。蔡荣和祁春节（2007）通过对交易双方博弈行为的研究，认为农产品价格的形成实际上是双方博弈的均衡结果，同时认为实现买卖双方利益最大化目标伴随着交易效率的提升和有效的价格形成机制。[3]（3）农产品价格形成机制的国际经验。徐田华（2018）和谭砚文等（2019）认为对比和借鉴国外尤其是发达国家农产品价格形成机制有利于改善中国农产品价格形成机制。[4]

常清等（2011）研究了中美两国利率变动对农产品价格的影响，从历史来看，中美两国利率变动对农产品价格的影响并不明显。[5] 刘李峰等（2007）从消费者的角度研究认为价格、质量是形成超市农产品经营成败的关键，农产品价格不仅影响农产品购买渠道的选择，也会影响消费者支付意愿。[6] 中国人民银行课题组（2011）从我国工业化、城市化、国际化加快推进的发展背景出发，从供给与需求两方面梳理农产品价格上涨的因素，构建了农产品价格变动的计量模型，实证分析了可能导致农产品价格上升的因素。[7] 结果表明，当前总需求对我国农产品价格变化影响最明显，

---

[1]　丁志国、李泊祎：《农产品价格波动对政策性农业保险的影响研究——基于主体博弈模型》，《中国农村经济》2020 年第 6 期。

[2]　陶昌盛：《中国粮食定价机制研究》，博士学位论文，复旦大学政治经济学，2004 年，第 32 页。

[3]　蔡荣、祁春节：《农业产业化组织形式变迁——基于交易费用与契约选择的分析》，《经济问题探索》2007 年第 3 期。

[4]　徐田华：《农产品价格形成机制改革的难点与对策》，《农业经济问题》2018 年第 7 期。谭砚文等：《国外农产品最低支持价格政策演进及其对中国的启示》，《农业经济问题》2019 年第 7 期。

[5]　常清等：《中美利率变化对农产品价格的影响》，《价格理论与实践》2011 年第 2 期。

[6]　刘李峰等：《价格、质量对超市农产品经营影响的实证研究——来自消费者角度的证据》，《中国农村观察》2007 年第 1 期。

[7]　中国人民银行课题组：《我国农产品价格上涨机制研究》，《经济学动态》2011 年第 3 期。

其次为生产成本，货币冲击效应最小。陈璋和龙少波（2013）从蔬菜价格透视农产品价格，分析农产品价格上涨的深层次原因认为通过提高农产品生产效率、加大对农业生产资料的补贴、降低农产品流通成本以及降低农产品市场交易成本可以缓解农产品价格的上涨。[①] 颜小挺和祁春节（2015）从需求、供给两侧宏观方面分析影响农产品价格的因素，认为收入和石油价格一般和农产品价格呈正向关系，农产品价格还受到通货膨胀、预期存货以及贸易政策等的影响。[②]

从已有文献来看，国内外学者对农产品价格形成、波动及其影响因素进行了深入研究，这些研究为本章提供了丰富和有益的参考。但学者们对农产品差异的讨论相对较少，而不同类型农产品其价格决定必定有所区别，研究不同类型农产品价格决定有利于更具针对性地制定相关类型农产品的宏观价格政策。总结前人的研究，当前国内外针对农产品价格决定的研究主要还存在着两方面不足：一是学者们对于农产品价格形成机制的研究还没有形成统一的理论共识，已有研究大多依个人价值判断和学术倾向选择理论依据，忽视了决定农产品价格的多重因素及不同类型农产品价格背后的特性差异。二是鲜有全面考虑反映不同类型农产品价格决定及其机理归因。鉴于此，本章旨在以不同类型农产品差异特性为切入口研究其对农产品价格决定及其原因进行研究，从而进一步完善农产品价格形成机制理论框架。

借鉴前人的做法结合对农产品类型的分析，本章拟从农产品本身属性、供给特性、需求特性、交易属性以及价格政策五个方面探寻其特性差异对其价格决定的影响。通过结合林毅夫新结构经济学公共物品分类和对现实情况的理解，本章拟将传统农经领域的土地密集型农产品、劳动密集型农产品拓展为土地密集型农产品、劳动密集型农产品、资本密集型农产

---

① 陈璋、龙少波：《从蔬菜价格透视农产品价格上涨趋势的深层次原因》，《经济纵横》2013年第 12 期。

② 颜小挺、祁春节：《基于不同属性的农产品长期价格形成与波动研究》，《农业现代化研究》2015 年第 5 期。

品以及工业资源型农产品。其特性差异的分析如表 8.1 所示。

表 8.1　四种类型农产品差异特性

序号	差异	土地密集型农产品（如小麦）	劳动密集型农产品（如苹果）	资本密集型农产品（如生猪）	工业资源型农产品（如棉花）
本身属性	果实较大	+	++	+++	+
	颗粒状明显	++++	++	+	+
	坚实度较强	+++	++	++	+
本身属性	季节性较强	++++	++++	+	+++
	生长周期长	+++	++	++	++
	农产品品质稳定	++++	++	+++	+++
	农产品需加工程度强	+++	+	++	++++
供给特性	农产品生产的区域性广	+++	++	+++	+
	农产品供给时间长	++++	+	+++	+++
	农产品生产规模变化容易	++++	+++	+	+++
	农产品储藏容易	++++	+++	++	+
	农产品保鲜容易	++++	++	++	++++
	农产品运输方便	++++	+++	+	++
需求特性	农产品需求量大	++++	+++	+++	+++
	农产品消费的区域广	++++	++++	+++	++++
	农产品消费量与家庭收入强相关	+	+++	+++	+
	农产品单次购买量大	++++	++	++	+++
	消费者对农产品的质量要求高	++	+++	++	+++
	消费者易识别农产品品质	++	++++	++	+
交易属性	农产品价格可谈性强	+	+++	+++	+
	农产品资产专用性强	+++	+++	++++	++++
	购买农产品讨价还价的意愿强	+	+++	++	+
	农产品交易频率高	++	++++	++++	+
	农产品交易中的不确定性大	+	+++	+++	+
政策	农产品价格受国家政策影响强	++++	+	+++	+++

注："+"越多代表其属性越强，否则越弱，"++++"代表最强，"+"代表最弱。

第一节　模型方法及数据

一、研究方法

将不同类型农产品价格的高低程度分成五个等级，记为y_i。问卷填写者根据自身的认知和感受对不同农产品价格的高低程度作出选择。Y^*是疫情对农产品价格影响程度、问卷填写者个人对农产品价格的关注程度以及相关因素呈线性相关关系的潜变量。假设y^*与X之间存在如下关系：

$$y_i^* = X_i^{'}\alpha + u_i^* \qquad (8-1)$$

Y^*与Y之间存在如下关系：若$y_i^* \leqslant c_1$，则$y_i=1$；若$c_1 < y_i^* \leqslant c_2$，则$y_i=2$；若$c_2 < y_i^* \leqslant c_3$，则$y_i=3$；若$c_3 < y_i^* \leqslant c_4$，则$y_i=4$；若$c_4 \leqslant y_i^*$，则$y_i=5$。假设$u^*$的分布函数为$F$，则专家选择疫情影响程度的条件概率表达式如下：

$$P(y_i = 1 | X_i, \beta) = P(y_i^* \leqslant c_1) = P(u_i^* \leqslant c_1 - X_i^{'}\beta) = F(c_1 - X_i^{'}\beta) \qquad (8-2)$$

同理可以得到：

$$P(y_i = 2 | X_i, \beta) = P(c_1 < y_i^* \leqslant c_2) = F(c_2 - X_i^{'}\beta) - F(c_1 - X_i^{'}\beta) \qquad (8-3)$$

$$P(y_i = 3 | X_i, \beta) = P(c_2 < y_i^* \leqslant c_3) = F(c_3 - X_i^{'}\beta) - F(c_2 - X_i^{'}\beta) \qquad (8-4)$$

$$P(y_i = 4 | X_i, \beta) = P(c_3 < y_i^* \leqslant c_4) = F(c_4 - X_i^{'}\beta) - F(c_3 - X_i^{'}\beta) \qquad (8-5)$$

$$P(y_i = 5 | X_i, \beta) = P(c_4 < y_i^*) = 1 - F(c_4 - X_i^{'}\beta) \qquad (8-6)$$

根据问卷填写者i的认知建立了可能影响农产品价格的因素与农产品价格之间的条件映射关系。由于多项Logit属于离散的多值函数，不利于做边际分析，因此构建以下期望值函数$E(X)$:

$$E(X_i) = \sum y_i P(y_i | X_i, \beta) \qquad (8-7)$$

$$\frac{\partial E(X_i)}{\partial x_k} = \frac{\partial \sum y_i P(y_i | X_i, \beta)}{\partial x_k} = \sum_{j=1}^{4} f(c_j - X_i^{'}\beta) b_k \qquad (8-8)$$

其中，b_k 为 X_i 前的系数。在参数估计的基础上，根据式（8-8）的结果计算出每个影响因素的期望函数的边际效应，然后根据 n 位问卷填写者边际效应的均值（8-9）来判断各因素的影响大小。

$$\eta_k = \frac{1}{n}\sum_{i=1}^{n}\frac{\partial E(X_i)}{\partial x_k} = \frac{1}{n}\sum_{i=1}^{n}\sum_{j=1}^{4} f(c_j - X_i^{'}\beta)b_k \qquad （8-9）$$

二、问卷设计与数据搜集

为了保证调研结果的可代表性，准确地反映不同类型农产品的真实差异以及其对价格的影响。课题组经过试调研和三轮问卷的修订工作才正式通过网络和实地相结合的方式进行问卷的调查。网络调查问卷共回收 695 份有效问卷，实地调查问卷共回收 101 份有效问卷，总计回收 796 份有效问卷。

从问卷填写人员的分布来看，问卷填写人员来自全国 27 个省、直辖市、自治区，覆盖了全国大部分省、直辖市、自治区，涵盖了四大类农产品的主产区。来自土地密集型农产品主产区的问卷填写者占比为 56.53%，来自劳动密集型农产品主产区的问卷填写者占比为 17.21%，来自资本密集型农产品主产区的问卷填写者占比为 4.27%，来自工业资源型农产品主产区以及其他地区的问卷填写者共占比为 21.98%。从 796 位问卷填写者从事的职业来看，涵盖了农业生产人员、行政人员、科研人员、企业管理人员。

根据问卷的统计信息，农产品的主要收购渠道依次是商田间收购、超市产地采购、合作社统购统销，其他采购方式占比最小，只有 2.39%。调查者中，认为疫情对农产品价格影响很强的占比为 17.59%，强占比 43.97%，一般占比 34.67%，弱占比 3.77%，基本没有调查者认为疫情对农产品价格影响很弱。外部环境对农产品价格的影响大小分别是供求关系 > 生产成本 > 国家政策支持 > 农业资源条件 > 农产品生态价值 > 利润率 > 对外贸易。交易主体对农产品价格影响大小分别是需求端 > 产品本身 > 供给端 > 交易过程。生产经营主体对农产品价格作用大小依次是批发市场 > 种植大户 > 零售市场 = 种植企业 > 普通农户 > 初加工企业 > 合作社 > 家庭农场。

表 8.2　主要变量及赋值说明

变量	题项		变量说明与赋值	尺度
控制变量	职业		国家机关、党群工作人员 =1；科研人员 =2；基层技术人员 =3；在校学生 =4；农业生产人员 =5；其他生产或操作人员及有关人员 =6；企业管理人员 =7；其他 =8	定类
	所在地区		土地密集型主产区 =1；劳动密集型主产区 =2；资本密集型主产区 =3；工业资源型主产区 =4；其他 =5	定类
	农产品主要收购渠道		商田间收购 =1；超市产地采购 =2；电商线上采购 =3；合作社统购统销 =4；其他 =5	定类
	疫情对价格影响程度农产品价格关注程度		很弱 =1；弱 =2；一般 =3；强 =4；很强 =5	定距
解释变量	本身属性	季节性强	未关注 =1；偶尔 =2；经常 =3；总是 =4	定距
		生长周期长	非常不同意 =1；不同意 =2；一般 =3；同意 =4；非常同意 =5	定距
		产品品质稳定	非常不同意 =1；不同意 =2；一般 =3；同意 =4；非常同意 =5	定距
		需加工程度较强	非常不同意 =1；不同意 =2；一般 =3；同意 =4；非常同意 =5	定距
	供给特性	生产区域广	非常不同意 =1；不同意 =2；一般 =3；同意 =4；非常同意 =5	定距
		供给时间较长	非常不同意 =1；不同意 =2；一般 =3；同意 =4；非常同意 =5	定距
		生产规模易于变化	非常不同意 =1；不同意 =2；一般 =3；同意 =4；非常同意 =5	定距
		容易储藏	非常不同意 =1；不同意 =2；一般 =3；同意 =4；非常同意 =5	定距
		容易运输	非常不同意 =1；不同意 =2；一般 =3；同意 =4；非常同意 =5	定距

续表

变量	题项		变量说明与赋值	尺度
解释变量	需求特性	产品需求重大	非常不同意 =1；不同意 =2；一般 =3；同意 =4；非常同意 =5	定距
		消费区域广	非常不同意 =1；不同意 =2；一般 =3；同意 =4；非常同意 =5	定距
		消费量与家庭收入相关程度高	非常不同意 =1；不同意 =2；一般 =3；同意 =4；非常同意 =5	定距
		单次购买量大	非常不同意 =1；不同意 =2；一般 =3；同意 =4；非常同意 =5	定距
		消费者对其品质要求高	非常不同意 =1；不同意 =2；一般 =3；同意 =4；非常同意 =5	定距
		品质易于识别	非常不同意 =1；不同意 =2；一般 =3；同意 =4；非常同意 =5	定距
	交易属性	资产专用性强	非常不同意 =1；不同意 =2；一般 =3；同意 =4；非常同意 =5	定距
		讨价还价意愿强	非常不同意 =1；不同意 =2；一般 =3；同意 =4；非常同意 =5	定距
		交易频率高	非常不同意 =1；不同意 =2；一般 =3；同意 =4；非常同意 =5	定距
		交易不确定性强	非常不同意 =1；不同意 =2；一般 =3；同意 =4；非常同意 =5	定距
	价格政策	价格受政策影响大	非常不同意 =1；不同意 =2；一般 =3；同意 =4；非常同意 =5	定距
因变量	土地密集型农产品价格		很低 =1；低 =2；正常 =3；高 =4；很高 =5	定距
	劳动密集型农产品价格		很低 =1；低 =2；正常 =3；高 =4；很高 =5	定距
	资本密集型农产品价格		很低 =1；低 =2；正常 =3；高 =4；很高 =5	定距
	工业资源型农产品价格		很低 =1；低 =2；正常 =3；高 =4；很高 =5	定距

第二节　实证结果分析

在计量软件 Stata16 中使用全部样本估计了模型参数，其中将调查者的职业、所在主产区、农产品主要收购渠道、疫情对农产品价格的影响程度以及调查者对农产品价格的关注程度进行了控制。为了满足实证研究所需的平行性假设条件，没有将调查者所在的具体地区加入模型中。此外，当前国内交通运输较为发达，不同农产品到达全国各地所需要的时间差异并不是很大，因此调查者所在地区对农产品价格的影响较为微小。

一、有序 Logit 模型回归

表 8.3　农产品特性差异对其价格决定的机理归因评估结果

变量	土地密集型农产品		劳动密集型农产品		资本密集型农产品		工业资源型农产品	
	参数	Z 值	参数	Z 值	参数	Z 值	参数	Z 值
控制变量								
职业	0.0673**	1.98						
所在主产区			−0.0981**	−2.23	−0.1209**	−2.71		
农产品主要收购渠道	0.1903***	3.14					0.1161*	1.75
疫情对价格影响程度	−0.1606*	−1.68			0.3463***	3.02		
农产品价格关注程度			0.2191*	1.95	0.2511**	2.05		
解释变量								
产品品质	0.1756***	2.58			−0.1607*	−2.11	−0.0664***	−3.78
需加工程度			−0.2886***	−4.09				
供给时间	−0.5456*	−1.52	−0.1861**	−2.44	−0.2175**	−2.40		
易于运输			−0.2958***	−3.81	−0.1323*	−1.67		
产品需求	0.5195***	4.10						
消费区域	−0.2645**	−1.25			0.3516***	3.34		

变量	土地密集型农产品		劳动密集型农产品		资本密集型农产品		工业资源型农产品	
	参数	Z值	参数	Z值	参数	Z值	参数	Z值
消费量与家庭收入相关性	-0.1943***	-1.86	0.1651**	2.28	0.1853**	2.37	0.2966***	3.44
单次购买量					-0.5084***	-6.57		
品质要求			0.3116***	3.11			0.2068**	2.25
讨价还价意愿			0.1489*	1.85				
交易频率	0.3439***	3.85	0.2872**	2.47				
交易不确定性			-0.2066***	-2.69	0.2730***	3.47		
政策			-0.1981***	-2.75			0.3324***	3.88
门限1	-1.8320	0.6591	-4.3470	0.6930	-4.4245	0.6941	-2.5885	0.7744
门限2	-0.3030	0.6515	-3.2732	0.6778	-3.6578	0.6733	-1.0563	0.7525
门限3	3.0782	0.6643	-1.0359	0.6671	-1.4604	0.6559	3.1613	0.7640
门限4	6.100	0.8262	2.1983	0.6742	1.1879	0.6540	5.1671	0.7999
样本容量	796		796		796		796	
Pseudo R^2	0.0388		0.0686		0.0769		0.0530	

注：以上所有因素均在 0.1 的水平上显著，***、**、*分别表示在 0.01、0.05、0.1 的水平上显著。

表 8.3 报告了农产品特性对其价格决定显著变量的筛选结果。可以看到，土地密集型农产品价格决定受产品品质稳定性、供给时间、产品需求量、消费区域分布、消费量与家庭收入相关程度以及交易频率的影响。劳动密集型农产品价格决定受需加工程度较强、供给时间长、易于运输、消费量与家庭收入相关程度、单次购买量、品质要求、交易频率以及交易的不确定性的影响。资本密集型农产品价格决定受产品品质稳定性、供给时间、消费区域分布、消费量与家庭收入相关程度、单次购买量、交易不确定性的影响。工业资源型农产品价格决定受产品品质稳定性、消费量与家

庭收入相关程度、单次购买量、讨价还价意愿以及政策的影响。

二、模型检验

进行有序 Logit 分析时需要进行平行线假设检验，通过平行线假设检验的有序 Logit 分析才是有意义的，因此本章首先对调查问卷所得的数据进行平行线假设检验。表 8.4 汇报了对四类农产品的调查问卷数据进行平行线假设检验的结果，可以看到，这四类农产品均通过了平行线假设检验。

表 8.4　平行线假设检验结果

变量	土地密集型农产品		劳动密集型农产品		资本密集型农产品		工业资源型农产品	
	参数	P 值	参数	P 值	参数	P 值	参数	P 值
似然比	245.8	0.000	411.9	0.000	331.7	0.000	69.26	0.000
Wald 检验	146.1	0.000	27.56	0.087	360.04	0.000	69.92	0.000
Wolfe Gould 检验	202.2	0.000	198.5	0.000	172.7	0.000	76.79	0.000

三、实证结果分析

表 8.5 反映了不同差异特性对四类农产品价格决定影响的显著水平和符号。从表中可以看出，农产品的本身属性、供给特性、需求特性、交易特性以及价格政策五个方面特性中共有 13 个因素分别对四类农产品的价格决定产生显著影响。

在农产品属性方面，产品品质对土地密集型农产品、资本密集型农产品以及工业资源型农产品价格影响显著，但其与土地密集型农产品价格的相关关系为正，而与其他两类农产品的相关关系为负。深究其因，因为土地密集型农产品供给比较稳定，且受国际市场冲击较严重，如果品质不够稳定会导致其竞争力降低，致其价格产生下降趋势。需加工程度仅在 1% 的显著水平下对劳动密集型农产品价格产生负向影响。

在供给特性方面，供给时间对土地密集型农产品、劳动密集农产品以及资本密集型农产品价格均产生负向影响；而易于运输则对劳动密集型农产品和资本密集型农产品价格产生负向影响，究其原因，劳动密集型产品的种类多样，运输方式也相对繁杂，运输的成本差异相应地显示到了农产品价格上，而资本密集型农产品运输难度也较大。

在需求特性方面，产品需求量仅对土地密集型农产品价格有显著的正向影响；消费区域对土地密集型农产品价格有负向影响，但对资本密集型农产品价格有正向的影响；收入相关性对四类农产品价格绝对均有显著影响，但只对土地密集型农产品价格产生负向的影响，可能的原因是人们收入水平升高后，食品结构更加丰富，对土地密集型农产品的需求相应减少，从而导致其价格降低；单次购买量仅对劳动密集型农产品价格形成产生负向影响；根据实际经验，在劳动密集型农产品时，量越大价格越低；品质要求高仅对劳动密集型农产品价格形成产生正向影响，可能的原因是因为消费者对该类农产品的品质识别能力较强。

在交易属性方面，讨价还价意愿仅对劳动密集型农产品价格产生正向影响；而交易频率高则对土地密集型农产品价格产生正向显著影响，而对劳动密集型农产品价格产生负向显著影响；交易不确定性对劳动密集型农产品价格产生负向显著影响，对资本密集型农产品价格产生正向显著影响。

在价格政策方面，其仅对工业资源农产品价格产生正向的影响，究其原因，我国对棉花实行目标价格政策，支持力度强，且棉花种植区域较为集中，棉花价格与政策相关程度较高。

表 8.5　不同差异特性对农产品价格决定影响的显著水平及符号

解释变量 \ 不同类型农产品		土地密集型农产品		劳动密集型农产品		资本密集型农产品		工业资源型农产品	
		显著水平	符号	显著水平	符号	显著水平	符号	显著水平	符号
本身属性	产品品质	0.01	+			0.1	−	0.01	−
	需加工程度			0.01	−				

续表

解释变量\不同类型农产品	土地密集型农产品		劳动密集型农产品		资本密集型农产品		工业资源型农产品	
	显著水平	符号	显著水平	符号	显著水平	符号	显著水平	符号
供给特性 供给时间	0.1	−	0.05	−	0.05	−		
易于运输			0.01	−	0.1	−		
需求特性 产品需求量	0.01	+						
消费区域	0.05				0.01	+		
收入相关性	0.01	−	0.05	+	0.05	+	0.01	+
单次购买量					0.01	−		
品质要求			0.01	+			0.05	+
交易属性 讨价还价意愿			0.05	+				
交易频率	0.01	+	0.01	−				
交易不确定			0.01	−	0.01	+		
政策 价格政策							0.01	+

第三节 不同属性农产品价格形成机理归因结论与讨论

本章从农产品本身属性、供给特性、需求特性、交易属性以及价格政策五个方面探索农产品价格微观形成的机理归因。首先对可能影响农产品价格形成的因素进行梳理和归纳。然后通过问卷调查的方式进行数据的搜集。进而采用有序的 Logit 模型对搜集到的数据进行实证分析。研究发现：第一，农产品的价格形成不仅仅是供给和需求相匹配的结果，同时也与农产品属性、交易属性、供给特性、需求特性以及政府制定的政策相关。第二，不同类型农产品因其本身特性的差异以致其价格形成的机理归因有明显的差别。具体来看，土地密集型农产品价格形成受产品品质、供给时间、产品需求量、消费区域、消费量与家庭收入相关性以及交易频率的影响；

劳动密集型农产品价格形成受需加工程度、供给时间、易于运输、消费量与家庭收入相关性、品质要求、讨价还价意愿、交易频率以及交易不确定性的影响；资本密集型农产品价格形成受产品品质、供给时间、易于运输、消费区域、消费量与家庭收入相关性、单次购买量、交易不确定性的影响；工业资源型农产品价格形成受产品品质、消费量与家庭收入相关性、单次购买量、交易不确定性的影响。第三，同一特性对不同类型农产品价格形成的影响结果可能相反。其中，收入相关性对土地密集型农产品价格影响为负，对其他农产品类型价格影响为正，因为土地密集型农产品供给比较稳定，消费者收入一旦提高，其食品结构必然丰富，对土地密集型农产品的需求会有一定的降低，其价格产生下降趋势。资本密集型和劳动密集型农产品受交易不确定性的影响结果相反，两者替代品价格和替代品种类多寡的不同可能是主要原因。第四，在农产品的五个特性中，需求特性对农产品价格形成的作用最大。同时 796 份问卷有接近 54.65% 的被调查者认为需求端对农产品价格形成作用最大，也进一步印证了实证分析的结果。

基于上述研究结论，本章政策含义：其一，农产品价格形成不仅仅是宏观上供给和需求的平衡，同时也受到产品本身属性、供给特性、需求特性、交易属性以及价格政策的影响，因此，政府应根据食品安全的新要求提升农产品质量检测能力，同时采用新兴信息技术串联农产品交易和检测信息，规范各级农产品交易场所，保证农产品价格长期稳定以及食品供应安全。其二，政府在制定政策措施时应着重考虑农产品的多方面特性，更加针对性地制定相关的政策，以期达到更好的政策调控效果，以保证农产品价格的持续稳定。其三，政府应建立更加完善和细化的分区域性的农产品微观价格监测机制和预警机制，以应对可能的部分农产品区域性短缺和价格失调。其四，需求特性对农产品价格形成的作用较大，当前消费者对农产品的需求随技术和经济变化明显，因此政府对农产品关注的重心要适度地从供给侧向需求侧转变。

第九章　农产品价格形成机制与治理体系优化

　　深入推进农产品价格国内支持政策改革，增强国内支持政策的灵活性和有效性，充分发挥价格信号的作用，对农业发展方式转变、生产结构优化、资源配置效率提高至关重要。作为一项支持农产品价格维持在某一健康水平的制度性安排，我国农产品价格形成机制改革与治理体系优化当前或许正面临新契机。常言道，"他山之石，可以攻玉"。本章在系统分析发达国家农产品价格形成机制及特点的基础上，总结适合我国实际情况的经验。结合公共物品（事业）理论和外部性理论，对农产品价格形成机制中的公共性和私人性进行甄别，将不同类别（属性）农产品价格调控治理进行分类，明确了农产品价格治理体系优化的目标取向，形成了农产品价格治理体系优化的思路，提出了农产品价格治理体系优化措施及不同类别农产品价格调控治理机制，力求为国家完善农产品价格形成机制提供具有现实性、针对性、可操作性的决策参考。

第一节　发达国家农产品价格形成机制及特点

一、美国农产品价格形成机制及其特点

（一）美国农产品价格形成机制

20 世纪 30 年代，为了缓解紧迫的农副产品过剩、粮价大跌等一系列农业危机，罗斯福总统以"凯恩斯主义"为指导出台系列立法，对农产品价格和储备、耕种面积和品种等全方面进行政策干预。在 1933 年颁布的《农业调整法》中提出继续缩减种植面积以应对价格大跌和常平仓制度，将信贷资本引入农产品交易市场。[①]从 20 世纪 30 年代开始至 21 世纪初，美国的农业干预政策也进行了一些调整，主要有：1973 年颁布的《农场法案》将"既定价格"补贴法制化，若市场价在这一基准价格之上则不实施政策，相反则对种植户进行补贴；[②]1977 年《农场法案》将这一政策更正为"基于目标价格的差额补贴"，并给出目标价格的具体计算方法；[③]直至 1996 年启用"生产灵活的合同补贴"，以各种农产品补贴预算总额和实际应补贴的产量计算补贴额，差额补贴暂时中止；然而，在 2002 年和 2014 年将差额补贴分别改为"反周期补贴"和"价格损失保障补贴"后继续推行。20 世纪 30 年代至今，为了稳定市场和保障农场主收益，美国持续不断地更新着农产品价格干预和调控的方式。

1. 补贴政策

一是差额补贴。政府根据农产品产销行情和成本收益确定目标价格，

[①]　由政府定价，商品信贷公司贷款，价格标准略低于 1909—1914 年"平价"（农产品对工业品的相对比价），若农产品市场价格低于政府定价，由商品信贷公司以政府定价收购农产品；若市场价格高于政府定价，农产品可以在市场上自由出售农产品后归还政府贷款。

[②]　此时的既定价格一般是年度市场均价。

[③]　目标价格的计算方法为：目标价格 = 生产成本 + 收益。

若农户交易价格低于政府既定价格，农户可以基于自身实际产量获得差额补贴。[①]

二是营销援助贷款和贷款差额支付。这两类都属于"黄箱"措施，涉及的主要品种是玉米、小麦和棉花。农户可自愿选择与农业部属的信贷公司签订协议获取贷款并确定基准价格，当市场价在基准价之下时，公司收购农产品以抵偿贷款。[②]相反则可自行销售并获得偿还贷款后的利润。伴随库存积压的压力，政府进行了政策优化，当市场价在基准价之下时，由农户自行组织产品销售并偿还贷款，差额由财政补贴。此外，自愿放弃贷款的农户也可以在市场价低迷时获得来自财政的差额支付。

三是反周期支付。顾名思义，该政策是针对农产品价格周期变化而进行的适时补贴。从2002年开始，一旦某种农产品市场价比前5年均价的50%还低，则由政府进行差额补贴。若此时市场和直接支付的总和仍未达到目标价，则实施该政策，相反则不实施。

四是生产灵活性补贴。为了缓解补贴对财政造成的负担，政府对补贴标准进一步统一。规定单个农产品补贴支付是总补贴支付与补贴产量的比值，农户基于种植面积和单产获得相应补贴支付。[③]此外，农户可以自主决定被补贴耕地上的种植品种，生产相对灵活。

2.农作物保险计划

为了减轻不确定的突发灾害造成的农业损失，美国政府构建起农产品市场救济性体系。在早期《农业调整法》修订时提出保险计划，对旱灾、涝灾、病虫等不可抗力造成的农作物减产，按其损失的50%—70%比重进

---

① 交易价格一般是市场价格和贷款率中的较高者。
② 2008年，美国农业法规定，贷款率为该农产品五年平均市场价格的85%。
③ 补贴产量=85%×基期产量。农民所得补贴额=某种作物法定基础面积×85%×固定基期平均单产×法定单位产品补贴金额。

行保险；20 世纪 50 年代经由《联邦作物保险法》确定了保费补贴标准为三成；20 世纪 80 年代末的《灾害援助法》，具体规定了参保农场主获赔上限为 95%。此外，若遇重大自然灾害，所有计划内的受灾者都具有获得灾情贷款和援助的资格。2003 年颁布的《2003 年农业援助法案》着重补充了关于气候反常带来损失的相关保险规定。2014 年 2 月，《2014 年美国农场法案》制订了众多具体保险方案：在价格损失覆盖计划中，一旦市场价低于基准价，生产者即可享受两者的差额支付；[①]农业风险覆盖计划中一旦某地区实际收入低于基本标准的 0.86 时，可向政府寻求补贴支付。[②]保险计划覆盖小麦、花生、稻谷等多个品种，与以往补贴受灾品种的方式有明显不同，由于并不触及生产本身，因此属于"绿箱"政策。

3. 农产品国际贸易

美国的农产品贸易政策分为促进出口和限制进口两方面，其中限制进口对于稳定国内市场作用更加明显，主要有以下具体措施：

一是关税标准。20 世纪 20 年代初，在《紧急关税法》中对玉米、稻谷等重要农产品的进口关税进行了大幅的增加，并于 1930 年再次修订了农产品税率，将平均税率由 38.1% 提升至 48.9%，此后长期保持较高的进口关税标准。

二是技术壁垒和绿色壁垒。美国政府通过设立严格的质量检测和检疫标准，严格限制进口农产品质量。比如美国 FDA 曾公布相关指南，强行在果蔬汁制造中推行 HACCP。[③]此外，要求进口农产品必须经由美国环保检

---

① 支付的标准参照公式：支付标准 =（指导价格 − 市场价格）× 支付单产 × 基础面积 × 85%。

② 实际收入 = 实际的平均产量 × 国家公布的农产品价格。基本标准 = 近 5 年某地区单产平均值 × 近 5 年全国市场价格平均值。

③ HACCP 体系是国际上共同认可和接受的食品安全保证体系，主要是对食品中微生物、化学和物理危害进行安全控制。

验鉴定后才能通关入境。

三是制定反倾销政策。早在 1916 年的美国税法中就认定反倾销属于刑事犯罪行为。随后的新反倾销法明晰了具体覆盖标准，并提出特别倾销税的概念。20 世纪 30 年代，为了进一步强调反倾销的重要性，政府将其法规并入关税法，并在此后的 1979 年、1988 年和 1997 年分别对反倾销法进行了修改、细化，通过加收反倾销税的方式，限制来自国外市场的诸如大蒜、小龙虾等的进口。

四是制定特别保障条款，以避免大量进口农产品对本土市场造成巨大冲击。当进口农产品数量较多有引发本土农产品价格骤降的风险时，政府会参照特别保障条款，限制某些农产品的进口以保障国内市场价格平稳。

（二）美国农产品价格形成机制的特点

第一，美国始终实施农产品支持性政策，其主要目的是解决美国农产品长期过剩的问题（董涛，2015）。[①] 在完全开放的市场经济体制下，美国农产品价格主要由市场决定，长期以来，农产品市场出现了利益分配失灵、资源配置浪费等问题。最为代表性的问题是：美国日益严峻的农产品过剩形势导致农产品价格与农民收入的猛烈下降。因此，政府必须对农产品价格进行干预，但提高农产品价格与政府补贴的政策使农场主成为了最大受益人，而一些佃农与农业工人遭遇了灭顶之灾，于是美国政府进行了农产品目标价格政策的改革，早期实行目标价格贷款制度，后期引入目标价格补贴制度，逐渐建立和完善了农产品目标价格制度。农产品目标价格政策的建立降低了市场运行的不利影响，促进了农产品资源的有效配置，同时使美国农业支持性政策更加合理。

第二，农产品市场对价格的决定作用不断加深，农业保险制度不断完

---

① 董涛：《发达国家和地区农产品价格形成机制及其特点》，《世界农业》2015 年第 10 期。

善。"乌拉圭回合"之后，美国政府对农产品价格的干预逐渐减弱，农产品价格市场化逐渐加强，因此农产品价格波动也更加频繁与剧烈。为减弱市场失灵对农民利益造成的不良影响，美国不断完善农产品保险制度，逐渐提高农业保险的补贴率和覆盖率，构建经营风险管理、灾害援助等在内的农业安全网。

二、欧盟农产品价格形成机制及特点

（一）欧盟农产品价格形成机制

第二次世界大战后的欧洲长期处于农民收入低下、农业发展滞后的阶段，为了促进农业发展，欧共体于 1962 年发布《共同农业政策》，通过支持价格、直接补贴、出口补偿等多种手段来稳定价格、保证供应（孔维升和麻吉亮，2017）。① 该政策体系的明显特征是内外兼顾，既充分保护国内市场，又努力开拓海外市场。后来的欧盟继承了这一政策体系的框架，并深化对农业可持续发展政策的改革，配合使用了一系列行之有效的政策工具，主要包括：

1. 直接调控手段

价格支持政策作为最重要的直接调控政策包括支持价格、出口补偿、干预价格和直接补贴等细分政策。

一是支持价格。支持价格是为了防范进口商品拉低国内市场价格水平，主要通过目标价格和门槛价格进行调控。目标价格是一种包含储藏和运输费用的价格上限，是由某一特定农产品在其内部最为紧缺的市场上的售价决定的；门槛价格是成员国以外国家的农产品进入成员国港口时的价格下限，某种农产品的到岸价一般与世界市场最低价保持一致。若门槛价格小于价格下限，则对运输对象加征差额税，从而保护成员国生产者的利益。

---

① 孔维升、麻吉亮：《欧盟农产品市场调控政策研究》，《中国食物与营养》2017 年第 10 期。

二是出口补偿。对出口联盟外国家的农产品进行差额补偿，确保联盟出口的国际竞争力。补贴标准一般对比同种农产品出口大国的出口价格和联盟内部离岸价格，并经由招投标最终确定。

三是干预价格。干预价格也是既定的最低价格，一般由欧盟部长会议以低于目标价格的 10%—20%，结合当年的生产成本和收益均值来制定。若供需严重不匹配引发价格萎靡并低于既定最低价时，由成员国干预机构运用共同农业基金以既定最低价收购或差价补偿的方式维持市场价格的平稳。

四是直接补贴。为应对农业发展过程中生产过剩和环境生态问题，欧盟倾向于带有"蓝箱"性质的限产计划，比如降低支持价格而对农户缩减面积和产量的直接补贴；以历史种植面积确定补贴额，从而弱化当前产出与补贴的关联性；推进针对一年和多年休耕的面积补贴等。近年来，有针对性地进行政策设计，对德国的农企统一单位补贴标准，使得补贴额与农用耕地面积成正比；针对其他成员国，下调大农场的补贴标准 5% 以上；[①]此外针对环境友好型农企额外追加三成以上补贴。

2. 间接调控手段

欧盟在 21 世纪初通过发布专门的《农业风险管理报告》中强化突出保险工具的特殊地位。联盟各国保费补偿力度不断提升，达到 65%，其中按 3∶1 的比例由欧盟委员会和各国分别负担。在多年的不断摸索中，产生了以下主要险种：

一是产量保险。产量保险是为应对农产品产量不稳定而设计的险种。如西班牙将生产者、私人属性的保险公司和政府性非营利机构的国家保险赔偿联盟三者相连接，通过财政拨款、保费和风险保障基金对投保生产者进行保障。此外，产量保险在法国、奥地利等国家也得到广泛推广和发展，

---

① 大农场是指每年补贴额超过 15 万欧元的农场。

对稳定生产和保障收入起到了较大作用。

二是灾害保险。考虑到不可抗的自然灾害对农业的巨大影响，以及欧盟成员国的气候差异，灾害保险在欧盟由来已久。如德国、英国等国家实施的洪水、冰雹等单一灾害的农业保险。此外，在波兰、瑞典、葡萄牙等灾害发生率更高的地区，灾害保险通常为保障多种灾害的复合险种，比如波兰的干旱、洪涝和冰冻灾害保险等。

（二）欧盟农产品价格形成机制的特点

第二次世界大战后，欧共体农业遭受严重破坏，为了稳定农产品价格和促进农民生产的积极性，欧共体实行共同农业政策来鼓励农业生产，想要以此恢复欧共体农业产业的发展。经过多次改革，欧盟内部开始实行统一的农产品价格体系，其特点主要有以下几个方面：

第一，欧盟农产品价格政策以提高生产者收入水平为主要目标。生产者支持性农业价格政策符合世界贸易组织规则，农产品补贴政策趋于"绿箱化"。支农资金集中统筹使用，将补贴直接发给各成员国农户，以提高生产者收入水平。"基本补贴"将多种补贴方式集合在一起，减少对农产品价格市场的扭曲，属于"绿箱"政策。随着国际形势的不断变化，欧盟提出了"绿色补贴"政策，鼓励农民进行绿色生产，保护农业生态环境。

第二，欧盟农产品价格支持性政策手段多元。农产品价格形式分为参考价格、干预价格与边境价格，多元的价格支持政策提高了生产者对农产品市场的适应性。

三、日本农产品价格形成机制及特点

（一）日本农产品价格形成机制

经历了第二次世界大战后经济高速发展的阶段，日本的农业保护力度位居世界前列（王华巍，2005）。[①] 这一方面与第二次世界大战后一段时期比较优势的转移，与农业集团的保护诉求有关，也与日本本身人多地少、资源匮乏、劳动力缺乏、灾害多发的自然特征有关。早在 20 世纪 80 年代，日本就成为世界上农业保护率最高的发达国家，农业也成为日本政府保护最为彻底和全面的产业之一。1921 年至今日本颁布了 200 多部农业相关法律，将一系列农业的直接和间接调控手段不断法制化。[②]

1.直接调控工具

日本政府对农业的直接调控主要是通过几乎涵盖所有大宗农产品品种的政府价格支持，其中以大米的价格支持政策最具有代表性。主要形式有：

一是价格管理制度。将大米和烟叶的定价权划归政府。依据"成本和收入补偿"来制定收购价格，其中成本指生产成本，将农民劳动力成本折算成工资收入，这种计算方式既能保障种植户生产收入完全覆盖成本，又能够与工人收入持平，提高了农民从事农业生产的积极性。[③]

二是最低保护价格制度。这一制度针对小麦、大麦、土豆、甘蔗、甜菜等农作物。政府通过设立价格下限对这类农作物价格进行保护，一旦市场价格跌破价格下限，政府部门将以最低价格收购农户的全部农产品。

三是差额补贴制度和稳定价格基金制度。根据大豆、油菜籽等市场价格与目标价格的高低决定是否由财政出资对生产者进行差额补贴。当果蔬、鸡蛋等市场萎靡降幅超 15% 时，大部分价差由国家、地区政府和生产者等共同募集的稳定价格基金对农户进行补偿，农户自行承担其余部分。

四是价格稳定带制度。规定肉、奶类产品在自由市场进行买卖交易的

---

① 王华巍：《探析吉林省民营经济发展滞后的原因及对策》，《新长征》2005 年第 19 期。

② 主要包括农业基本法、农业基础法、中央批发市场法、农业协同组织法、农用土地法、农业金融法、灾害保险法、质量检查法等。其中农业基本法以 1961 年《农业基本法》为基础，现行农业基本法是 1999 年颁布的《食品·农业·农村基本法》。

③ 大米价格按照单产低于全国水平一个标准差的农场的生产成本计算。

同时接受准政府机构（事业团等）的监控，政府规定价格的上限和下限范围，若市场价格浮动超过这一范围，则由准政府机构通过抛售库存、购入储备等方式，调节市场供给量来稳定物价。

2. 间接调控工具

一是灾害补贴和农业保险。日本自然灾害频发，对农业生产影响极大。而灾害补贴属于世界贸易组织"绿箱"政策，无须减让承诺，因此日本政府积极推进灾害补贴政策，补贴对象涵盖受灾的农用耕地、公共设施等。此外，政府率先参保，并强制符合规模的生产者和组织必须参保。具体操作方法是：由农林渔业部和合作社分别确定每公斤保额和平均单产，两者乘积的七成即为保额，其中五成到八成保额由财政支出负担。

二是贸易保护。除了对可能与本国同类农产品形成竞争关系的农产品和本国对外依存度较大的农产品制定差异化关税税率外，日本政府还采用进口配额、等级制度、严格检疫标准等非关税壁垒手段严格限制农产品进口。1962 年至今，迫于国际贸易伙伴的压力，日本限额进口的农产品种类已经从 102 种减少至 22 种，但无论是限额的种类数量还是进口标准规定的严苛程度，日本仍处于国际前列。

（二）日本农产品价格形成机制的特点

日本农产品价格普遍受到政府部门的干预。以大米为例，大米是日本的主要农作物与主食，其特殊性决定了日本农产品价格支持政策必须对大米价格进行管理，因此在日本农产品价格政策中，大米的管理价格政策一直处于核心地位。"乌拉圭回合"后，日本为应对世界贸易组织规则，才逐渐取消了对大米生产及流通环节的直接管控和补贴，之后日本大米价格逐渐交由市场决定。日本农产品补贴根据农产品种类和市场情况有所区别，如根据农产品价格下降幅度进行不同程度的补贴，以此来减少对农产品市场的干预。

　　日本农产品批发市场是最能凸显其市场形成机制的作用，从具体表现来说，在批发市场内，农产品价格通过拍卖的形式来确定。批发市场拥有完善的农产品流通渠道与供需对接平台，在日本农产品流通环节中占据十分重要的地位。各方主体通过批发市场交换信息，因此批发市场成为生产者、农协与批发商之间的桥梁。

第二节　农产品价格调控治理体系优化的依据与目标

一、农产品价格调控治理体系优化的依据

（一）价格调控的理论依据

　　我国对调控粮食市场的理论思想自先秦时期就已经产生，《管子》中提出的"轻重论"认为，政府对货币和粮食的流通具有绝对控制权，基于自身对货币和粮食的垄断地位，根据商品价格水平与供求关系的不同实施不同的调控政策，以此来提高政府的财政收入（林光彬，2015）。[1] 春秋末范蠡提出平粜理论，谷价高则低于市场价出售粮食，谷价低则高于市场价收购粮食，从而控制粮食价格的波动幅度，最终使得"农商具利"。农业的基础地位和较高的自然条件与资源依赖性决定了其天然弱质性的存在，从而加剧了农产品价格不稳定带来的风险。农产品价格直接关系到社会稳定和公共利益，因此具有较强的外部性。在追求帕累托最优的完全市场机制调节下，弱质性缺陷引致的正外部性成本难以弥补，而负外部性成本不断凸显。市场失灵的发生提示着单纯依靠价格自发调节的市场机制缺乏效率，需要借助政策工具进行适度干预。

　　根据公共物品（事业）及外部性的相关理论，不同农产品价格调控治理

---

[1]　林光彬：《我国是古典政治经济学的创始国》，《政治经济学评论》2015 年第 5 期。

的属性类似于公共物品性质。不同农产品的物品属性特征对应的价格调控治理的属性也存在差异，根据市场性和非公共性可以归纳为表 9.1 中的四类。

表 9.1　不同农产品价格调控治理的属性

		非公共性（"排他性"）	
		强	弱
市场性 （"竞争性"）	强	"私有—私益物品" 水果、蔬菜等劳动密集型 农产品价格调控治理	"公共—私益物品" 棉花、橡胶等工业资源型农产品 价格调控治理
	弱	"私有—公益物品" 生猪等资本密集型农产品价格调 控治理	"公共—公益物品" 水稻、小麦口粮等土地密集型农 产品价格调控治理

公共事业通俗来讲是关系整个社会全体的事业，其以促进社会发展和进步为前提，以提高社会公众生活质量、保障全体公众整体利益为目的。一般来说公共事业处于政府的管理与控制之下，因此政府是公共事业管理的主体。促进公共事业组织更有效地为社会提供公共产品或准公共产品是公共事业管理的目标。根据前文分析，口粮等土地密集型农产品具有公共产品特征，政府需要保障全体社会成员的口粮，"中国人的饭碗牢牢端在自己手上"。生猪等资本密集型农产品和棉花等工业资源型农产品具有准公共产品特征，公共事业组织需要对其价格进行适当调控，来维持社会整体利益的协调发展。综上所述，政府需要对公共产品或准公共产品的流通进行合理干预，来保证公共产品或准公共产品的有效供给，保障社会公众的整体利益。

第一，粮食（尤其是口粮）安全是关系我国国计民生的战略性问题，也是治国安邦的头等大事，是国家发展的"定海神针"。洪范八政，食为政首。古往今来，粮食安全直接关系国家安全且与每个居民生活息息相关，任何的细小变动都可能引起物价波动的一系列连锁反应，价格的外部性较强，因此必须由政府进行严格的管控。对水稻、小麦等土地密集型农产品的价格调控是从宏观整体出发，同时也无可避免地覆盖每个个体，在分配方面依托集体资源选择，公共性较强而市场性较弱，使得这一治理行为相对呈现"公共—公益物品"的特征，即纯公共产品。

第二，由于水果、蔬菜是饮食中的补充品而非必需品，针对这类劳动密集型农产品价格的调节几乎完全依靠市场，公共手段基本不参与其中，市场性较强而公共性较弱使得对应的调控治理模型类似"私有—私益物品"性质，即私人物品。

第三，生猪养殖者可以在市场交易中独立报价并经市场调节形成售价，国家并不直接参与定价。虽然生猪（猪肉）并非生活必需品，但对广大居民日常生活影响较大，价格波动的外部性较大，极易影响终端消费者的公共利益。且生猪产业链相对棉花等加工原料较短，相对市场性不强，价格调节往往不触及价格本身，而通过补贴作用于成本等其他路径，因而公共性较弱，类似"私有—公益物品"的性质，对生猪价格调控治理的属性类似于"俱乐部物品"。

第四，棉花等工业资源型农产品作为加工原料直接关系整个经济产业链的正常运转，在特定情况下属于国家战略调控问题，经营主体自身难以定价。由于其价格波动的外部性较大，价格直接与全产业链主体的公共利益挂钩，对其价格调控治理的属性类似于"共有资源"，具有较强的公共性。此外棉花这类农产品涉及的产业链条相对较长，相对市场竞争性较强，因此针对棉花等工业资源型农产品价格调控治理的属性类似于"公共—私益物品"，即准公共资源。

（二）国内价格调控的法律依据

社会主义法治的基本要求之一是做到有法可依，有法可依是指解决事情要有法可循。具体来说，农产品价格政策的制定与实施也必须依据相关法律法规。目前，我国进行农产品市场调控的主要法律依据有两个，分别是《中华人民共和国价格法》（以下简称《价格法》）和《中华人民共和国农业法》（以下简称《农业法》）。

《价格法》于 1998 年 5 月 1 日起执行，提出完善"市场定价为主，宏观调控为辅"的价格机制，政府只能对极少数货品进行价格干预，大多数货品价格由市场自发形成。依据该法律，政府仅在必要时可对干系国计民生的极少数商品进行价格干预。此外，该法律的第二十七条等还提到：当口粮市场价格萎靡时，可由政府进行保护价收购；允许政府成立价格调节专项基金来促进物价平稳，构建重要商品储备制度等，这些都是政府制定最低价和指导价的重要法律依据。

《农业法》根据我国具体国情以及农业发展不同阶段不断调整，先后经历 1993 年、2002 年、2009 年、2012 年等多次修正。该法律的第二十六条等明确指出：国家是调控重要农产品的实施主体，一方面要促进农产品购销市场化，此外建议构建分级储备调节机制；另一方面，政府有义务在市场萎靡时以保护价收购粮食，相关执行单位不得拒收。可见，这些法律条款为我国实施农产品储备制度、设定保护价格、构建农产品市场调控体系提供了重要法律依据。

（三）WTO 规则（国内政策支持）

1944 年，GATT（关税及贸易总协定）成员签署的《农业协议》将国内农业支持政策分为三种不同的类型，具体分为"绿箱"政策、"黄箱"政策和"蓝箱"政策。[1] 其中，"绿箱"政策指的是一类由纳税人承担费用的政策，该政策的实行对农业生产者的行为和农产品贸易的影响最小；"黄箱"政策指的是对农业生产者的行为和农产品贸易影响较大的一类政策；"蓝箱"政策是与限制农产品产量、牲畜饲养数量等相关内容的一类政策。

21 世纪以来，在全国范围内撤销农业税、农业特产税、屠宰税的基

---

[1] 马晓春：《中国与主要发达国家农业支持政策比较研究》，博士学位论文，中国农业科学院，2010 年，第 112 页。

础上，我国又加强了对一般性公共服务的支持力度，并逐步建立起以四项补贴（粮食直补、农资综合补贴、良种补贴、农机具购置补贴）为核心的农业补贴政策，并先后针对稻谷、小麦两种粮食作物制定了最低收购价制度，以及针对玉米、大豆、油菜籽等的临储制度，遵守了加入世界贸易组织承诺，从而建立起一套符合我国国情与世界贸易组织规则的农业支持政策体系。但是，随着这一体系持续运行，近年来我国农业发展面临着农业经营规模不大、产品品质不高、生产成本和国际价格的"两板挤压"、产量、进口量和库存量"三量齐增"、支持政策效率不高、生态环境压力大等方面的问题，我国农业支持政策面临新的转型压力。党的十八大以来，政府在原有农业支持政策体系的基础上对农业支持政策进行调整和改革，包括改革和调整农业补贴政策、改革收储政策、建立以市场为导向的农产品价格形成机制等。2021年的中央"一号文件"继续强调通过对种粮农户的补贴保证其基本收益，不断完善粮食作物的最低收购价和生产者补贴制度。

二、农产品价格治理体系优化的目标取向

农产品价格治理体系是与市场经济环境相适应的一种经济制度安排，更是一种农产品市场损失补助制度。要解决市场机制在农产品价格形成过程中存在的失灵问题，需要借助有限的政府干预弥补个人的市场损失，并促进个人的生产积极性，还需平衡农产品生产者与消费者之间的利益，并建立良好稳定的社会秩序。总之，我国要处理好政府与市场的关系，做到"政府的归政府，市场的归市场"，形成以市场决定为主，政府干预为辅的农产品价格治理体系。农产品价格治理体系优化的目标就是既要解决农产品社会现实问题，又要保障我国农业产业的稳定发展，实现农业产业的可持续发展。具体来说，不仅要平衡农业供求关系，增加农产品有效供给，满足消费者多种多样的农产品需求，保障粮食安全，还要提高生产者生产

的积极性，保障其基本利益，增加农民收入。

图 9.1 绘制了农产品价格治理体系优化目标取向的构成与运作。从客观基础、宏观总体、微观个体三个维度，讨论农产品价格治理体系优化的目标取向。

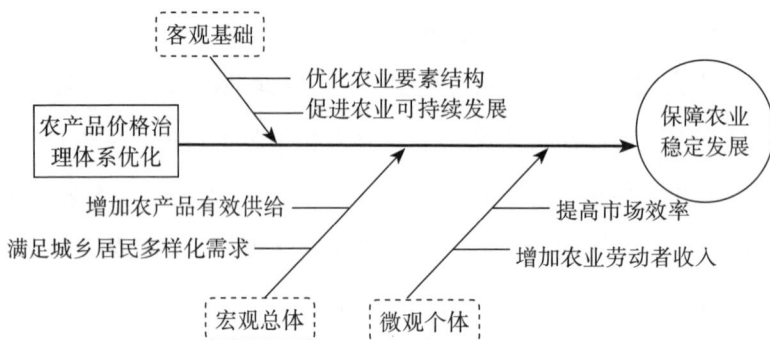

图 9.1 农产品价格治理体系优化的目标取向

（一）客观基础维度

从客观基础维度分析农产品价格治理体系优化的目标取向分为两个方面，一方面是优化农业要素结构，另一方面是促进农业可持续发展。

随着社会和经济不断发展，农业生产要素的价格有不断上涨的趋势，出现此种情况的因素主要有以下几点：一是人口红利的释放以及城镇化导致机会成本的提高使得农村劳动力减少进而劳动力成本增加；二是自然或人为因素导致农地面积减少进而土地成本增加；三是工业品价格上涨导致的农药、化肥和农用薄膜等价格的上升。各种因素导致的农业生产要素价格的上涨使得生产成本上涨成为必然。优化农业要素结构可以在一定程度上控制生产成本，从而稳定价格。

耕地和水资源短缺且质量、利用率偏低的农业资源问题，化肥、农药和农膜的滥用以及工业"三废"、畜禽粪便的肆意排放等造成的农业环境污染问题，对农业可持续发展带来了严重威胁，并会对农产品安全产生影响。与欧美国家相比，我国的农业补贴政策的目标大多在于促进农业生产，将环境保护纳入考虑范畴的政策相对薄弱，为环境保护专门设立的退耕（牧）还林（草）补贴也没有与生态支持相挂钩，而欧盟和美国在针对农业环境污染和生态保护相关的补贴力度较大，其中欧盟设置与此挂钩的补贴的预算将达 20% 以上。因此，考虑在农业生产不断发展的同时增加对环境的保护和农业可持续发展是亟须解决的问题。

（二）宏观总体（总量）维度

保障国家粮食安全，始终是治国理政的头等大事。长期以来，粮食供给保障与粮食价格稳定是粮食问题的研究重点，从粮食统购统销体制的建立，到粮食合同定购，再到粮食市场的放开，每个粮食政策都是对我国当前的建设任务与粮食供求关系的深刻探讨后决定的。"猪粮安天下"，基于粮食本身的特殊性，政府必须对粮食价格进行干预，适当调控粮食价格，或通过补贴等政策来保障农民与消费者的利益。因此，农产品价格治理体系优化必须把稳定粮食价格与有效供给作为重点。

政府对农产品价格干预的根本目的就是保障城乡居民的生活水平。新时代，城乡居民对于农产品的消费需求发生了众多变化。首先，消费者越来越注重绿色消费，有机健康的观念逐渐深入人心，"有机""绿色"等农产品的消费需求快速增加。其次，消费者品牌意识逐渐加强，更倾向于选择具有品牌的消费品。最后，消费者的需求种类越来越多样化，已经不满足于单一的农产品。综上，城乡居民多样化的消费需求给农产品价格治理体系的优化提出了更高的要求。

（三）微观个体（个量）维度

农业供给侧改革要充分保证市场对农产品价格形成的主导地位，但农产品价格由于市场供求关系的变化波动较频繁，政府若不加干预就会出现大起大落的现象，损害农民及消费者的利益。因此，为弥补农产品价格在长期的市场配置中存在的局限性，政府要合理发挥主观能动性，提高农产品价格市场效率。农产品价格治理体系的优化要把短期市场定价与长期政府调控相结合，不断提高农产品市场效率。

我国城乡居民收入差距较大，农业劳动者的生活水平有待提高。农业具有脆弱性，生产者要承担自然灾害所造成的风险。另外，生产者在农产品定价中地位较低，主动性较弱，因此要承担农产品价格波动的不良影响。农民收入显著影响农产品供给、粮食安全与乡村振兴。为保障农民收入，政府部门要加快推动农业保险的覆盖率，增加农业保险的补贴规模与方式。作为农产品生产者，农民收益高低与农产品价格密切相关，农产品价格治理体系的建立与优化都要将增加农民收入作为重要目标之一。

第三节　我国农产品价格治理体系构建

一、"看得见的手"和"看不见的手"相结合

首先，完善农产品的支持保护政策与进入市场并不矛盾。目前，我国工业较农业占有一定优势，在农业脚下垫一块砖是为了让农业更好地发展，农产品支持保护政策就是这块"垫脚砖"，目的是让农业进入市场，能够参与竞争。

市场通过价值规律自发调节市场价格，同时价格的变化会反向影响市场的供求关系。强调市场的决定性作用，就是说要将市场置于农业价格调控的主导地位。已有众多实践证明，市场经济的不可替代之处在于它是通往农业高效率、现代化发展的必经之路（袁绍岐，1999）。[①] 当今经济社会发展现状与1978年之前的状况对比也充分说明，市场在资源合理配置上的优势十分明显，让农产品市场价格在农产品市场中自发产生，这是市场

---

① 袁绍岐：《美国农产品价格政策及其对我国的启示》，《粮食问题研究》1999年第5期。

经济的必然要求。自然资源对农业发展的重要性是不言而喻的，农业体系内部存在着"水土气候—种植业—养殖业"的层层依赖关系，可以说自然条件与大宗农产品的基础竞争力直接相关（倪洪兴，2017）。[1]然而我国人多地少的自然条件，加之自加入世界贸易组织以来外部市场的不断冲击使得当前我国农业发展面临更大的潜在风险。此时，"看得见的手"宏观调控的直接性、强制性和时效性作用凸显，对于弥补市场本身的盲目性和局限性具有不可比拟的优势。此外，从国际经验来看，美国的市场化程度和农业补贴率都位居世界前列，充分说明由于天然弱质性的存在，即使是在最自由开放的市场上，脱离"看得见的手"作用的农业产业也难以应对所有的市场风险。中美在国情和具体农情上有着明显的差别，小农经营的固有局限、产业链利润的分配不公、国际贸易摩擦的日渐增多等都会轻易威胁到农产品价格的稳定，进而削减农户的生产热情。鉴于如此农情，政府的外部调控是重要且必要的，调控的对象不止是农产品价格本身，更应该包括产业链涉及的相关环节（岑剑，2019）。[2]

综上所述，农业具有一定程度的公共物品性质，仅依靠"看不见的手"通过价值规律进行市场调节会出现效率损失的问题，仅依靠"看得见的手"通过国家宏观调控则会影响市场活力。因此，有必要在市场定价原则下进行一定程度的宏观干预，从而使价格既遵循价格形成的规律，又兼顾产业链上相关主体的利益。

二、农产品价格治理体系优化的思路

总结我国当前价格调控的突出问题和西方发达国家干预农产品价格的

---

[1] 倪洪兴：《开放条件下农产品价格形成机制与价格政策选择》，《中国粮食经济》2017年第6期。

[2] 岑剑：《科学技术协会助力乡村振兴路径研究——以黔南州科协为例》，《黔南民族师范学院学报》2019年第1期。

经验教训的目的在于优化现有治理体系。那么应该具体沿着何种思路进行改进呢？对于优化逻辑的梳理可以沿问题和目标两条线索来进行。

从问题导向来看，我国农产品价格调控政策实施的过程中已经出现资源环境超载、"三量齐增"、调控政策覆盖面不全等问题，提示着在政策设计的精准性、适时性和全面性上还有明显的提升空间。所以，解决问题的根本途径是从顶层设计出发，在遵循市场化和法治化的前提下，充分发挥政府宏观调控的作用，优化政策体系而非对单一品种或者单一调控方式进行调整。优化的出发点在于矫正已有政策对市场机制的扭曲，秉承"市场调节为主、政府调控为辅"的理念，充分发挥价格在资源配置上的绝对优势（孔维升、麻吉亮，2016）。[①]

就目标导向而言，当前我国农产品价格治理体系的目标是保障粮食安全、农产品价格稳定、农业可持续发展和农户基本收益等。但是单一政策工具之间常常出现相互冲突，很难同时兼顾众多目标。以大豆为例，2008年为了应对粮食危机稳定农产品价格，国家通过高买低卖的临储制度有效保护了大豆市场。但自2012年以来，随着市场环境发生重大变化，生产资料价格的上涨不断推高临储价格，而国际大豆价格则进入下行，呈现出"洋货入市、国货入库"的怪异现象，国内外价差不断扩大，临储政策难以达到托市效果，转为目标价格补贴政策。但按比例的差额补贴方式和目标价格的常年不变导致种植大豆的农户面临收益极不稳定的情况，进而使种植面积不断减少。2017年，大豆被列为生产者补贴政策的施用对象，至此也明确了有计划、分阶段实现农产品市场定价的未来走势。国家层面的农业政策目标包含产量、收入、环境和社会等多方面（侯明利，2012），单一政策很难兼顾。[②]因此，必须在结合国内外市场环境和我国农业不同

---

① 孔维升、麻吉亮：《基于SWOT方法的中国农业企业"走出去"分析》，《农业展望》2016年第7期。

② 侯明利：《基于受益主体视角的粮食补贴政策演进》，《河南师范大学学报（哲学社会科学版）》2012年第3期。

发展阶段的基础上不断优化政策工具的组合方式，动态地进行政策调整。

从已实施政策的部分农产品和地区的实际情况来看，当前的农产品价格政策涉及的主体众多，不仅关系到农民利益、地区收益、产业发展、粮食安全也关系到消费者利益，存在明显的"牵一发而动全身"的蝴蝶效应。综合两大导向来看，治理体系的优化不仅要实现市场扭曲性政策的退出、适度调控性政策的存在，还要兼顾客观基础因素、宏观总体因素和微观个体因素。

鉴于此，本书认为现代农产品价格调控的治理体系应该是基于一定的技术条件和生产要素的制度安排，从客观基础、宏观总体和微观个体这三个维度来优化治理体系，才能真正兼顾和平衡不同政策目标，保证政策优化效果，农产品价格治理体系优化的总体思路如图 9.2 所示。

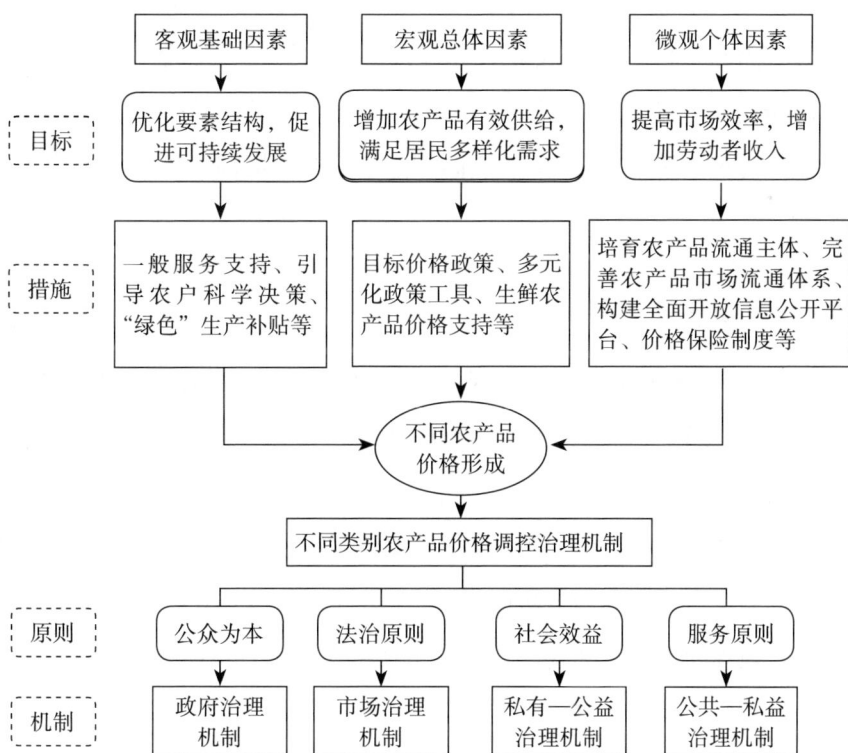

图 9.2　农产品价格治理体系优化的总体思路

三、农产品价格治理体系优化措施

（一）农产品价格形成的客观基础方面

1.加大一般服务支持力度

政府应该综合考虑市场情况，充分发挥职能，加大对一般服务的支持，减少市场价格支持，有效降低农产品生产成本，稳定农产品价格。第一，保障农田基本建设，继续进行更高要求的农田建设，并将减少地块数量，将扩大单位地块面积作为重要目标，改善我国许多地区地形不便于灌溉和机械化作业的情况，促进土地适度规模经营。第二，加强农业科学技术的革新与推广，根据实际情况，调整技术发展的重心，以培育优良品种、节约成本、提高生产效率等技术为重点，并加强科技成果的实际应用和推广，增加农业科技投入效益。第三，加大对农民生产知识普及的投入力度，坚持教育先导和人才强农，重视对人力资本的培育和引导，通过加强基础知识和专业技能等方面的培训，提升生产者的综合素质。

2.主动引导农户科学决策

农户作为理性经济主体，为追求利益最大化，会根据已知信息和自身预期作出相应的生产决策，种植结构的调整、要素投入的变化都会影响供求从而引起价格波动，这就需要政府主动引导农户作出科学合理的决策，鼓励生产者实行规模经营，不断促进劳动生产率、土地产出率以及资源利用率等各类生产要素利用效率的提高。政府在有效整合各类土地资源的基础上，合理规划土地流转程序，健全土地产权制度，保障土地有序流转以提高土地流转效率，并建立健全社会化服务体系，缓解分散经营的矛盾，提高土地利用效率。

3. 实行"绿色"生产补贴

以绿色生态农业为目标，着重探索建立"绿色"生产补贴机制，即建立在农业生产中采取环境保护的行动与所获补贴直接关联的制度。第一，逐步完善环境保护补贴政策，以达到提高农民对农业生产环境保护的目标。在加强退耕（牧）还林（草）补贴力度的同时，增加其他的补贴项目，例如耕地土壤保护补贴、水源涵蓄补贴和地力增进补贴等，逐步形成一个完整的环境保护补贴政策体系。第二，对获取补贴的新型农业经营主体提出要求，使其严格记录在农业生产过程中所使用的农药、化肥等的数量和次数，提倡和鼓励由新型经营主体带动来共同实现减少这些生产要素的过量投入。第三，根据农民实践"双减"政策和使用有机肥等清洁生产的行为，给予相应的补贴和奖励，促进建设资源节约型和环境友好型农业。

（二）农产品价格形成的宏观总体方面

1. 坚持推进农产品目标价格政策

短期来看，针对小麦等主粮的最低收购价政策可以有效保障市场供应并防范价格的大起大落，但长期来看，优势并不如目标价格政策明显。目标价格政策区别于保护价政策和临储政策的是其不干预市场价格的形成，而是通过引导市场价格信号促进合理价格形成，避免了市场对最低收购价只涨不跌的预期。这样既可以保护农业生产者收益，又可以让市场自发形成价格，避免了对市场价格机制的扭曲，有利于农产品市场的健康发展。但是也应看到，目标价格政策相对更加灵活，因此在具体政策设计时需要更加的谨慎。对于具体补贴方式的确定，如究竟是按照种植面积还是销售总量补贴？补贴水平的可波动范围是多大？都需要结合不同农产品属性特征进行具体设计，同时兼顾农户受益和政府财力，有计划、分阶段、探索性地进行市场化推进。

2. 多元化政策工具

农产品价格变化是市场供求状况的反映，但价格只是表象，拘泥于价格变化本身的价格调控也只能是"隔靴搔痒"，价格调控更重要的是关注变化背后供给侧、需求侧和流通中的影响因素。农产品市场价格在不同时间、不同地点、不同品种间呈现出不同的特点，价格调控必须因时因地采用快速有效的政策工具（王盛威，2017）。① 因此，在考虑我国实际国情和农情的基础上，有选择地实施如储存补贴、反季节补贴、价格风险基金制度等政策工具。鉴于单一政策工具的调控能力有限，很难兼顾多个政策目标。应结合不同农产品价格的实际情况，对政策工具进行组合优化，例如对具有竞争优势的生鲜农产品进行"补贴 + 收入保险"，多措并举，实现政策间的互补效应从而增强实际调控能力。

3. 推行针对生鲜农产品的支持政策

如前文所述，鲜活农产品如水果、蔬菜、禽肉等具有易腐性的特点，长时间的运输不仅增加流通成本而且降低产品品质、加速产品损耗，易造成市场供给的不稳定从而影响市场价格。考虑到鲜活农产品本身具有产销不平衡、不匹配的特征，促进农产品现代物流业的发展是促进农产品价格稳定的可行举措。发展农产品现代物流主要包括乡村转运体系构建、冷链储藏保鲜技术跟进、流通模式多样化等。其中乡村转运体系构建包含基础场地兴建、道路规划、网络覆盖等，属于农业基础设施建设，应在政府主导下进行统一部署和规划建设；储藏保鲜技术和冷链设备革新需要较高的技术门槛，可以在政府帮扶下实现高校、科研院所、大型企业等多主体共同合作、协同创新；通过对"农超""农商""农社""农批零""农校"等

---

① 王盛威：《主要农产品价格波动分析及调控措施研究》，博士学位论文，中国农业科学院，2017年，第89页。

多种对接模式的政策支持，有利于提升流通效率、减少品质损耗、降低流通成本，为产业链两端争取更大利益空间。

（三）农产品价格形成的微观个体方面

1. 培育农产品流通主体

目前，我国农产品流通主体类型多样，主要有农户、农产品经纪人、农民合作社以及农产品经销企业等。在国家提倡培育新型农业经营主体的思想指导下，着力培育和发展新型农产品流通主体。一方面，加大对农民合作组织的支持力度，通过建立农业合作社和专业技术协会等方法把分散的农户组织在一起，发挥其在技术推广和流通等方面的优势，以此达到农产品产销规模化的目标，进而降低农户一方信息不对称的程度以及提高农户群体在农产品议价和订立合同等方面的地位和能力。另一方面，进一步规范相关流通主体（如农产品经纪人、农产品经销企业和农产品物流企业等）的经营行为，积极推进竞争环境良性发展，拒绝无序竞争行为，增强相关流通主体的社会责任感，即发挥其在保障农产品有效供给和促进农民增收方面的积极作用。

2. 完善农产品市场流通体系

长期以来，农产品流通的每一环节因流通费用的增加都要进行加价，这种层层加价的最终结果是消费者为最终售价买单，利润被中间商占据。因此，应在市场流通体系中引入更多新型流通主体，加强对农民合作社发展的支持力度，在提高小农户组织化程度的同时重点扶持专业大户、家庭农场等新型流通主体的成立和发展（王伟新，2015），减少小农户盲目决策行为以提升市场议价能力；[①]基于当代大数据技术的物流技术和设施的革

---

① 王伟新：《小农经营、交易关系与农产品价格形成研究》，博士学位论文，华中农业大学，2015年，第98页。

新，充分利用金融支持、技术指导等，通过"产—学—研"相结合实现对现有物流基础设施的改造和升级；鼓励和支持中大型物流企业的发展，提高农产品快速中转和市场供应能力；考虑到流通环节的增加将直接推动价格上涨，完善和创新"公司＋农户""公司＋合作社＋农户""公司＋基地＋农户""公司＋公司＋基地"等多种经营方式，避免层层加价对消费者利益的直接损害；此外，农产品流通需要依托于市场实体运作，因此在政府资金和政策支持下因地制宜建设一批设施完备、管理科学、经营规范的示范性专业批发市场并逐步推广是促进市场流通体系建设的重要举措，对增强地方经济辐射能力、稳定农产品市场供求、促进农产品有序流通都有裨益。

3. 构建全面开放的农产品生产、流通、消费信息公开平台

信息不对称是导致农产品价格市场风险的主要原因之一。小农户之所以在市场交易中缺乏议价权就是信息优势的欠缺。可以通过搭建全国性的农业信息共享平台，加强权威农业信息的公开渠道建设，通过微信、微博等新媒体形式尽可能通俗地让农户免费了解到真实的生产资料、市场供求、产品价格信息以指导生产决策；并尽可能早地释放价格信号以稳定农民生产预期；同时由于信息泛滥，夸大或虚假报道极易引发消费者恐慌导致农产品滞销、农户利益受损，有关部门应加强对传播媒体的日常监管和信息筛查，一方面帮助生产者把握真实的市场行情，另一方面帮助消费者理性进行消费决策。

信息收集是预测预警的基础。因此，应推进和完善国家级、省市级和县乡级农产品价格预警系统的构建，主要包括基础数据库建立、分析技术能力提升和科学反馈预警结果等。基础数据库的建立需要具有较高的技术门槛和强大的资金支持，且属于现代化农业基础设施的范畴，应由各级政府统筹规划和建设，利用相对成熟的遥感技术、物联网技术等对已有信息

进行筛查和核实；当前农产品信息预警分析技术还十分欠缺，应抓住热门的大数据和人工智能技术的发展契机，与高校、科研院所、企业等主体合作，建立固定的科研队伍，通过短期和长期监测预警平台，对国内外市场价格波动、国内外供需状况等全方位分析；借助各级农业信息共享平台进行科学反馈，完全公开、免费地满足不同信息使用者的需要。同时针对一些大型突发事件如新冠疫情等要及时发布预警信息，利用政府在信息收集、处理和发布的制度优势保证信息传递的有效性。

4.健全和完善价格保险制度

2021年中央"一号文件"中强调"发挥'保险＋期货'在服务乡村产业中的作用"，反映出这一连续六年写进中央"一号文件"的政策是加快农业发展、实现乡村振兴的有力举措。农产品价格保险在规避价格风险、保证农户基本收益方面成本更小、效率更高，具有其他政策不可比拟的优势。目前众多省份已经完成针对生猪、蔬菜等的目标价格保险试点，国家也在2021年年初继续强调扩大主粮品种的农业保险试点范围，这些都反映出农业价格保险在未来调控政策体系的巨大活力和广泛施用空间。继续推动"保险＋期货"模式的可持续化创新，比如发挥期货公司和基层政府的作用，联合两者力量通过资金共筹、政策倾斜、完善网点、加强培训等提高农户的参保热情；在"保险＋期货"模式实践中进一步增加政策性相关因素，建立长效补贴机制；加强"保险＋期货"收入保险产品的设计，通过对产量和价格的投保有效分散市场风险，实现农户增收和金融创新的可持续；推进"农业保险＋"，推动保险工具与期权、金融、信贷等的进一步融合，更好地满足日益增长的风险保障需求；鼓励特色化农险发展，针对驰名商标、地理标志等农产品进行个性化保险产品设计，助力品牌发展的同时提升普惠金融水平。利用好期货市场的风险管理功能，通过保险公司在农户与期货市场之间的中介作用，一定程度化解农产品价格市场风险带来的冲击。考虑到小农户在合同的签约和执行过程中很容易出现道德风险行为，为了保证保险制度的实施效果，需要政府在对小农户进行保费补贴的同时，将违约行为与低保补贴、救济金补助、征信档案等挂钩能一定程度约束农户行为。

四、不同类别农产品价格调控治理机制

根据前文不同类别农产品对应的价格调控治理属性分类可以看出，不同农产品价格调控治理属性的公共性和市场性程度存在明显差异，而政府在对农产品价格进行调控治理时要考虑公共产品（事业）管理的相关原则。第一，以公众为本原则，即必须把全体社会成员的共同利益作为根本。把维护和提高公众利益作为农产品价格调控治理的出发点和最终归宿。第二，法治原则，在经济学意义上将法律统一到"效率主题"之下，市场体制的有效运行有赖于法律制度安排，立法上采取以效率优先（曲振涛，2005）。[①]第三，社会效益优先原则，把提高公众的满意度作为使命和责任，把公众满意和不满意作为评价农产品价格调控治理机制好坏的标准，促进社会公共利益的发展。第四，服务原则，农产品价格调控治理是为了提高城乡居民的生活质量，为公众提供优质的农产品。

由于农产品属性存在差异，其市场交易具有多样性，故采用简单的价格治理结构来解决复杂的交易问题将会出现治理混乱的后果，而采用复杂的治理结构来解决简单的交易问题则会出现治理成本提高的情况，因此必须要采用多样性的价格治理机制。根据前文分析，相应地可以从中提炼出不同农产品价格治理机制的具体形式：

第一，具有"公共—公益物品"特征的农产品价格调控突出"以公众为本原则"，必须保障供给。治理形式依赖国家公共调控，由政府提供托

---

① 曲振涛：《论法经济学的发展、逻辑基础及其基本理论》，《经济研究》2005 年第 9 期。

底价等政策工具，对应于"政府治理机制"（如小麦等口粮的最低收购价格政策）。重点保障粮食安全，调整优化主产区农业结构，保障绿色、生态、优质、安全的产品生产和供给增加。

第二，具有"私有—私益物品"特征的农产品价格调控突出"法治原则"，追求效率优先。调控治理形式市场性较强，通过完善经济领域法律法规体系，交由市场自发调节，提高资源配置效率，对应于"市场治理机制"（如苹果等果蔬价格的随行就市）。重点健全执法司法对市场经济运行的保障，保持价格的相对稳定，加强产区基础设施建设，降低果蔬的异常波动。

第三，具有"私有—公益物品"特征的农产品价格调控突出"社会效益优先原则"，合理分配公共利益。调控治理形式主要由市场形成，政府不直接对价格进行管理但通过间接手段调节成本进而影响供给和流通环节，对应于"私有—公益治理机制"（如生猪的养殖补贴）。重点推进农产品产销规模化经营，进而提高农户群体获取农产品信息的能力，降低信息不对称程度，以此提高农民在农产品议价方面的能力。促进产业链各主体的利益分配合理化。促进相关收入保险、疫病保险等落地，提高农户稳产保供积极性，进一步促进产业链风险承担合理化。

第四，具有"公共—私益物品"特征的农产品价格调控突出"服务原则"，保障优质产品的提供。调控治理形式中具体价格水平由国家结合市场价格而定，对应于"公共—私益"治理机制（如棉花的目标价格管理）。重点保障目标价格政策改革的稳定性和连续性，适度提升补贴标准，提高农户对未来收益的预期。

第十章　研究结论与政策建议

通过以农产品价格形成为主线展开一系列理论及实证的研究可以发现，研究和改革我国农产品价格形成机制，离不开从传统的供求均衡分析转移到具体的农产品差异研究，离不开对农产品客观基础、供求关系、宏观与微观差异性等方面的了解和把握，离不开将农产品差异性与价格治理机制相结合。因此，本章作为落脚点，对前文所有研究内容进行系统总结的同时提出改革农产品价格形成机制的政策建议。

第一节　研究结论

对前文所研究内容进行总结，得到如下结论：

第一，在客观基础因素对农产品价格形成影响方面，研究结果表明：（1）要素投入对不同农产品价格的作用方向并不一致，既有可能产生正向影响，也有可能为负向影响，原因在于各要素的投入本身存在风险和技术瓶颈，科学合理的投入会显著提升生产效率和产量，进而导致农产品价格下降，不合理的投入和过量使用则容易导致生产成本增加但实际产出与投入不匹配的情况，造成农产品价格上涨，因此土地、劳动和资本等要素投入带来的影响具有不确定性。（2）小麦、苹果与生猪的生产成本均对其价格有显著正向影响，即当农产品生产成本上升时，其出售价格会显著增加。不同农产品生产成本对其价格的影响程度不同，以小麦、苹果与生猪为例，虽然其生产成本均显著影响其销售价格，但其影响程度也存在差异。从 OLS 回归系数来看，小麦生产成本上升 1%，其价格上升 0.51%；苹果生产成本上升 1%，其价格上升 0.93%；生猪生产成本上升 1%，其价格上升 0.81%。另外棉花由于其自身禀赋的特殊性降低了其生产成本对价格的影响程度。农产品生产成本对其价格的冲击具有明显的滞后期。根据小麦、棉花、苹果与生猪的脉冲响应轨迹图，发现这四种农产品生产成本对其出售价格的冲击均在第二期才作出反应，农产品当期价格并不能反应当期生产成本的变化，农产品生产成本对价格的冲击存在时滞性。（3）我国农业的生态价值巨大，农业生产为我国整个经济发展所作的生态价值贡献，要远大于统计意义上的农业产值。在价格中体现农产品生态价值，需要将生态价值融入市场交易的农产品价值之中、建立生态农产品价值评价机制和促进生态农产品价值增值。

第二，从宏观（总体）供求关系视角采用局部均衡分析方法研究影响农产品价格形成的因素。研究结果表明：（1）发现城镇居民的人均可支配收入水平、城镇化率、国家总的人口数、当时的物价水平以及经济的发展水平对小麦、苹果、生猪和棉花价格均有不同程度的影响。但是在各种影响因素的分析过程中发现，农产品价格受城镇居民可支配收入的影响最大，其次是物价水平，而城市化进程对农产品价格的影响比较小。（2）采用计量经济学方法构建农产品价格预测模型，观察农产品价格预测模型的内生和外生变量的参数估计结果发现，多种变量都对农产品供给量带来了影响，其中本章中影响最大的因素为农产品生产中劳动力的价格。针对农产品价格形成来看，劳动力价格是影响农产品当期价格的主要因素，同时也发现资本价格对农产品价格的影响最小。（3）农产品价格与供需双方构成了一个相互制约、相互影响的动态系统。但是农产品价格的供需并不都是直接影响农产品的价格，而是通过一个中间变量对农产品价格的最终形成产生了一定的影响，进出口水平和供给量在内的因素也直接影响农产品价格形成，但是有的因素如人均收入水平、人口总量和城镇化水平会间接的影响农产品价格的形成。

第三，农产品类别差异对农产品价格形成影响方面，研究结果表明：（1）生产成本、总产量、受灾面积、进出口量、国际原油价格和居民消费价格指数对小麦、苹果、生猪和棉花的生产者价格具有显著影响，其中生产成本因素的影响最大，且几乎都通过直接作用影响，间接影响极小。其他变量对生产者价格的间接作用明显大于直接作用。（2）不同种类农产品生产者价格受相同因素影响程度存在差异，受生产成本因素影响排序：生猪＞苹果＞小麦＞棉花；按总产量影响排序：苹果＞小麦＞棉花＞生猪；按受灾面积影响排序：棉花＞小麦＞生猪＞苹果；按进出口量影响排序：棉花＞苹果＞小麦＞生猪；按国际油价影响排序：小麦＞苹果＞生猪＞棉花；按居民消费价格指数影响排序：苹果＞小麦＞生猪＞棉花。六个代表因素对生产者价格的作用大小和符号方向与预期基本相符，仅小麦和棉花净进口量符号与预期不同。主要原因在于小麦和棉花作为口粮和重要纺织原料，生产者价格受国家宏观调控政策的影响，这在很大程度上缓解了外部因素对国内市场价格的冲击。

第四，从不同类别农产品宏观（总体）差异性分析其对价格形成的影响，研究结果表明：（1）四类农产品宏观差异指数在不同年份均有明显的区别。这表示农产品宏观差异受外部因素影响较大，究其原因，不同类别农产品每年所面临的供需形势以及市场环境等各种因素不尽相同，因此造成其宏观差异指数的区别较大。（2）在静态条件下，农产品的宏观差异指数与其价格显著正相关；而在动态条件下，农产品宏观差异指数与其价格显著负相关。究其原因，农产品宏观差异指数在一定程度上反映了不同类别农产品市场的动态，并且与农产品价格形成在不同时效下具有不同的相关性。（3）苹果和棉花两类农产品的宏观差异指数对其价格影响显著为负；而小麦和生猪宏观差异指数对其价格的影响不显著。究其原因，苹果和棉花近年来国内供给较为充足，价格相对比较稳定，而小麦和生猪近年受国际市场影响较大，尤其是生猪价格近年来波动较大。（4）不同类别农产品因其宏观差异导致其价格决定不同。

第五，从农产品微观差异性对价格形成影响方面，研究结果表明：（1）农产品的价格形成不仅仅是供给和需求相匹配的结果，同时也与农产品属性、交易属性、供给特性、需求特性以及政府制定的政策相关。（2）不同类别农产品因其本身特性的差异以致其价格形成的归因有明显的差别。具体来看，土地密集型农产品价格形成受产品品质、供给时间、产品需求量、消费区域、消费量与家庭收入相关性以及交易频率的影响；劳动密集型农产品价格形成受需加工程度、供给时间、易于运输、消费量与家庭收入相关性、品质要求、讨价还价意愿、交易频率以及交易不确定性的影响；资本密集型农产品价格形成受产品品质、供给时间、易于运输、消费区域、消费量与家庭收入相关性、单次购买量、交易不确定性的影响；工业资源型农产品价格形成受产品品质、消费量与家庭收入相关性、单次购买量、交易不确定性的影响。（3）同一特性对不同类型农产品价格形成的影响结果可能相反。其中，收入相关性对土地密集型农产品价格影响为负，对其他农产品类型价格影响为正，因为土地密集型农产品供给比较稳定，消费者收入一旦提高，其食品结构必然丰富，对土地密集型农产品的需求会有一定的降低，其价格产生下降趋势。资本密集型和劳动密集型农产品受交易不确定性的影响结果相反，两者替代品价格和替代品种类多寡的不同可能是主要原因。（4）在农产品的五个特性中，需求特性对农产品价格形成的作用最大。同时796份问卷有接近54.65%的被调查者认为需求端对农产品价格形成作用最大，也进一步印证了实证分析的结果。

第六，在农产品价格形成机制与治理体系优化方面，研究表明：（1）坚持农业政策法治化、坚持农业的市场导向、坚持农业可持续发展、坚持多元化政策工具、坚持专门化资金与多元化参与主体等。（2）在客观基础方面，加大一般服务支持力度、主动引导农户科学决策以及实行"绿色"生产补贴。在宏观（总体）方面，坚持推进农产品目标价格、采用多元化的政策工具以及推行针对生鲜农产品的支持政策。在微观（个体）方面，培育农产品流通主体、完善农产品市场流通体系、构建全面开放的农产品生产、流通和消费的信息公开平台以及健全和完善价格保险制度。（3）参照公共产品（事业）管理的相关原则，结合外部性理论，按照农产品类别制定针对性的价格调控治理机制。

第二节　政策建议

一、控制生产成本，保障市场价格稳定

密切关注小麦等土地密集型农产品生产过程中土地成本的变化、苹果等劳动密集型农产品生产过程中人工成本的变化、生猪等资本密集型农产品生产过程中物质费用和人工成本的变化、棉花等工业资源型农产品生产过程中人工和土地成本的变化。稳妥推动土地适度规模经营和有序流转的规范化管理，并推动农业托管、半托管服务，降低土地成本；各部门统一补贴发放标准和统计方法的同时，借助卫星定位系统、遥感技术等对农户种植面积和类型进行精准核定，提升政策执行效果，激发农户种植热情，避免农业劳动力大量流失导致人工成本上升。积极发展生态农业，塑造绿色经济格局，建立健全绿色利益分享机制，加强农产品的生态价值转化，并对主要提供生态产品地区的农业劳动者实施生态补偿。关注新型经营主

体的诉求，加强对农业发展新理念传播、新技术推广、新机械设备增配的资金补贴，提高生产能力，同时降低农业生产的物质费用成本，保障市场价格的稳定。

二、合理引导农户组织化生产，提高议价定价能力

稳定农产品市场价格要求我们关注供给端，提高生产者组织化程度，其中最为有效的解决方法就是扶持农民合作组织的发展。前期建设中已经形成众多不同形式的农民组织，受管理混乱、人才匮乏、形式单一等因素的制约，效果并不理想，"假合作社"此起彼伏。当前的重点是重视合作组织运行过程的管理和监督，通过帮扶"真合作社"，利用规模效应引导农户生产，通过集体议价联盟降低单个生产者信息搜寻成本和信息不对称风险，显著提升苹果、生猪和棉花为代表的劳动密集型、资本密集和工业资源型农产品市场中生产者的议价能力。此外，规模化经营将带动新型经营主体队伍的壮大，有必要面对新需求而探索新的支持补贴方式，从政策"普惠"向新型经营主体适度倾斜，包括农业保险覆盖、价格风险基金、储存补贴和反季节补贴等。

三、构建农产品价格调控政策体系，通过政策组合实现多重目标

农产品价格的调控并不是几个政策或文件的叠加，而是一系列动作，在确定农产品价格的政策目标后，要配套制定一系列政策。因此，构建农产品价格调控的政策体系，健全相关政策配套，探索多样化的政策工具，根据不同类型农产品价格调控所要达到的政策目标选择合适的政策工具，提高农产品价格调控的效率。结合不同农产品价格的实际情况，对政策工具进行组合优化，多措并举，实现政策间的互补效应从而增强实际调控能力。

四、结合数字农业建设，建立数字化农产品供给消费数据库

当前，数字农业的建设如火如荼，而农产品供给和消费的数据大都是来自于官方年度统计，其准确性存在误差，也缺乏时效性。而农产品的供给和消费实时都在发生，在数字农业的大背景之下，显然建立一个数字化的农产品供给消费数据库非常重要。因此，要加强农产品供给和消费数据系统的建设、加快建立数字化农产品供给消费数据库，逐步完善生产者和消费者在交易过程中的各项信息，为农产品价格的调控提供数字依据，也为将来继续深化农产品价格改革提供支撑条件。

五、考虑不同类别农产品的差异，建立现代农产品价格调控的治理体系

农产品价格的调控并不是一个短期行为，是一个长期复杂的"慢变量"。因此要针对不同类型农产品建立价格调控的治理体系。在数字信息的时代，农产品价格调控的治理，同样也要依据数字化技术。统筹考虑不同类型农产品之间价格的关联性，利用数字技术构建基于不同类型农产品的价格动态追踪机制和长期调控机制。同时，依据其关联性建立农产品价格动态预警关联机制。为农产品价格调控提供"强有力"的保障。

六、强化风险防范意识，合理利用避险措施规避贸易风险

强化风险防范意识要求我们即使是在农产品调控政策的探索阶段，也必须重视世界贸易组织规则的合规性。转变已有理念，对于粮食最低收购价的价格支持力度进行自我审视，密切关注国内外农产品市场行情变化，对价格支持是否超过 8.5% 的上限的判断更要谨慎。

加大农业科技投入，打造一批高科技含量农产品生产示范先行区以扶持精深加工的发展；加强品牌建设，通过推进"公用品牌＋自主品牌"的

母子品牌制度，利用品牌产品"质优价高"的良性循环来稳定海内外市场，既可以实现出口创汇又可以分散农产品市场贸易的风险。

健全国营贸易管理机制，选用适宜的避险措施。引入"负面清单"的管理模式，建立市场准入负面清单动态调整机制，及时识别和化解负面清单中可能的贸易风险；严格规范大米、棉花等国营贸易品的进口，通过分级预警进行科学管控；多元化进口来源，合理规避单一市场带来的市场风险；基于对生产、流通、消费各主体福利影响的认知，来合理确定关税配额和税率调整的依据。构建完善以"绿箱"为主、"黄箱"为辅的农产品价格保护制度。对涉及农产品价格支持政策要经过专业法律部门的审核，设置统一执行部门进行补贴发放和对外谈判，保障执行效果的一致性，避免引起"爆箱"争议；通过转移"箱体"的方式，例如将农业收入保险补贴拓展为保险公司经营补贴、再保险补贴等多种形式，有效利用"黄箱"措施中特定产品的可操作空间，使得贸易行为符合国际惯例和加入世界贸易组织承诺。①

七、结合农产品的类别特征，设计价格调控治理机制

结合不同农产品的类别特征，有针对性地施行"一品一策"，有计划、分阶段地逐步过渡到主要依靠市场定价上来。考虑四种价格治理机制与具体政策设计的匹配性，分类别优化设计的思路是：

考虑到小麦等土地密集型农产品关系国家安全的重要地位，建议依旧采取"政府治理机制"进行价格调控。粮食安全是战略性问题，粮食价格的负外部性最强。当前形势下，出于保护农户收益、稳定农业生产和粮食安全的需要，仍需在一段时间内对这类口粮产品的价格实行

---

① 朱晶等：《WTO框架下中国农业收入保险补贴的国际规则适应性研究》，《中国农村经济》2020年第9期。

和优化最低收购价措施。考虑农产品最低价格应包含成本和收益两部分，以"市场定价"为导向，灵活制定粮食最低收购价格，例如粮食最低收购价＝上产季生产成本（1+CPI）＋农户种粮利润，改变最低收购价"只涨不跌"的预期，"渐进式"地逐步加大市场机制的调节作用。考虑到全球疫情带来的巨大冲击，粮食产能短期难以恢复，仍需要稳定生产和加工环节补贴，利用补贴方式逐步分离最低收购价政策中"保收入"功能，稳定口粮供应；在粮食主产区收入保险试点中积极引进社会资本，建立政府、企业、农户共担的保费机制以缓解政府补贴的财政压力。

考虑到生猪等资本密集型农产品价格对终端消费的外部性较强，建议采取"私有—公益治理机制"进行价格治理，利用间接手段引导价格形成。在当前补贴政策的基础上，重视资本多元化在猪肉等资本密集型农产品生产和流通中的重要作用。积极引导民营资本进入畜产品储备环节，利用政府委托和财政补贴的方式提升企业承储效果，根据入储价格的高低决定是否由政府指导投放价格，引导科学合理的猪肉投放节奏，保证猪肉价格的稳定并逐渐恢复基础产能。[①]

考虑到棉花等工业资源型农产品价格对产业链不同主体利益的外部性较强，建议采取"公共—私益治理机制"，巩固和完善已有棉花目标价格政策。要加大其标准化力度，提升产品质量。同时应建立农产品价格动态追踪机制和长期调控机制，以应对在远期可能出现的农产品价格不稳定的现象，并有助于采取更有效和精准的措施，完善包括轮作休耕在内的种植引导制、补贴资金监管问责制、价格监测制等配套制度。

考虑到苹果等劳动密集型农产品价格对整个产业链各环节及相关主体

---

① 张利庠等：《构建中国生猪产业可持续发展的长效机制研究》，《农业经济问题》2020 年第 12 期。

利益的外部性相对于其他农产品较弱，建议对其价格采取"市场治理机制"。因其价格受宏观差异指数的负向影响，因此要增强其品种和品牌优势，加大广告宣传，提高其市场竞争力。考虑到这类农产品市场化程度较高、本身不耐储又极易腐因而面对的市场风险更大，可采用个性化价格保护手段，例如依托特色农产品保险以奖代补试点，完善农业保险设计等，从而分散市场风险、规范市场秩序。

参考文献

一、中文文献

（一）著作

1. 刘芳、何忠伟：《中国鲜活果蔬产品价格波动与形成机制研究》，中国农业出版社 2012 年版。

2. 郭冬梅：《生态公共产品供给保障的政府责任机制研究》，法律出版社 2017 年版。

3.［英］马歇尔：《经济学原理》，商务印书馆 2019 年版。

（二）论文

1. 白宏：《中国主要农产品的国际竞争力研究》，博士学位论文，中国农业大学，2003 年。

2. 蔡昉等：《中国改革以来的经济增长，结构变化及其可持续性——回应几种有代表性的怀疑论》，《湖北经济学院学报》2004 年第 1 期。

3. 蔡荣、祁春节：《农业产业化组织形式变迁——基于交易费用与契约选择的分析》，《经济问题探索》2007 年第 3 期。

4. 蔡荣等：《农产品批发市场价格形成机制及其交易效率》，《经济问题探索》2007 年第 9 期。

5. 岑剑:《科学技术协会助力乡村振兴路径研究——以黔南州科协为例》,《黔南民族师范学院学报》2019 年第 1 期。

6. 常清等:《中美利率变化对农产品价格的影响》,《价格理论与实践》2011 年第 2 期。

7. 陈秀兰等:《我国农产品价格形成机制的微观探析——兼析农产品流通模式对价格的影响》,《价格理论与实践》2020 年第 9 期。

8. 陈奕山:《1953 年以来中国农业生产投工的变迁过程和未来变化趋势》,《中国农村经济》2018 年第 3 期。

9. 陈璋、龙少波:《从蔬菜价格透视农产品价格上涨趋势的深层次原因》,《经济纵横》2013 年第 12 期。

10. 程国强:《为什么要探索建立农产品目标价格制度》,《农经》2014 年第 4 期。

11. 程国强:《中国农产品贸易:格局与政策》,《管理世界》1999 年第 3 期。

12. 程瑞芳:《我国农产品价格形成机制及波动效应分析》,《中国流通经济》2007 年第 3 期。

13. 程郁、叶兴庆:《借鉴国际经验改革我国农业支持政策》,《中国经济时报》2016 年第 5 期。

14. 戴俊玉等:《不同零售环节的农产品价格形成机制比较——以农贸市场和超市为例》,《商业时代》2014 年第 12 期。

15. 邓国清:《中国粮食供给侧结构性改革研究》,博士学位论文,武汉大学,2018 年。

16. 翟雪玲等:《农产品金融化概念、形成机理及对农产品价格的影响》,《中国农村经济》2013 年第 2 期。

17. 翟玉强:《地理标志农产品的生态价值研究》,《新疆农垦经济》

2016 年第 11 期。

18. 丁志国、李泊祎:《农产品价格波动对政策性农业保险的影响研究——基于主体博弈模型》,《中国农村经济》2020 年第 6 期。

19. 董涛:《发达国家和地区农产品价格形成机制及其特点》,《世界农业》2015 年第 10 期。

20. 董旭升:《农产品的基本属性与提高农产品的国际竞争力》,《农业现代化研究》1998 年第 4 期。

21. 方晨靓:《农产品价格波动国际传导机理及效应研究——基于非对称性视角》,博士学位论文,南昌大学,2012 年。

22. 冯磊东、顾孟迪:《基于质量相对偏好的产品创新策略及环保激励政策》,《企业经济》2020 年第 2 期。

23. 付莲莲:《国内农产品价格波动影响因素的结构及动态演变机制》,博士学位论文,南昌大学,2014 年。

24. 付明辉、祁春节:《要素禀赋、技术进步偏向与农业全要素生产率增长——基于 28 个国家的比较分析》,《中国农村经济》2016 年第 12 期。

25. 高荣伟:《我国水资源污染现状及对策分析》,《资源与人居环境》2018 年第 11 期。

26. 龚梦:《中国柑橘鲜果价格形成及影响因素研究》,博士学位论文,华中农业大学,2013 年。

27. 郭富红、陈艳莹:《产品差异化理论研究综述——基于产品差异化程度越高市场势力越大视角》,《现代管理科学》2016 年第 9 期。

28. 何玉婷等:《我国农产品价格形成机制研究——以湖北蕲春为例》,《现代商贸工业》2013 年第 19 期。

29. 侯明利:《基于受益主体视角的粮食补贴政策演进》,《河南师范大学学报 (哲学社会科学版)》2012 年第 3 期。

30. 胡冰川:《中国农产品市场分析与政策评价》,《中国农村经济》

2015 年第 4 期。

31. 胡晨沛、李辉尚:《1978—2015 年中国农业经济重心和禀赋结构重心时空轨迹及其耦合趋势研究》,《华中农业大学学报（社会科学版）》2019 年第 2 期。

32. 胡延松:《农产品价格形成机制和波动性》,《经济导刊》2010 年第 9 期。

33. 黄慧莲等:《我国农产品期货市场价格泡沫特征及品种差异性研究》,《农业技术经济》2018 年第 1 期。

34. 贾生华、刘清华:《拍卖交易与我国农产品批发市场交易方式创新》,《中国农村经济》2001 年第 2 期。

35. 姜明:《粮食安全与粮食价格——农产品价格形成机制研究》,《农业经济问题》1991 年第 11 期。

36. 姜长云、王一杰:《新中国成立 70 年来我国推进粮食安全的成就、经验与思考》,《农业经济问题》2019 年第 10 期。

37. 蒋和胜:《论我国农产品市场形成价格机制》,《四川大学学报（哲学社会科学版）》1994 年第 3 期。

38. 蒋黎:《完善农产品目标价格改革的思考与建议》,《价格理论与实践》2016 年第 2 期。

39. 孔维升、麻吉亮:《基于 SWOT 方法的中国农业企业"走出去"分析》,《农业展望》2016 年第 7 期。

40. 孔维升、麻吉亮:《欧盟农产品市场调控政策研究》,《中国食物与营养》2017 年第 10 期。

41. 冷崇总:《谈谈价格机制的作用与作用条件问题》,《市场经济管理》1997 年第 1 期。

42. 李崇光、宋长鸣:《蔬菜水果产品价格波动与调控政策》,《农业经济问题》2016 年第 2 期。

43. 李崇光等:《蔬菜流通不同模式及其价格形成的比较——山东寿光至北京的蔬菜流通跟踪考察》,《中国农村经济》2015 年第 8 期。

44. 李登旺等:《欧美农业补贴政策改革的新动态及其对我国的启示》,《中国软科学》2015 年第 8 期。

45. 李国祥:《2003 年以来中国农产品价格上涨分析》,《中国农村经济》2011 年第 2 期。

46. 李勤敏、郭进利:《基于主成分分析和神经网络对作者影响力的评估》,《情报学报》2019 年第 7 期。

47. 李晓燕等:《基于绿色创新价值链视角的农业生态产品价值实现路径研究》,《农村经济》2020 年第 10 期。

48. 李勇等:《无公害农产品交易特性及其规制》,《中国农村经济》2005 年第 2 期。

49. 林光彬:《我国是古典政治经济学的创始国》,《政治经济学评论》2015 年第 5 期。

50. 林晓飞:《生猪目标价格采用政策性保险监管的调研》,《中国价格监管与反垄断》2014 年第 8 期。

51. 林毅夫、龚强:《发展战略与经济制度选择》,《管理世界》2010 年第 3 期。

52. 刘二阳等:《中国农业生态价值测算及时空聚类特征》,《中国农业资源与区划》2020 年第 3 期。

53. 刘耕源等:《农业生态产品及其价值实现路径》,《应用生态学报》2021 年第 2 期。

54. 刘李峰等:《价格、质量对超市农产品经营影响的实证研究——来自消费者角度的证据》,《中国农村观察》2007 年第 1 期。

55. 刘树杰:《价格机制、价格形成机制及供求与价格的关系》,《中国物价》2013 年第 7 期。

56. 刘祥鑫等：《区域耕地生态价值补偿量化研究——以新疆为例》，《中国农业资源与区划》2018 年第 5 期。

57. 罗浩轩：《中国区域农业要素禀赋结构变迁的逻辑和趋势分析》，《中国农村经济》2017 年第 3 期。

58. 马迁利、刘海龙：《基于消费升级视角的两维属性空间产品横向差异化分析》，《商业经济研究》2018 年第 11 期。

59. 马述忠：《农产品不公平贸易政府行为的市场动力及耦合机制研究》，《国际贸易问题》2007 年第 10 期。

60. 马文革：《"以调为主"，还是"以放为主"？——对价格改革策略的反思》，《价格月刊》1987 年第 7 期。

61. 马晓春：《中国与主要发达国家农业支持政策比较研究》，博士学位论文，中国农业科学院，2010 年。

62. 毛学峰、曾寅初：《中国农产品价格政策干预的边界确定——基于产品属性与价格变动特征的分析》，《江汉论坛》2014 年第 11 期。

63. 倪洪兴：《开放条件下农产品价格形成机制与价格政策选择》，《中国粮食经济》2017 年第 6 期。

64. 聂文静等：《消费者对生鲜农产品质量属性的偏好及影响因素分析：苹果的案例》，《农业技术经济》2016 年第 9 期。

65. 牛志伟、邹昭晞：《农业生态补偿的理论与方法——基于生态系统与生态价值一致性补偿标准模型》，《管理世界》2019 年第 11 期。

66. 庞贞燕、刘磊：《期货市场能够稳定农产品价格波动吗——基于离散小波变换和 GARCH 模型的实证研究》，《金融研究》2013 年第 11 期。

67. 彭树宏、汪贤裕：《纵向差异化下的双寡头信息性广告竞争模型》，《产业经济研究》2005 年第 4 期。

68. 彭新宇：《农业服务规模经营的利益机制——基于产业组织视角的分析》，《农业经济问题》2019 年第 9 期。

69. 祁春节、付明辉:《我国鲜活农产品定价影响因素研究——基于适应性预期与供求均衡视角的分析》,《价格理论与实践》2016 年第 2 期。

70. 祁春节:《农业供给侧结构性改革:理论逻辑和决策思路》,《华中农业大学学报（社会科学版）》2018 年第 4 期。

71. 祁春节:《现代山地农业高质量发展路径》,《民主与科学》2019 年第 1 期。

72. 钱加荣、赵芝俊:《价格支持政策对粮食价格的影响机制及效应分析》,《农业技术经济》2019 年第 8 期。

73. 仇焕广等:《生物燃料乙醇发展及其对近期粮食价格上涨的影响分析》,《农业经济问题》2009 年第 1 期。

74. 曲振涛:《论法经济学的发展、逻辑基础及其基本理论》,《经济研究》2005 年第 9 期。

75. 全世文等:《中国农产品中价格稳定的"锚"是什么?》,《中国农村经济》2019 年第 5 期。

76. 尚华、王森:《G20 成员国 CPI 影响因素分析——基于函数型主成分的实证分析》,《价格理论与实践》2018 年第 4 期。

77. 申红芳等:《中国水稻生产环节外包价格的决定机制——基于全国 6 省 20 县的空间计量分析》,《中国农村观察》2015 年第 6 期。

78. 苏庆义:《贸易结构决定因素的分解:理论与经验研究》,《世界经济》2013 年第 6 期。

79. 孙柳青:《我国粮食价格形成机制研究——以小麦为例》,硕士学位论文,辽宁大学,2014 年。

80. 孙能利等:《山东省农业生态价值测算及其贡献》,《中国人口·资源与环境》2011 年第 7 期。

81. 谭砚文等:《国外农产品最低支持价格政策演进及其对中国的启示》,《农业经济问题》2019 年第 7 期。

82. 汤路昀、祁春节：《对不同属性农产品价格非对称性研究——农业供给侧改革背景下农产品价格波动特征分析》，《价格理论与实践》2017 年第 8 期。

83. 汤卫君：《消费者异质情形下企业产品差异化与定价决策》，《中国科学技术大学学报》2019 年第 8 期。

84. 陶昌盛：《中国粮食定价机制研究》，博士学位论文，复旦大学，2004 年。

85. 滕文杰：《时间序列分析法在突发公共卫生事件网络舆情分析中的应用研究》，《中国卫生统计》2014 年第 6 期。

86. 田东等：《BTC 模式下农产品属性对消费者购买行为的感知风险》，《农机化研究》2010 年第 3 期。

87. 王兵、鲁绍伟：《中国经济林生态系统服务价值评估》，《应用生态学报》2009 年第 2 期。

88. 王川、黄敏：《完善我国农产品价格形成机制的思考》，《中国食物与营养》2014 年第 11 期。

89. 王华巍：《探析吉林省民营经济发展滞后的原因及对策》，《新长征》2005 年第 19 期。

90. 王会娟等：《中国玉米批发价格的短期预测及预警》，《中国农村经济》2013 年第 9 期。

91. 王景升等：《西藏森林生态系统服务价值》，《自然资源学报》2007 年第 5 期。

92. 王磊等：《北京市农业生态价值评价研究》，《中国农业资源与区划》2015 年第 7 期。

93. 王奇等：《生态正外部性内部化的实现途径与机制创新》，《中国环境管理》2020 年第 6 期。

94. 王盛威：《主要农产品价格波动分析及调控措施研究》，博士学位论文，中国农业科学院，2017年。

95. 王伟新：《小农经营、交易关系与农产品价格形成研究》，博士学位论文，华中农业大学，2015年。

96. 王伟新等：《区域要素禀赋结构变动对农产品价格的影响研究——基于苹果产区要素禀赋与价格相关性分析》，《价格理论与实践》2020年第3期。

97. 王文涛、张美玲：《我国粮食生产者补贴制度渊源、理论基础与改革方向》，《农村经济》2019年第2期。

98. 魏金义、祁春节：《农业技术进步与要素禀赋的耦合协调度测算》，《中国人口·资源与环境》2015年第1期。

99. 闻卉等：《考虑产品绿色度的生鲜供应链的销售模式与定价策略》，《武汉大学学报（理学版）》2020年第5期。

100. 吴钢等：《长白山森林生态系统服务功能》，《中国科学 (C 辑：生命科学)》2001年第5期。

101. 吴硕等：《关于贯彻执行粮食"三项政策、一项改革"若干措施的建议》，《中国粮食经济》2001年第1期。

102. 肖皓等：《农产品价格上涨的供给因素分析：基于成本传导能力的视角》，《农业技术经济》2014年第6期。

103. 肖小勇：《蔬菜价格形成及传递机制研究》，博士学位论文，华中农业大学，2015年。

104. 谢高地等：《基于单位面积价值当量因子的生态系统服务价值化方法改进》，《自然资源学报》2015年第8期。

105. 辛贤、谭向勇：《中国生猪和猪肉价格波动因素测定》，《中国农村经济》1995年第5期。

106. 辛贤等：《农产品价格形成研究》，《预测》1999年第5期。

107. 熊鹰、罗敏：《基于不同属性的安全农产品供给博弈研究》，《商业研究》2011 年第 2 期。

108. 徐田华：《农产品价格形成机制改革的难点与对策》，《农业经济问题》2018 年第 7 期。

109. 徐征等：《我国农产品市场价格变动背后的生产成本效益——以粮食为例》，《价格月刊》2020 年第 3 期。

110. 颜小挺、祁春节：《基于不同属性的农产品长期价格形成与波动研究》，《农业现代化研究》2015 年第 5 期。

111. 颜小挺、祁春节：《信息不对称、议价能力测度与中国水果出口定价——基于双边随机边界模型》，《统计与信息论坛》2017 年第 2 期。

112. 颜小挺：《中国水果出口价格决定的理论分析与实证研究》，博士学位论文，华中农业大学，2016 年。

113. 杨正勇等：《农业生态系统服务价值评估研究进展》，《中国生态农业学报》2009 年第 5 期。

114. 姚今观：《农产品价格改革促进农村经济繁荣——回顾农产品价格改革二十年》，《中国物价》1998 年第 11 期。

115. 应瑞瑶、郑旭媛：《资源禀赋、要素替代与农业生产经营方式转型》，《农业经济问题》2013 年第 12 期。

116. 于冷、吕新业等：《大宗农产品价格调控的目标与措施研究》，《农业经济问题》2012 年第 9 期。

117. 于振伟：《基于产品特性的农产品营销问题研究》，博士学位论文，东北林业大学，2011 年。

118. 袁绍岐：《美国农产品价格政策及其对我国的启示》，《粮食问题研究》1999 年第 5 期。

119. 苑甜甜等：《大蒜价格形成机制研究——基于价格泡沫视角》，《中国蔬菜》2020 年第 3 期。

120. 张二震：《国际贸易分工理论演变与发展述评》，《南京大学学报

（哲学·人文科学·社会科学版）》2003年第1期。

121. 张杰、杜珉：《新疆棉花目标价格补贴实施效果调查研究》,《农业经济问题》2016年第2期。

122. 张磊等：《猪肉价格形成过程及产业链各环节成本收益分析——以北京市为例》,《中国农村经济》2008年第12期。

123. 张利庠等：《构建中国生猪产业可持续发展的长效机制研究》,《农业经济问题》2020年第12期。

124. 张林波等：《生态产品内涵与其价值实现途径》,《农业机械学报》2019年第6期。

125. 张淑萍：《我国粮食价格变动的经济效应分析》,《财经科学》2011年第8期。

126. 张有望：《金融化背景下农产品现货市场价格风险研究》,博士学位论文,华中农业大学,2018年。

127. 张玉娥等：《农产品贸易研究中农产品范围的界定和分类》,《世界农业》2016年第5期。

128. 赵姜等：《基于土地利用的北京市农业生态服务价值评估研究》,《中国农业资源与区划》2015年第5期。

129. 赵亮、穆月英：《东亚"10+3"国家农产品国际竞争力分解及比较研究——基于分类农产品的CMS模型》,《国际贸易问题》2012年第4期。

130. 郑云：《中国农产品出口贸易与农业经济增长——基于协整分析和Granger因果检验》,《国际贸易问题》2006年第7期。

131. 中国人民银行课题组：《我国农产品价格上涨机制研究》,《经济学动态》2011年第3期。

132. 中国人民银行西安分行课题组：《订单农产品价格形成机制研究——基于VAR模型的实证分析》,《当代经济科学》2015年第6期。

133. 周杨、邵喜武：《改革开放40年中国粮食价格支持政策的演变及优化分析》,《华中农业大学学报（社会科学版）》2019 年第 4 期。

134. 朱海燕、司伟：《中国棉花产业链价格传导非对称性研究——基于两区制门限向量误差修正模型》,《世界农业》2015 年第 9 期。

135. 朱晶、吴国松：《中国农产品非关税贸易措施的保护效果研究》,《农业技术经济》2012 年第 2 期。

136. 朱晶：《完善农业支持保护政策推进新时期农业改革发展》,《农业经济与管理》2017 年第 6 期。

137. 朱晶等：《WTO 框架下中国农业收入保险补贴的国际规则适应性研究》,《中国农村经济》2020 年第 9 期。

138. 朱南军等：《中国国内系统重要性保险机构评估与分析——基于指标法与主成分分析法》,《保险研究》2018 年第 11 期。

139. 朱信凯等：《信息与农产品价格波动——基于 EGARCH 模型的分析》,《管理世界》2012 年第 11 期。

140. 庄丽娟等：《金砖五国农产品出口增长及竞争力实证分析》,《华中农业大学学报（社会科学版）》2015 年第 4 期。

二、英文文献

1. Abao L. N. B., Kono H., Gunarathne A., et al., "Impact of Foot-and-mouth Disease on Pork and Chicken Prices in Central Luzon, Philippines", *Preventive Veterinary Medicine*, No.113, 2014.

2. Coase R. H., "The Nature of the Firm", *Economica*, No. 16, 1937.

3. Coase R. H., "The Problem of Social Cost", *Journal of Law and Economics*, No.4, 1960.

4. Costanza R., "The Value of the World's Ecosystem Services and Natural Capital", *Nature*, No. 6630, 1997.

5. Hotelling H., "Stability in Competition", *The Economic Journal*,

No.153, 1929.

6. Lancaster K., "Revising Demand Theory", *Economica*, No.96, 1957.

7. Lancaster K., "The Heckscher–Ohlin Trade Model: A Geometric Treatment", *Economica*, No.93, 1957.

8. Lancaster K., "The Scope of Qualitative Economics", *The Review of Economic Studies*, No.2, 1962.

9. Matthew K. Loke, Xun Xu, Ping Sun Leung, "Estimating Local, Organic, and Other Price Premiums of Shell Eggs in Hawaii", *Poultry Science*, No.95, 2016.

10. Mcfadden D., "The Human Side of Mechanism Design: A Tribute to Leo Hurwicz and Jean–Jacque Laffont", *Review of Economic Design*, No.1, 2009.

11. Mussa M., Rosen S., "Monopoly and Product Quality", *Journal of Economic Theory*, No.2, 1978.

12. Oliver E. Williamson, *Markets and Hierarchies*, New York: Free Press, 1975.

13. Sekhar C. S. C., "Price Formation in World Wheat Markets — Implications for Policy", *Journal of Policy Modeling*, No.1, 2003.

14. Sexton R. J., Zhang M., "A Model of Price Determination for Fresh Produce with Application to California Iceberg Lettuce", *American Journal of Agricultural Economics*, No.4, 1996.

附　　录

附录1：涉及农产品价格治理的中央"一号文件"

年份	发布部门	文件名称	涉及的主要内容
1985 年	中共中央、国务院	《中共中央　国务院关于进一步活跃农村经济的十项政策》	取消统购统销，将粮食价格支持政策调整为"合同订购＋市场化收购"的购销双轨制度等
2004 年	中共中央、国务院	《中共中央　国务院关于促进农民增加收入若干政策的意见》	深化粮食流通体制改革，全面放开粮食收购和销售市场，实行购销多渠道经营；建立对农民的直接补贴制度等
2005 年	中共中央、国务院	《中共中央　国务院关于进一步加强农村工作提高农业综合生产能力若干政策的意见》	继续对短缺的重点粮食品种在主产区实行最低收购价政策，逐步建立和完善稳定粮食市场价格、保护种粮农民利益的制度和机制等
2006 年	中共中央、国务院	《中共中央　国务院关于推进社会主义新农村建设的若干意见》	坚持和完善重点粮食品种最低收购价政策，保持合理的粮价水平；加强农业生产资料价格调控，保护种粮农民利益等
2007 年	中共中央、国务院	《中共中央　国务院关于积极发展现代农业扎实推进社会主义新农村建设的若干意见》	健全农业支持补贴制度；继续对重点地区、重点粮食品种实行最低收购价政策等
2008 年	中共中央、国务院	《中共中央　国务院关于切实加强农业基础建设进一步促进农业发展农民增收的若干意见》	兼顾生产者和消费者利益，运用经济杠杆引导农产品价格保持合理水平；加强粮食等重要农产品储备体系建设，抓紧建立健全重要农产品供求和价格监测预警体系等

续表

年份	发布部门	文件名称	涉及的主要内容
2009 年	中共中央、国务院	《中共中央 国务院关于2009 年促进农业稳定发展 农民持续增收的若干意见》	继续提高粮食最低收购价；扩大国家粮食、棉花、食用植物油、猪肉储备，适时启动主要农产品临时收储等
2010 年	中共中央、国务院	《中共中央 国务院关于加大统筹城乡发展力度 进一步夯实农业农村发展基础的若干意见》	落实小麦最低收购价政策，继续提高稻谷最低收购价；适时采取玉米、大豆等临时收储政策；做好棉花、食糖、猪肉调控预案，保持农产品市场稳定和价格合理水平等
2012 年	中共中央、国务院	《中共中央 国务院关于加快推进农业科技创新 持续增强农产品供给保障能力的若干意见》	稳步提高小麦、稻谷最低收购价；适时启动玉米、大豆、棉花、食糖等临时收储；健全粮、棉、油、糖等农产品储备制度；抓紧完善鲜活农产品市场调控办法；健全生猪价格调控预案；探索建立主要蔬菜品种价格稳定机制等
2013 年	中共中央、国务院	《中共中央 国务院关于加快发展现代农业进一步增强农村发展活力的若干意见》	充分发挥价格对农业生产和农民增收的激励作用，按照生产成本加合理利润的原则，继续提高小麦、稻谷最低收购价；适时启动玉米、大豆、油菜籽、棉花、食糖等农产品临时收储；健全重要农产品市场监测预警机制，认真执行生猪市场价格调控预案等
2014 年	中共中央、国务院	《中共中央 国务院关于全面深化农村改革 加快推进农业现代化的若干意见》	完善粮食等重要农产品价格形成机制；继续坚持市场定价原则，探索推进农产品价格形成机制与政府补贴脱钩的改革；逐步建立农产品目标价格制度等
2015 年	中共中央、国务院	《中共中央 国务院关于加大改革创新力度 加快农业现代化建设的若干意见》	完善农产品价格形成机制；增加农民收入，必须保持农产品价格合理水平等

年份	发布部门	文件名称	涉及的主要内容
2016 年	中共中央、国务院	《中共中央　国务院关于落实发展新理念　加快农业现代化　实现全面小康目标的若干意见》	改革完善粮食等重要农产品价格形成机制和收储制度；坚持市场化改革取向与保护农民利益并重，采取"分品种施策、渐进式推进"的办法，完善农产品市场调控制度等
2017 年	中共中央、国务院	《中共中央　国务院关于深入推进农业供给侧结构性改革　加快培育农业农村发展新动能的若干意见》	深化粮食等重要农产品价格形成机制和收储制度改革；坚定推进玉米市场定价、价补分离改革；调整完善新疆棉花目标价格政策，改进补贴方式；调整大豆目标价格政策等
2018 年	中共中央、国务院	《中共中央　国务院关于实施乡村振兴战略的意见》	完善农业支持保护制度；深化农产品收储制度和价格形成机制改革；落实和完善对农民直接补贴制度；探索开展稻谷、小麦、玉米三大粮食作物完全成本保险和收入保险试点，加快建立多层次农业保险体系等
2019 年	中共中央、国务院	《中共中央　国务院关于坚持农业农村优先发展做好"三农"工作的若干意见》	完善农业支持保护制度；按照更好发挥市场机制作用取向，完善稻谷和小麦最低收购价政策；完善玉米和大豆生产者补贴政策等
2020 年	中共中央、国务院	《中共中央　国务院关于抓好"三农"领域重点工作确保如期实现全面小康的意见》	确保粮食安全始终是治国理政的头等大事；调整完善稻谷、小麦最低收购价政策，稳定农民基本收益；推进稻谷、小麦、玉米完全成本保险和收入保险试点；加快恢复生猪生产等
2021 年	中共中央、国务院	《中共中央　国务院关于全面推进乡村振兴加快农业农村现代化的意见》	提升粮食和重要农产品供给保障能力；深入实施重要农产品保障战略，完善粮食安全省长责任制和"菜篮子"市长负责制，确保粮、棉、油、糖、肉等供给安全；坚持并完善稻谷、小麦最低收购价政策，完善玉米、大豆生产者补贴政策等

附录2：国家针对农产品价格调控治理的文件

年份	发布部门	文件名称	涉及的主要内容
1953年	政务院	《政务院关于实行粮食的计划收购和计划供应的命令》	在全国范围内有计划、有步骤地实行粮食的计划收购（简称统购）和计划供应（简称统销）；生产粮食的农民应按国家规定的收购粮种、收购价格和计划收购的分配数量将余粮售给国家等
1954年	政务院	《关于棉花计划收购的命令》	从1954年秋季新棉上市时，在全国范围内实行棉花计划收购政策；凡生产棉花的农民，应按照国家规定的收购价格，将所产棉花，除缴纳农业税和必要的自用部分外，全部卖给国家等
1986年	国家物价局、商业部、轻工业部等部门	《关于改进农产品价格管理的若干规定》	农产品价格管理实行国家定价、国家指导价和市场调节价三种形式；要适当扩大国家指导价的品种，减少国家定价的品种，逐步形成少数重要的农产品实行国家定价，多数实行国家指导价或市场调节价等
1990年	国家物价局	《关于加强棉花价格管理的通知》	棉花收购要严格执行棉花国家标准，不准抬级和压级压价，也不准在国家规定之外采取任何价外加价措施等
1992年	国家物价局等部门	《国家物价局及国家有关部门管理价格的农产品目录（1992年）》	除中央管理的9种主要农产品和地方管理的个别农产品外，绝大多数农产品购销价格要坚决放开，实行市场调节；计划内进出口农产品比照国产同种（类）价格分工管理权限管理；建立毗邻地区价格衔接制度等
1993年	国务院	《国务院关于加快粮食流通体制改革的通知》	要在国家宏观调控下放开粮食价格和经营，保留粮食定购数量，价格随行就市；为了防止"谷贱伤农"或粮价暴涨，实行收购最低保护价和销售最高限价等

年份	发布部门	文件名称	涉及的主要内容
1993 年	国务院	《国务院关于建立粮食收购保护价格制度的通知》	随着国家财力的增强，要逐步提高保护价格水平，在条件具备时向支持性价格过渡等
1994 年	国务院	《国务院关于深化粮食购销体制改革的通知》	收购价格由国家根据粮食市场的供求情况和按照既能调动农民种粮的积极性、缩小工农产品的剪刀差，城镇居民又能承受的原则合理确定等
1996 年	国务院	《国务院关于调整粮食销售价格的通知》	属于政策性经营的城镇居民基本口粮、水库移民和农村贫困缺粮地区人口口粮等粮食销售价格，实行中央指导下的省（自治区、直辖市，下同）级政府定价等
1997 年	国务院	《国务院关于按保护价敞开收购议购粮的通知》	粮食部门必须坚决执行按保护价敞开收购议购粮的政策；务必落实财政补贴；合理安排粮食销售价格等
1998 年	国务院办公厅	《国务院办公厅关于进一步做好粮食购销和价格管理工作的补充通知》	加强对粮食收购市场的管理；坚决落实按保护价敞开收购农民余粮的政策；严格执行粮食顺价销售的政策；切实做到收购资金封闭运行等
1998 年	国家发展计划委员会	《关于完善粮食价格形成机制的意见》	加快建立政府调控下主要由市场形成价格的粮食价格机制；国务院制定粮食收购保护价和作为调控目标的销售限价的原则；省级政府制定主要粮食品种收购保护价和作为调控目标的销售限价的具体水平等
1998 年	国务院	《国务院关于深化棉花流通体制改革的决定》	建立政府指导下市场形成棉花价格的机制；从 1999 年 9 月 1 日起，棉花的收购价格、销售价格主要由市场形成，国家不再作统一规定等
1998 年	国家发展计划委员会	《关于发布 1998 年跨 1999 年制糖期食糖指导价格的通知》	各地区应逐步实行糖料价格与食糖价格挂钩联动的办法，建立制糖企业与糖农利益共享、风险共担的机制等

年份	发布部门	文件名称	涉及的主要内容
1999 年	国家发展计划委员会	《关于 1999 年粮食收购价格政策的通知》	在保留粮食定购制度和定购价格形式的前提下，各地可以调整定购粮收购价格；拉开粮食品种差价、拉开粮食等级差价、安排粮食收购的季节差价等
1999 年	国家发展计划委员会	《关于发布 1999 年度棉花收购指导性价格的通知》	棉花收购指导性价格对购销双方不具行政约束力，具体收购价格由棉花经营企业与棉农双方根据市场供求等情况确定
2000 年	国家发展计划委员会	《省际间粮食收购价格衔接办法》	做好毗邻地区省际间粮食收购价格衔接工作，共同维护粮食收购市场秩序，促进粮食有序流通等
2001 年	国务院	《国务院关于进一步深化粮食流通体制改革的意见》	粮食主产区要坚持按保护价敞开收购农民余粮的政策等
2004 年	国务院	《粮食流通管理条例》	当粮食供求关系发生重大变化时，为保障市场供应、保护种粮农民利益，必要时可由国务院决定对短缺的重点粮食品种在粮食主产区实行最低收购价格等
2004 年	国务院	《国务院关于进一步深化粮食流通体制改革的意见》	放开粮食收购和价格，健全粮食市场体系；转换粮食价格形成机制；一般情况下，粮食收购价格由市场供求形成，国家在充分发挥市场机制的基础上实行宏观调控等
2005 年	国家发展和改革委员会、财政部、农业部等部门	《关于印发 2005 年中晚稻最低收购价执行预案的通知》	在中晚稻（包括中晚籼稻和粳稻）主产区吉林等 7 省执行最低收购政策；其他中晚稻产区是否实行由省级人民政府决定等
2008 年	国家发展和改革委员会	《国家发展改革委关于对部分重要商品及服务实行临时价格干预措施的实施办法》	对成品粮及粮食制品、猪肉和牛羊肉及其制品等部分重要商品及服务在全国范围内实施临时价格干预措施等

续表

年份	发布部门	文件名称	涉及的主要内容
2009 年	国家发展和改革委员会、财政部、农业部等部门	《防止生猪价格过度下跌调控预案（暂行）》	在尊重市场规律、充分发挥市场机制调节作用的基础上，加强政府调控，调节市场供求，引导市场预期，缓解生猪生产和价格的周期性波动等
2010 年	国务院	《国务院关于进一步促进蔬菜生产保障市场供应和价格基本稳定的通知》	必须充分发挥市场机制的作用，强化"菜篮子"市长负责制；对蔬菜价格异常波动等重要指标进行量化；对种植面积、交易量、库存量及价格进行及时监测等
2011 年	国家发展和改革委员会	《国家发展改革委关于完善价格政策促进蔬菜生产流通的通知》	实施优惠价格政策扶持蔬菜生产经营；运用价格调节基金支持蔬菜生产流通；加强市场收费管理；强化价格监督检查；完善菜农利益保护机制等
2011 年	国务院办公厅	《国务院办公厅关于促进生猪生产平稳健康持续发展、防止市场供应和价格大幅波动的通知》	完善生猪饲养补贴制度；建立和完善生猪市场调控机制，要建立健全预警指标，完善储备吞吐调节办法，切实防止生猪价格过度下跌和猪肉价格过度上涨等
2013 年	国务院办公厅	《国务院办公厅关于保障近期蔬菜市场供应和价格基本稳定的紧急通知》	对蔬菜等农产品流通中用电用水等实行支持性价格政策；规范和降低农产品市场收费，利用价格调节基金支持降低农产品流通成本等
2013 年	国家发展和改革委员会、财政部、农业部等部门	《关于提高 2013 年玉米临时收储价格的通知》	继续在东北等部分主产区实行玉米临时收储政策，并适当提高临时收储价格水平等
2013 年	国家发展和改革委员会、财政部、农业部等部门	《2013 年中晚稻最低收购价执行预案》	执行预案的中晚稻（包括中晚籼稻和粳稻）主产区为辽宁、吉林、黑龙江、安徽、江西等 11 省（区）。其他中晚稻产区是否实行最低收购价政策，由省级人民政府自主决定等

年份	发布部门	文件名称	涉及的主要内容
2014 年	国家粮食局	《国家粮食局关于进一步做好国家政策性粮食竞价销售和出库工作的通知》	合理安排竞价销售库点；及时准确公布销售标的；认真履行出库义务等
2015 年	中共中央、国务院	《中共中央 国务院关于推进价格机制改革的若干意见》	紧紧围绕使市场在资源配置中起决定性作用和更好发挥政府作用，全面深化价格改革，完善重点领域价格形成机制；健全政府定价制度；加强市场价格监管和反垄断执法，为经济社会发展营造良好价格环境等
2016 年	国家发展和改革委员会办公厅	《关于保障生猪生产供应稳定猪肉市场价格的通知》	加强监测预警；加强市场和价格监管；保障生猪生产，增加市场供应，落实好价格临时补贴机制等
2017 年	国家发展改革委	《政府制定价格行为规则》	国家实行并完善主要由市场决定价格的机制；政府制定价格的范围主要为重要公用事业、公益性服务和自然垄断经营的商品和服务等，具体以中央定价目录和地方定价目录为准等
2017 年	国家发展和改革委员会、财政部	《关于深化棉花目标价格改革的通知》	完善目标价格形成机制；合理确定定价周期；调整优化补贴方法。并按照上述机制，确定 2017—2019 年新疆棉花目标价格水平为每吨18600 元等
2018 年	农业农村部、国家发展改革委、科技部等部门	《关于进一步促进奶业振兴的若干意见》	加快确立奶农规模化养殖的基础性地位，强化养殖保险和贷款等支持；鼓励地方结合实际探索开展生鲜乳目标价格保险试点，稳定养殖收益预期等
2019 年	国家发展和改革委员会办公厅、商务部办公厅	《关于进一步做好北方大城市冬春蔬菜储备工作的通知》	把建立健全冬春蔬菜储备制度作为"菜篮子"市长负责制的重要内容，系统梳理制度运行中的问题等

年份	发布部门	文件名称	涉及的主要内容
2019 年	中国银保监会办公厅、农业农村部办公厅	《关于支持做好稳定生猪生产保障市场供应有关工作的通知》	加大信贷支持力度；创新产品服务模式；拓宽抵质押品范围；完善生猪政策性保险政策；推进保险资金深化支农支小融资试点等
2019 年	国务院办公厅	《关于稳定生猪生产促进转型升级的意见》	省级财政要落实生猪生产稳定专项补贴等措施；鼓励和支持有条件的社会冷库资源参与猪肉收储；合理把握冻猪肉储备投放节奏和力度，多渠道供应确保重要节假日猪肉市场有效供应，保持猪肉价格在合理范围
2020 年	国家发展和改革委员会办公厅、农业农村部办公厅	《关于多措并举促进禽肉水产品扩大生产保障供给的通知》	鼓励地方政府采取禽肉、禽蛋、压塘严重水产品等临时收储措施，解决局部地区短期内的"卖难"问题，增强养殖补栏信心，也利于适时出库增加市场供应、平抑价格等
2020 年	国家发展和改革委员会、财政部	《关于完善棉花目标价格政策的通知》	构建目标价格长效机制；保持现行政策框架基本稳定，继续坚持生产成本加收益的作价原则；棉花目标价格水平按照近三年生产成本加合理收益确定等

后　记

　　农产品价格问题直接关系民生福祉，一直是全社会关注的热点问题。2018 年中央"一号文件"提出要"深化农产品收储制度和价格形成机制改革"。近年来，农产品价格剧烈波动的非正常现象时有出现，然而，价格非正常波动只是表象，背后隐含的是价格形成机制本身的问题。因此，对农产品价格形成机制进行系统深入地研究具有重要的理论价值和现实意义。

　　本书基于我国现实国情农情，以农产品差异特性与交易特征等约束条件为前提，在梳理农产品价格形成的历史、现状及问题的基础上，构建了具有内在逻辑一致性的农产品价格形成机制的分立式结构分析框架。一方面，探讨要素禀赋、生产成本与生态价值等这些客观基础如何影响农产品的价格形成；另一方面，从宏观（总体）价格决定的视角出发，构建农产品价格供给和需求系统模型来探讨农产品价格形成机制。再依据农产品差异特性系统分析不同类别农产品差异特性与交易特征如何决定农产品价格形成机理的问题，揭示不同类别农产品价格形成的一般规律。结合公共物品（事业）理论及外部性理论，将不同类别（属性）农产品价格调控治理进行分类，形成了农产品价格治理体系优化的思路，提出了农产品价格治理体系优化措施及不同类别农产品价格调控治理机制。

为了让广大读者了解该学科领域最新的研究成果，我们经过较长时间的准备，对书稿内容进行反复思考和琢磨。在写作过程中，我们力求做到：语言简练、流畅；概念、用语准确；观点明确、论证充分；结构严谨、层次分明；详略得当、篇幅适度。本书可供有关研究机构的专业研究人员和高等院校有关专业的师生参阅，也可供政府有关管理部门干部、行业协会负责人、涉农企业家、从事农产品价格、流通与贸易行业的经营管理者等参考。

我要感谢本书的合作者们。这些合作者是王刘坤（第七、八、九、十章）、汤路昀（第四、五、六章）、曾彦（第一、二、三章），感谢他们为本书付出的努力。感谢付明辉、奎国秀等参与此项研究工作。由于本书的框架结构、内容体系与撰写原则是由我确立的，每部分的研究内容、研究思路和学术观点等经过讨论后也是我负责确定的，并由我对全部书稿进行修改、调整和补写，因此，本书的全部学术责任当由我来承担。

感谢国家社会科学基金为本研究提供的资助，感谢华中农业大学科学技术发展研究院和华中农业大学经济管理学院的大力支持，感谢国内相关同行专家对本研究提出的宝贵意见。

同时，我要感谢为本书修改和校稿付出努力的人民出版社的各位老师，是你们辛勤的工作才让《改革农产品价格形成机制研究》一书更加完善。

最后，欢迎国内同行和广大读者对本书存在的问题与不足提出批评和指正。

祁春节

2023 年 5 月于武汉南湖狮子山

责任编辑：吴焰东
封面设计：石笑梦

图书在版编目（CIP）数据

改革农产品价格形成机制研究 / 祁春节，王刘坤 著 . —北京：人民出版社，
　2025.4
ISBN 978−7−01−025990−1

I. ①改… 　II. ①祁… ②王… 　III. ①农产品价格—价格形成—研究—中国
IV. ① F323.7

中国国家版本馆 CIP 数据核字（2023）第 188012 号

改革农产品价格形成机制研究

GAIGE NONGCHANPIN JIAGE XINGCHENG JIZHI YANJIU

祁春节　王刘坤 著

人 民 出 版 社 出版发行
（100706　北京市东城区隆福寺街 99 号）

中煤（北京）印务有限公司印刷　新华书店经销

2025 年 4 月第 1 版　2025 年 4 月北京第 1 次印刷
开本：710 毫米 ×1000 毫米 1/16　印张：17.75
字数：255 千字

ISBN 978−7−01−025990−1　定价：68.00 元

邮购地址 100706　北京市东城区隆福寺街 99 号
人民东方图书销售中心　电话（010）65250042　65289539